GAOZHONG HUAXUE WEIXING SHIYAN

高中化学微型实验

沈 戮 彭兰贞 谭高亮 主编

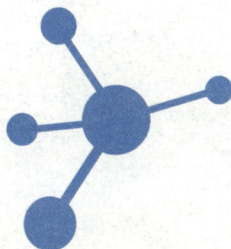

化学工业出版社
·北京·

内容简介

　　《高中化学微型实验》根据普通高中教科书《化学》（必修 第一册）和《化学》（必修 第二册）教材内容进行编排，设计了 72 个实验探究活动。实验中采用的仪器、装置和操作均以图示的方式来展现，图文互补，可帮助学生快速、准确地掌握实验方法和要领。

　　本书较为系统地介绍实验原理，巧妙地进行各种实验方法的设计，适合在课堂上进行探究性教学，能较好地将制备实验和物质的合成与性质鉴定实验综合起来，可实现常规实验微型化、微型实验系列化，使学生用尽可能少的试剂、在有限的时间内获取更多化学信息，符合绿色化学理念。

　　本书可作为高中学生学习化学课程的参考书和实验指导书，也可供高中化学教师备课及家长辅导使用。

图书在版编目（CIP）数据

　　高中化学微型实验 / 沈戮，彭兰贞，谭高亮主编
. —北京：化学工业出版社，2023.10
　　ISBN 978-7-122-44154-6

　　Ⅰ.①高…　Ⅱ.①沈…②彭…③谭…　Ⅲ.①中学
化学课 - 高中 - 教学参考资料　Ⅳ.① G634.83

　　中国国家版本馆 CIP 数据核字（2023）第 173487 号

责任编辑：提　岩　熊明燕　　　　　　　文字编辑：邢苗苗
责任校对：宋　夏　　　　　　　　　　　装帧设计：史利平

出版发行：化学工业出版社
　　　　　（北京市东城区青年湖南街 13 号　邮政编码 100011）
印　　装：三河市延风印装有限公司
787mm×1092mm　1/16　印张 15¹/₂　字数 293 千字　2024 年 2 月北京第 1 版第 1 次印刷

购书咨询：010-64518888　　　　　　售后服务：010-64518899
网　　址：http://www.cip.com.cn
凡购买本书，如有缺损质量问题，本社销售中心负责调换。

定　　价：39.80 元　　　　　　　　　　　　　　　　版权所有　违者必究

前言 | PREFACE

　　化学是一门以实验为基础的学科，化学实验是学生在学习化学这一学科的过程中必须完成的重要实践活动。为配合化学学科教学，我们以《普通高中化学课程标准（2017 年版　2020 年修订）》为依据，结合课程改革的实际和微型化学实验的特点编写了《高中化学微型实验》。本书以发展学生的逻辑思维和创造性思维，培养学生化学实验技能、科学探究能力，提高学生的科学素养为目的，重视开发实验教学功能，强调科学探究活动的设计，注重探究过程与结果的关系，用简单的实验体现动手实践的思想，力求能促进学生学习方式的转变。

　　本书根据普通高中教科书《化学》（必修 第一册）和《化学》（必修 第二册）教材内容进行编排，设计了 72 个实验探究活动。把教材中的常规实验从原理、装置和方法上按照化学实验的绿色化要求进行重新设计，使化学实验尽可能做到简单化、生活化和微型化，使实验更好地配合和方便学生主动学习。部分实验设计成探究式实验的方案，尽量应用微型仪器、生活废弃物或日用品按创新性新实验的设计与方法来开展相关实验活动，既是绿色化学思想与可持续发展观念在实验中的体现，又能在教学中容易实现人人动手操作，可较好地培养学生的动手能力。

　　各实验探究活动中，设置了"实验仪器与药品""实验方法与操作""实验记录与分析""思考与讨论"等栏目。在一些难度较大或有一定危险性的实验中，还增设了"经验提示""信息在线"和"警示灯"等内容，以便及时提供信息的支持和警示。实验中采用的仪器、装置和操作，均以图示的方式来展现，图文互补，使学习多些生动，少些枯燥，以求有助于激发学生的阅读和学习兴趣，帮助学生快速、准确地掌握实验的方法和要领。部分实验探究活动还设计了"实践大课堂""DIY大制作""实验综述""体会与交流"等栏目，以引导学生积极地投入学习活动中，给学生提供更多的思维空间，主动构建新知识。一些栏目中，留有必要的表格或空行，方便学生在实验过程中即时填写、回答，积极参与，主动思考，边学边练。

　　利用信息技术支持学习的引导，通过手机扫描二维码可以获取实验思考与讨论的提示参考答案和部分实验视频，为学生提供可观察的化学现象和实验操作，供学习参考，能更准确、直观地掌握实验操作要领。本书中的化学实验微型化设计，在有助于开展各种形式的教学活动方面作了有益努力，因此本书既是教师实验教学的备课资料，又是学生进行实验设计和实验操作的学习参考用书。重视化学实验与生活、技术的联系，注重用实验探究的方法解决实际问题。突出学习方法的指导，着重于学生的自主探究，使多数实验既可以在教师规划下的教学进程中进行，也可以在课外活动或家庭中开展，体现了以学生为"主体"的教学新理念。

本书的实验设计是以岭南师范学院研制开发，获得七项国家专利的"中学化学微型实验仪器箱（ML-Ⅱ）"作为主要仪器。该套仪器设计精巧新颖、小巧玲珑、配置合理、通用性强、装拆方便，可根据实验的要求，灵活组装成满足各种实验需求的装置，实验功能较为完备。

学生在使用本书开展微型化学实验之初，可以将书中所述实验作为模仿学习的例子，待熟练掌握微型实验的仪器和操作方法后，即可将书中所述实验作为实验探究的参考，开展多样性的、富有特色的实验设计。我们希望通过本书，能为中学普及微型化学实验、学生得到更多动手操作的机会、可以随时开展实验探究略尽绵薄之力。

本书由沈戬、彭兰贞、谭高亮主编，夏加亮、杨康凤、范秀红、李昆昊参编。编写过程中还得到了黄洁莹、赖万莲、钟芷琦、徐焉然、曾斯敏、刘琳婷、许婉雯等人的大力支持，在此表示衷心的感谢！

由于编者水平所限，书中不足之处在所难免，敬请广大读者批评指正。

编 者
2023 年 5 月

目录 | CONTENTS

第 6 专题　化学反应与能量变化　　　156

上篇

微型化学实验介绍

学生实验要求

1. 认真阅读本书中关于微型化学实验仪器的介绍，了解"中学化学微型实验仪器箱（ML-Ⅱ）"的组成及有关说明，初步对各种仪器的形状、用途及使用的注意事项有所了解，以便在实验活动中正确使用。

2. 实验前，确定实验的主题，认真阅读教科书中的有关内容和本书中的相应实验，明确实验活动的目标和任务，了解实验步骤和操作，记清实验的注意事项，备齐需要学生本人准备的实验用品，以使实验顺利进行。

3. 课堂上，桌面的实验仪器及试剂等用品应摆放整齐有序，并注意保持清洁，与实验无关的用品不要摆放出来。

4. 做实验时，必须按老师安排的课堂活动进程，采用正确、安全的方法和步骤进行操作，并要细心观察，及时、准确、实事求是地做好实验的记录。

5. 实验药品要严格按实验的要求量来取用，若未规定用量时，则应该使用尽可能少的量，如实验可以使用稀酸、稀碱时，就不要用浓酸或浓碱。

6. 实验完毕，拆开实验装置，再把仪器洗涤干净，放回原处。

7. 做完实验后，要以实验记录为依据，认真地写出实验报告或填写实验报告册。

8. 开展家庭小实验时，要向家长说明情况，认真听取他们的意见和建议，以便得到他们的支持和帮助。

9. 注意实验安全，在化学实验室，必须十分重视安全问题，严格遵守实验室的安全守则。在实验中要做到以下"五不要"。

（1）不要直接接触化学药品，不要手拿或品尝药品，不要用鼻子凑到盛有化学药品的容器口。

（2）不要因为好玩而随意将化学药品任意混合或随意调换试剂瓶上的胶头滴管、瓶塞，以免发生意外事故或使药品变质。

（3）不要使用已破损的玻璃器皿。万一弄破了玻璃器皿，应及时报告老师，不要直接用手接触或随意丢弃。

（4）不要在易燃物品附近用火。不能在密闭的容器中加热液体，也不要将正在加热的容器口对着自己或旁人。

（5）不要随意倾倒实验后的溶液，防止发生意外或污染环境，应倒入指定的容器。

一、什么是微型化学实验

随着社会的不断发展，人们的经济意识和环保意识都在不断提高。于是，对于以实验为基础且对经济和环境都会产生重要影响的化学学科来说，推行一种既经济又环保的化学实验成为了迫切的需要。在这样的背景下，一种新颖的化学实验技术与方法——微型化学实验便应运而生，并以突出的经济和环保效益受到越来越多的关注和重视。下面就对微型化学实验的内涵、特点以及中学化学教学中开展微型实验的意义和方法作简单的介绍。

（一）微型化学实验的内涵

微型化学实验，英文名称为 microscale chemical experiment 或 microscale laboratory（简写为 M.L.），是 20 世纪 80 年代经济发达国家的高校为解决化学专业耗资巨大的"三废"处理、实验安全及一些试剂价格昂贵等问题而发展起来的一种化学实验的新方法和新技术。微型化学实验是指"以尽可能少的试剂，获取所需化学信息的实验原理和技术"或是"以微小量的试剂，在微型化的仪器装置中进行的化学实验"，其药品的用量约是常规实验的数十分之一甚至千分之一。微型化学实验的诸多优点很快引起世界各国化学界的重视，并得到迅速推广。微型化学实验不是常规实验的简单微缩，也不是对常规实验的补充，而是在绿色化学思想指导下，用预防化学污染的新思想、新方法和新技术对常规实验进行改革和发展的成果。微型化学实验试剂用量比相应的常规实验节约 90% 以上，是绿色化学的组成部分，是可持续发展战略在化学实验中的具体体现。

（二）微型化学实验的特点

微型化学实验是近二十多年来在国内外得到迅速发展的化学实验新方法，其试剂用量少，且不影响化学在教育和工业上应用的质量水平，已成为 21 世纪化学实验教学改革的一个重要趋势。与常规化学实验相比，微型实验具有体积小、时间少、反应快、效果好、易操作、较安全、动手操作机会多、趣味性高、用药少、污染低等特点。微型化学实验仪器组装方便、操作简单、便于携带，使化学实验更容易走进教室，甚至在家庭开展实验。微型化学实验易于实现学生每人一套仪器，使学生能够人人动手实验，有利于拓展化学实验的科学教育功能，激发学生对化学的兴趣，强化学生实验操作能力，同时也可以使学生树立绿色化学的观念和培养严谨的科学态度。微型化学实验在教学中的应用为实施素质教育、开展研究性学习、培养学生创新能力提供了一条有效的途径，对活跃学生思路和激发他们的创造力将起到积极作用。微型化学实验的这些特点决定了它在新课程改革中能更好地发挥作用。

（三）中学化学教学中开展微型实验的意义

1. 试剂用量更省，实验成本更低

常规实验一般需要耗费大量的试剂和样品，还需要数量众多的实验仪器，给学校带来很大的经济负担。再加上各校的班级人数往往较多，通常只能以小组为单位，多人合用一套仪器，学生操作实验机会少，实验效果差。

微型化学实验中试剂的用量只相当于常规实验的几千到几十分之一，化学试剂的用量大大减少，这是微型化学实验与常规实验相比最突出的优点，也是公认的微型化学实验最主要的特征。并且在微型化学实验中，所需要用到的某些仪器装置在日常生活中很容易找到代用品，从而为实验的开展减少了部分仪器的种类和数量。又由于微型仪器自身的管径小而壁厚较大，使其抗压强度高，脆性减小，故仪器破损明显减少，而微型仪器的价格往往又比相应常规仪器要低得多，因此在取得同样教学效果的同时，可以大大节约实验经费，这种经济方面的效益对于处于发展中的我国，尤其是广大经济欠发达地区意义更加重大。微型实验还可以节约人力、降低"三废"处理费用、减少抽风设备等方面的大量投入。

2. 环境污染更少，安全系数更高

常规化学实验由于试剂用量较多，实验中产生的"三废"对环境的污染不容忽视，在实验过程中危险性也较高。而微型化学实验是把常规实验从实验技术、方法、仪器等方面进行重新设计，也可以把一些分散、多步的化学实验通过微型实验进行一体化的实验设计，减少了中间环节，能有效地防止或减少有毒气体进入空气，甚至可以做到反应体系的"无害化"。因此，改用微型化学实验后，由于实验仪器的微型化以及试剂用量的微量化，实验所排放的废水、废气、废渣等污染物数量将大为减少，尾气、尾料和废弃物的处理也更加容易，从而减少了对环境的污染，具有明显的环保效果，符合绿色化学从源头上防止污染的原则。同时也降低了实验操作过程中的危险性，爆炸、起火、液体飞溅等实验意外事故发生的可能性也大为降低，从而提高了安全系数，更加有益学生的身心健康，学生在实验时也会更加大胆、放心。微型化学实验本身就是一种绿色化学，微型化学实验的开展是对学生环保意识最生动、最现实的教育，能使学生树立绿色化学的观念。

3. 实验开展更容易

新课程改革要求不依赖教师与书本的知识传授，以发展学生的能力为目的，提高学生的科学素养为主旨。由于微型实验仪器体积小，具有便携性，容易实现每人一套、一人一组，因此开展微型实验可以不受时间、空间和场地的限制。既可以在

教室课桌上做实验，将实验室与教室合二为一，增加了学生实验的自由度和灵活性，引导学生结合课堂授课内容进行实验；也可以在课外根据兴趣和需要，超越课本内容，随时开展实验，进行探究性学习，使化学教育走出课堂，融入生活。

4. 教学效果更好

将微型化学实验应用在中学教育上效果十分突出，它在知识技能、过程方法、情感态度和价值观等方面都对学生有很好的教育作用。许多常规实验由微型实验替代后其实验现象同样显著，加上试剂用量少，有些反应会更为快速。由于实验是在微型化的条件下进行，学生在操作和观察中就必须更为小心、认真、仔细，有利于培养他们严谨的实验态度。实验仪器的微型化，携带方便，许多性质实验就有可能在课堂上让学生即时验证，一改过去那种只讲不做，或只看（演示实验）不做的现象，使学生由过去被动"等待"和"接受式"的学习方式，变为"主动"和"探索式"的学习方式，使多年来提倡的"启发式""学生为主体、教师为主导"的教学方法得以实现。同时在教学环节上，由于节省了时间，在计划学时内可以让学生做更多的实验。还可以把部分演示实验转变为边授课边实验，开展学生实验与教师讲授新课相结合的一种课堂教学形式，这样既可以更好地调动学生学习的积极性，又可以营造一种良好的课堂气氛，使学生可以真正成为实验活动的"主体"和"中心"。

5. 微型实验与常规实验的有机结合

在中学化学教学中开展微型化学实验并不是要全部取代常规实验，更不是与常规实验对立，而是要发挥各自的优势，互相取长补短。任何事物都有两面性，微型实验也有其自身的局限性。在教学实践中，演示实验应采用常规实验为佳，而学生实验则以微型实验为主。这是因为常规实验的优势就是仪器体积大，实验现象可视范围大，适于进行课堂演示实验。对于涉及过滤、蒸发、配制一定浓度的溶液和中和滴定等化学实验，需要使用到漏斗、蒸发皿、量筒、天平、容量瓶和酸碱滴定管等实验仪器，而这些仪器的使用涉及中学化学实验常规基本操作的训练。所以这几种类型的实验最好安排用常规实验来进行操作，这样学生得到正确方法的训练，才能保证其与实际应用相一致。由于微型仪器本身体积小的限制，如果采用微型实验来完成这些实验就难以得到理想的效果。

微型化学实验和常规实验各有其特点，在中学化学教学实践中要不断探索两种实验的结合，明确哪些实验可以微型化，哪些实验可以通过常规实验来完成。具体操作时，可根据教学目的要求和教学实际来进行确定，使微型化学实验与常规实验两者互补，只有扬长避短，相得益彰，才能更好地为教学服务。

（四）微型化学实验课堂教学方法

微型化学实验可以不必依赖实验室而具有实验现象明显、操作安全、环境污染小、节约药品、节省时间等特点。因此，在普通教室里采用微型化学实验进行教学是满足新课程实验要求的有效办法。当微型化学实验进入课室后，由于教室里比实验室里受干扰的因素少，所营造的认知情境有利于将实验活动与其他学习活动进行有机结合，使学生能更主动地去获取丰富、生动、深刻的学习信息。因此，化学实验活动的教学功能得以充分发挥。

在普通教室里采用微型实验进行教学能有效地开展科学探究活动。在班级授课制下的课堂里，科学探究活动在时间、空间和课程资源等方面都受到一定程度的制约。而微型化学实验进入课堂后，以实验的高效率和小操作面突破了课堂的时空限制。并且，只要学生一动手，实验的各种现象就会促使学生思考相关的科学问题，各种猜想或假设便会接踵而来。当继续实验，各种取证和分析等活动就随之展开，从而会有丰富生动、源源不断的课程资源。可见，微型化学实验课堂教学有利于开展科学探究活动。

下面介绍的是微型化学实验课堂教学常采用的一些基本做法。

1. 学生微型化学实验仪器的配备

在普通教室里采用微型实验进行教学，一般应配备学生人手一套微型实验仪器单独进行实验活动，或是同桌的两人一套微型实验仪器合作学习开展实验活动，以满足课堂实验的要求。在课堂里，不仅给学生提供了人人动手的机会，而且学生不需要离开自己的座位就能有仪器和药品做实验。因而，既能保证学生在规定时间内都能从实验中获取到完成学习任务所需的信息，又能维持良好的课堂秩序、进行有效的课堂活动调控。

2. 教室里要具备的实验设施

（1）实验所需操作面积

微型仪器箱规格为 24 cm×13 cm，约为一本 32 开书的面积大小，实验操作台的面积只有 15 cm×10 cm。而普通教室的课桌规格为 50 cm×60 cm，这不仅可以满足实验所需操作面，而且还可以同时在课桌上进行各种纸笔学习活动。

（2）供水、洗涤、废液回收措施

由于微型仪器的容积小，实验用水量每堂实验课每人（组）一般不超过 50 mL。因此，学生每人（组）配备两个饮水塑料杯、每班相应备有两个塑料桶，分别盛自来水和回收废液，即可解决普通教室实验的供水、洗涤、排污等问题。

3. 药品的分发

（1）药品分装

液体试剂存储于塑料多用滴管中，每支多用滴管装载量约 3 mL，基本可以满足 3～6 人的用药量（见图 0-1）；固体试剂分装于塑料样品管或青霉素瓶里（见图 0-2、图 0-3）。

图0-1 多用滴管作为微型液体试剂存储容器

图0-2 塑料样品管作为微型固体试剂存储容器（Ⅰ）

图0-3 塑料样品管作为微型固体试剂存储容器（Ⅱ）

（2）药品发放

由学生小组长负责分发，根据实验用药量的多少，可每人一份或课桌的前后4～6人共用一份药品，实验中互相传递使用，而不需要学生离开自己的座位。

4. 实验安全与教室里空气质量的保障

微型化学实验仪器的装置小，反应物的用量也少，所造成的污染和危险性也就小。其中气体的制备与性质实验一体化是最有效的减少空气污染的方法。实践证明，只要操作正确规范，试剂用量控制在微型实验范围内，微型化学实验是很安全的。若在学生动手做实验之前适当地组织学生开展讨论交流，学生便能正确、规范、安全地开展实验。

二、微型化学实验的仪器

（一）配套微型实验仪器

由岭南师范学院研制开发的"中学化学微型实验仪器箱（ML-Ⅱ）"，仪器精巧新颖、配置合理、组装灵活，具有较强实用性，已获七项国家专利。该仪器符合绿色化学实验的理念，结合中学化学教学的实际情况而设计，能满足普通初中、高中和职业技术学校的大部分化学实验的需要。该套仪器具有如下优点。

① 仪器具有多种功能，能以不多的仪器种类和数量获得较多的实验用途。

② 仪器连接部位采用简易标准接口（非磨口）设计（专利号：01258568.8；ZL20152023386.0），但又具有与磨口仪器组装方便的特点。

③ 仪器组装成的具有启普原理的微型气体发生器（专利号：01258569.6），兼有固-液制气、液-液制气和固-固加热制气等多种用途。

④ 仪器在加热防液体倒吸和喷液方面有较佳的效果（专利号：ZL201520235088.5），能够有效地保证学生在实验操作时的安全性和成功率。

⑤ 微型实验操作台为双柱子配置（专利号：01258570.X），可根据需要取舍，能方便地安装较为复杂的化学实验装置。配套的仪器夹为不锈钢弹簧式设计，使用时不需旋螺母固定，易装、易调、易拆卸。

⑥ 便携式塑料仪器箱（24 cm×13 cm×11 cm），盛装全部玻璃仪器及实验操作台，体积小，使用方便，携带和保管便利。

（二）常用仪器介绍

微型实验仪器
的介绍

ML-Ⅱ型微型实验常用仪器的名称、用途和使用注意事项见表 0-1。

表 0-1 ML-Ⅱ型微型实验常用仪器介绍

仪器名称	一般用途	使用注意事项
微型气体发生器 A B 内套管 U形管	主要由 U 形管和内套管组成 ① 作气体发生装置，可进行液-固、液-液和固-固各类型的反应制气，能直接明火加热； ② 可作固态、液态、气态等物质的实验容器，也可作电解、电镀的实验容器	① 直接加热时要防止骤冷、骤热，以免仪器破裂； ② 使用时轻拿轻放，与其他仪器连接时，不要用力过猛，尤其要注意弯曲处，以免折断破裂； ③ 若内套管需要取出时，应妥善保存
球形具支试管 A	① 主要用作反应的容器，可防止加热时喷出液体等现象； ② 可用于气体通过洗液进行去除杂质或干燥等实验操作	① 直接加热时要防止骤冷、骤热，以免仪器破裂； ② 与其他仪器连接时，不要用力过猛，以免破裂； ③ 加热时，试管口不要对着人； ④ 加热液体时，要随时调节试管与火焰接触的位置，防止液体暴沸飞溅
侧泡具支试管 A	① 可同时在侧泡和试管底部处分别装载两种试剂开展实验； ② 用于组装洗气或干燥装置； ③ 作为反应的容器	
直形侧泡反应管 A	① 用于气体分别与液体或固体试剂进行反应的一体化实验容器； ② 可放置液体或固体试剂，并进行加热	加热时要先使其均匀受热，再在固定部位加热，以免引起仪器破裂

仪器名称	一般用途	使用注意事项
双球V形管	① 盛干燥或洗涤各种气体的试剂； ② 盛吸收有毒气体的试剂； ③ 盛测试气体性质的试剂 以上操作能防止液体的喷出和倒吸	① 盛装液体时，液面要低于双球下端，才能有效防止液体的喷出和倒吸； ② 轻拿轻放，与其他仪器连接时，要注意弯曲处，以免断裂
滴管	① 不接胶滴头可用于导气； ② 接上胶滴头即可组成一支滴管，用于吸取或滴加少量液体药品	作为滴管在取液体时不能倒置
直角形通气管	① 用于导气； ② 球状处为内接口，套上乳胶管可与具支试管组装成气体干燥装置或洗气装置	与其他仪器连接时，不要用力过度，尤其要注意弯曲处，以免折断破裂
小试管	① 用于盛少量试剂的容器； ② 用作少量试剂的反应容器； ③ 收集少量气体	① 可直接加热，要防止骤冷骤热； ② 加热时需用仪器夹夹持
小烧杯	① 作为容量相对较大的反应容器； ② 作为盛放试剂的容器	① 盛放试剂时要防止翻倒； ② 盛液体加热时要隔着石棉网，防止玻璃受热不均匀而破裂
酒精灯	① 酒精灯由灯座、灯芯管、灯帽和灯芯组成，使用前把灯芯穿进灯芯管中； ② 作为实验的加热源	① 通过调节灯芯高低来控制火焰的大小，也可以通过移动酒精灯与加热物体之间的距离来控制加热温度； ② 停止加热时必须要用灯帽盖灭
尖嘴管	① 用作可燃气体的燃烧管； ② 用于导气	球状处为内接口，套上乳胶管可与其他仪器连接组装
多用滴管 直径渐变径管 直径相同径管	① 可作为液体或气体试剂的储存容器、滴管、反应容器和滴定管等； ② 径管可作为搅拌棒	① 不能直火加热，可在80℃以下水浴中加热； ② 聚乙烯制品，耐一般无机酸碱的腐蚀，不能装载有机试剂
操作台	① 用于支撑或固定各种仪器； ② 操作台底座上的两个孔可用于放置多用滴管； ③ 配置两根支柱，根据安装实验装置的复杂程度，可单独或同时使用	① 支撑或固定仪器时，装置重心应落在底座中部； ② 底座和支柱要避免灼热

仪器名称	一般用途	使用注意事项
主铁夹	① 大夹用于夹住操作台支柱而起固定作用； ② 小夹用于夹住仪器夹； ③ 夹把柄的两个孔可用于放置小试管或具支试管	① 手持铁夹时要避免同时抓住两个把柄，以防夹子打开导致仪器脱落； ② 如果铁夹上沾有化学药品和水时，要清洗干净，并保持干燥
仪器夹	① 可夹持仪器进行加热； ② 可夹持试管、微型气体发生器、具支试管和直形侧泡反应管等仪器	
水槽（仪器盒托盘）	① 装载各种非玻璃仪器配件； ② 装较大量的水，作为水槽使用	用后要擦干水分，才能够放置仪器配件
小药匙	① 作为固体药品的取用工具； ② 可作搅拌棒	取用一种药品后，必须用干净的纸擦拭干净，才能取另一种药品
止水（气）夹	用于夹住乳胶管，阻止气体或液体通过	防止大角度反折
通孔连接塞	用于两玻璃仪器之间的紧密连接	
胶塞	用于仪器口的密封	乳胶制品，连接处应尽量远离热源
乳胶管	① 长乳胶管：主要用于仪器间的互相连接； ② 短乳胶管（约 1.5 cm）：用于套在玻璃仪器的内接口（B）处，再插入另一仪器的外接口（A）处，使两仪器能够紧密连接	
镊子	用于块状药品或金属颗粒的取用	不可使其加热，用完须保持清洁
试管刷	洗刷玻璃仪器	小心刷子顶端的铁丝撞破玻璃仪器

注：A 为玻璃仪器简易标准外接口；B 为玻璃仪器简易标准内接口。

（三）仪器的组装与使用

1. 微型仪器的连接

（1）套乳胶管连接法

微型仪器的简易标准接口分别由统一管径的玻璃仪器外接口（A）和内接口

（B）组成（见表 0-1 仪器图中的 A、B），其中内接口（B）的管壁吹制成稍比外接口（A）内径小且有一定锥度的球状。仪器连接时，先在需要连接仪器的内接口（B）处（用水使之润滑），套上一段长 1.5 ~ 2 cm 的乳胶管（规格：4 mm×6 mm），然后再插入需连接的另一仪器的外接口（A）处，利用乳胶管的弹性使两仪器能紧密连接，如图 0-4、图 0-5 所示。

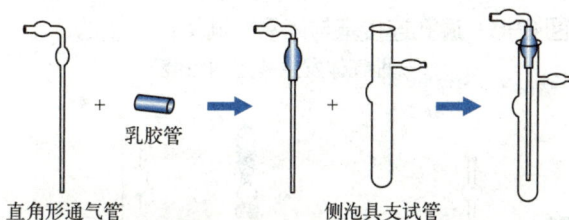

图 0-4　乳胶管与简易标准接口连接法（Ⅰ）

（洗气装置的组装）

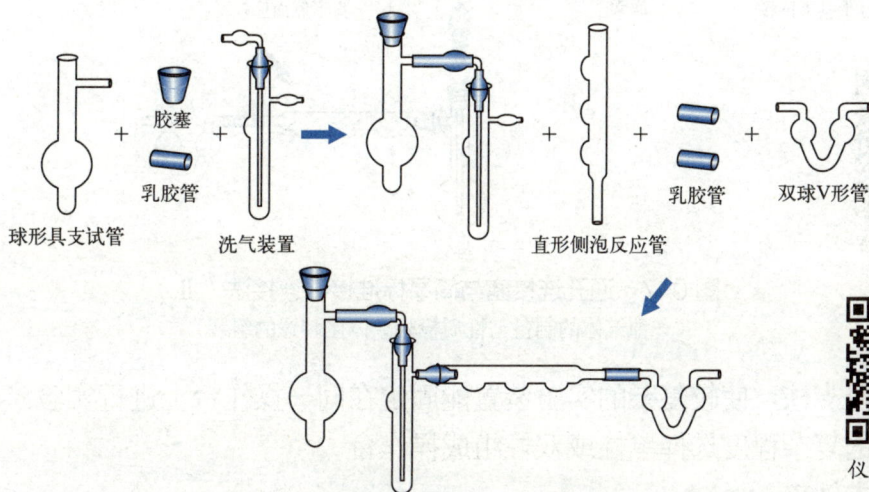

仪器连接方法
（一）

图 0-5　乳胶管与简易标准接口连接法（Ⅱ）

（一种气体的制备与性质检验一体化装置的组装）

（2）通孔连接塞连接法

将需要连接仪器的内接口（B）处（或与内接口直径相类似的部位处），穿过通孔连接塞的中间通孔，然后把通孔连接塞的斜口端（或塞冠端），塞在需连接的另一仪器的外接口（A）处，从而实现两仪器的紧密连接，如图 0-6、图 0-7 所示。

2. 操作台与仪器夹

操作台配套齐全，操作方便、结构简单、所占空间小。主铁夹和仪器夹全部用弹簧夹代替螺母，装拆方便、调节灵活，能满足安装各种微型化学实验装置的需要。

（1）操作台

操作台由底座和两根支柱组成，底座有两个插孔，支柱用插孔式安装固定，能

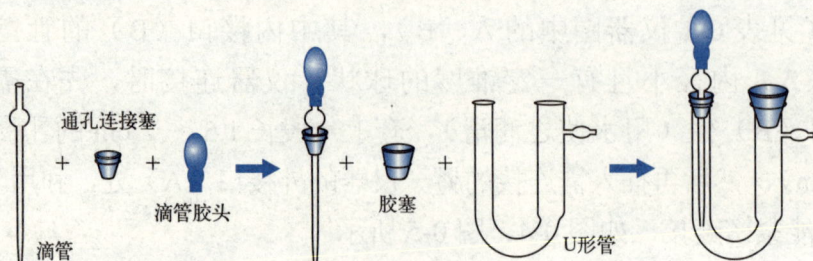

图 0-6　通孔连接塞与简易标准接口连接法（Ⅰ）
（一种气体发生装置的组装）

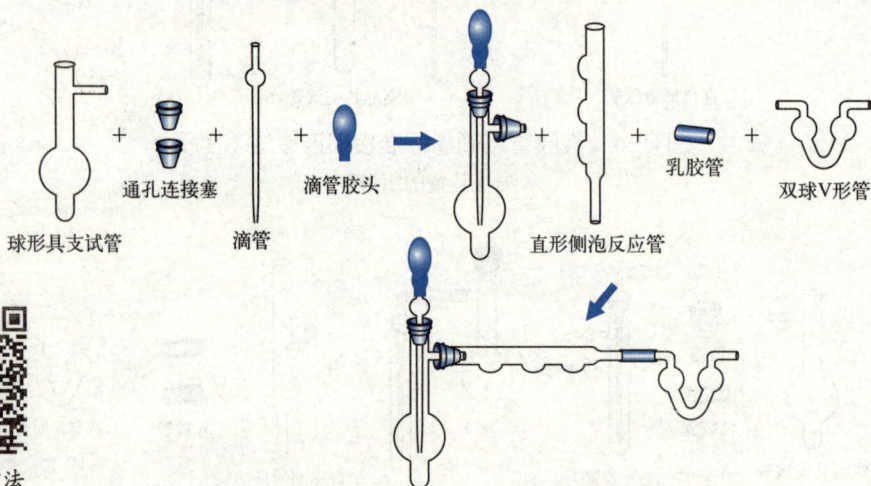

图 0-7　通孔连接塞与简易标准接口连接法（Ⅱ）
（一种气体的制备与性质检验一体化装置的组装）

仪器连接方法
（二）

同时插上双支柱，使较复杂的实验装置能固定在同一操作台上进行实验。可以根据实验装置的复杂程度选择单柱或双柱组成操作台。

（2）主铁夹

主铁夹由圆圈状把柄的大铁夹与垂直方向的小铁夹构成。大夹用来夹住操作台的支柱，可沿支柱任意旋转 360°，能上下滑动，以调节所夹仪器的角度与高度。其垂直的小夹用来固定仪器夹，它们也可以在小夹上作 360°旋转。大夹把柄上的两个圆圈状孔可以放置小试管、具支试管等仪器，如图 0-8 所示。

（3）仪器夹

仪器夹的夹柄为圆柱状，将其固定在主铁夹的垂直小夹上，能绕柄轴旋转360°，从不同角度夹持各种仪器。也可用手拿着圆柱柄，夹持试管进行加热操作。

3. 实验装置与组装

（1）试管架的组装

试管架可以由主铁夹与操作台组成，如图 0-9 所示。能同时放置 4 支小试管，方便进行化学性质的对比实验，有利于对小而轻的仪器进行固定操作而避免翻倒。

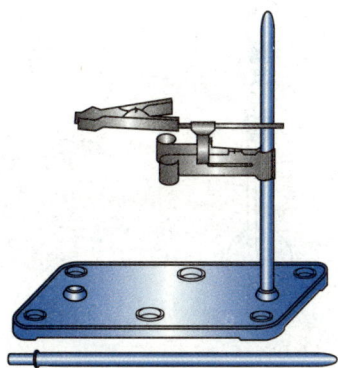

图 0-8 组装操作台

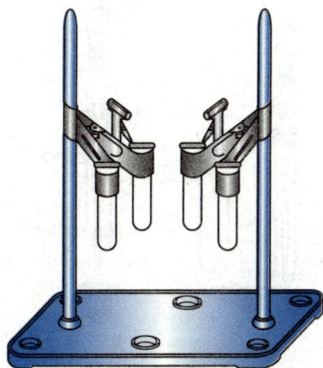

图 0-9 组装的试管架

试管架的组装
视频

（2）洗气装置的组装

① 用直角形通气管和装有少许洗涤剂的侧泡具支试管（或球形具支试管）可组装成一个洗气装置（见图 0-4）。

② 用装有少许洗涤剂的双球 V 形管，连接在气体的出口处，可组装成一个尾气吸收装置（见图 0-7），并能有效防止液体的喷出和倒吸现象。

（3）微型气体发生器

微型气体发生器可由 U 形管、内套管、球形具支试管、滴管等仪器组装而成。该气体发生器可供液 - 固、液 - 液、固 - 固等各类型的试剂反应来制取气体，也可以进行明火加热。

① 启普原理的气体制备装置：由 U 形管和内套管（底部有小孔）两仪器组成，装置如图 0-10 所示。将颗粒状的固体反应物放置在内套管中，然后往 U 形管里加液体试剂至刚浸到内套管里的固体处，在 U 形管的粗管端塞上胶塞（注：U 形管的细管端不能塞胶塞，否则将不能有启普原理的作用），即可进行液 - 固反应制取气体。当要暂时停止制气时，关闭止水夹，因 U 形管的粗端内压力增大，将液体试剂从内套管的底部小孔处排出而与固体反应物分离，以终止反应。当要继续反应时，再打开止水夹使大气压从 U 形管的细管端把液体试剂压回到粗管端，让液体试剂与固体反应物接触继续反应而制取气体。该装置具有启普发生器的功能，在实验中可以使反应随时开始与停止。

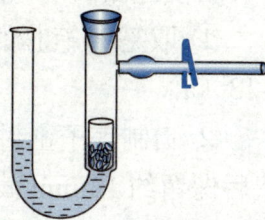

图 0-10 具有启普原理的微型气体发生器

② 通过滴管加液的气体制备装置：在图 0-11（a）和（b）所示的微型气体制备装置中，加入一种固态或液态反应物于 U 形管或球形具支试管内，再用滴管吸取另一液体反应物，然后插在 U 形管的细管端或球形具支试管里，根据实验需要，控制胶头滴管滴下一定量的液体反应物，使两种反应试剂接触而进行液 - 固或液 - 液反应制取气体。

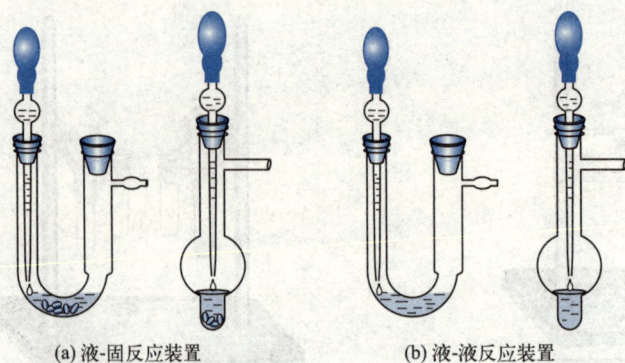

(a) 液-固反应装置　　(b) 液-液反应装置

图 0-11　滴管加液的气体制备装置

4. 多用滴管

多用滴管由有弹性的聚乙烯吹塑而成，质地柔软，易弯曲，由一个圆筒形具有弹性的吸泡连接一根细长径管构成。根据径管形状的不同，多用滴管主要分为两种，一种为径管的直径由大逐渐变小，见图 0-12（a）；另一种为径管的直径统一为细管，见图 0-12（b）。多用滴管具有许多功能，在实验中根据需要可以灵活应用。

（1）作为移取工具

多用滴管可用于吸取液体和滴加液体，具有滴管的功能。多用滴管的吸泡和径管连体，不易漏气漏液，且可以密封，能方便地取用液体试剂。

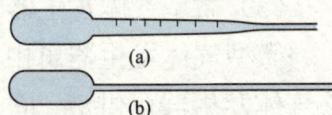

图 0-12　多用滴管

（2）作储液/储气容器

多用滴管贴上标签可充当试剂瓶使用，吸入液体装满约 3 mL，少量气体也可用吸泡暂时储存。

若要存储试剂时能够密封保存，可采用如下方法：

① 取签字笔芯的笔头保护盖，套在多用滴管的径管上作为试剂瓶盖，见图 0-13（a）。

② 自制盖子密封。将多用滴管剪下一小段径管，一端放在酒精灯上烘软熔封，然后保留约 12 mm 截短，即成为一个自制的滴管盖，见图 0-13（b）。将其套在拉伸变细管径口［拉伸变细管径方法参考（4）作滴定管］处而密封，如果拉伸变细的管径较大，滴管盖套不进去，可把滴管盖放在酒精灯上烘软，用锥子把口径略微扩大至刚好能套入多用滴管的径管。

③ 将已经存储了试剂的多用滴管径管口放在酒精灯的火焰上烧软，然后用镊子压扁进行熔封，如图 0-14 所示。当实验需要使用试剂时，用剪刀把封口剪开即可。

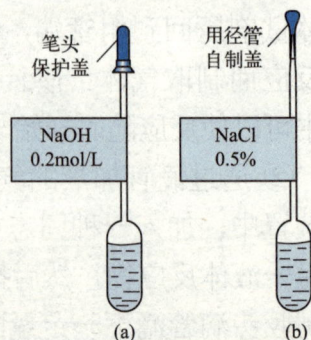

图 0-13　加了盖子的多用滴管

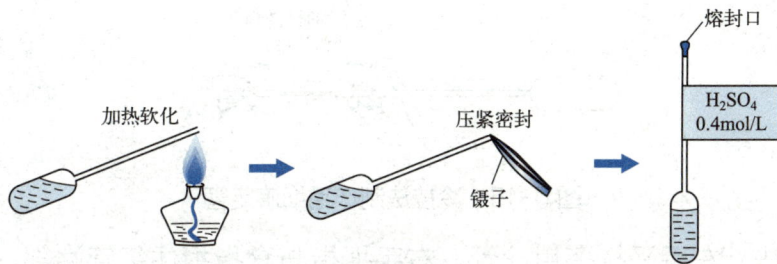

图 0-14　多用滴管熔封的方法

　　一般浓度的无机酸、碱、盐溶液可长时间储于吸泡中，但不宜长时间储存浓硝酸、浓硫酸及强氧化性试剂，也不宜储存苯、甲苯、松节油、丙酮、石油醚等有机试剂。

　　（3）作反应容器

　　多用滴管的吸泡可以作为一些化学反应的容器来使用。例如可作微型电解槽进行电解实验，也可以作为进行某些液 - 液反应、气 - 气反应或气 - 液反应的容器。装载反应物的吸泡可以通过不高于 80℃的水浴来加热调节温度以完成实验，如合成乙酸乙酯、阿司匹林等。若要在多用滴管内进行液 - 液反应的实验，应先用多用滴管吸入一种试剂，然后把多用滴管竖起来使径管口朝上，再用手缓缓捏挤吸泡的上部（注意不能把已经吸入在吸泡内的试剂挤出），使空气排出，接着把径管插入将要进行反应的另一种试剂中来吸取，使两种液体试剂在多用滴管内发生反应。

　　（4）作滴定管

　　多用滴管可作为实用的微型滴定管，试剂的用量以液滴为单位。一般未经加工的多用滴管的液滴体积约为 0.04 mL/ 滴，如果将多用滴管的液滴体积事先进行标定，一个较为精准的微型的液体计量器便诞生了。通过计算每滴液体的体积与液滴数量，便可得知实验中所用试剂的实际用量，从而可方便地开展简易的微型滴定实验操作。

　　如果在多用滴管的径管端套上市售的微量移液器吸头，如图 0-15 所示，就能成为一支控制每滴液体约 0.02 mL（约 50 滴 /mL）的微量滴定管。

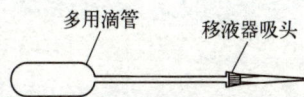

图 0-15　多用滴管与移液器吸头组成的滴定管

　　若把多用滴管的径管端拉细至尖嘴，则可成为一支可控制每毫升液体为 70 ~ 80 滴的毛细滴定管。

　　拉细的方法有以下两种。

　　① 冷拉法。左手握持多用滴管靠近吸泡端的径管，着力点放在距欲拉细径管部位约 3 cm 处，右手握住径管的末端，缓缓同时用力向左右方向拉伸，使径管被拉伸至所需的粗细停止，如图 0-16 所示。根据需要长度，在被拉细的径管处剪断即可。

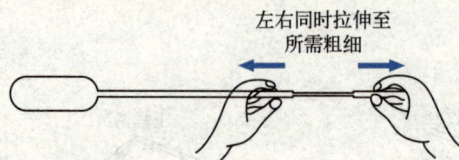

图 0-16　冷拉法制作毛细滴定管

② 热拉法。左手平持多用滴管，右手拇指与食指捏住径管端部，把径管欲拉细部位放在酒精灯的火焰上方热空气里旋转加热，如图 0-17 所示。待加热部位开始变软、变透明时，离开热源停止加热。左右手同时向两侧缓缓用力，拉伸径管到所需粗细，保持片刻，即冷却定形，方可松手，根据需要长度，在被拉细的径管处剪断，即可制作一支毛细滴定管。

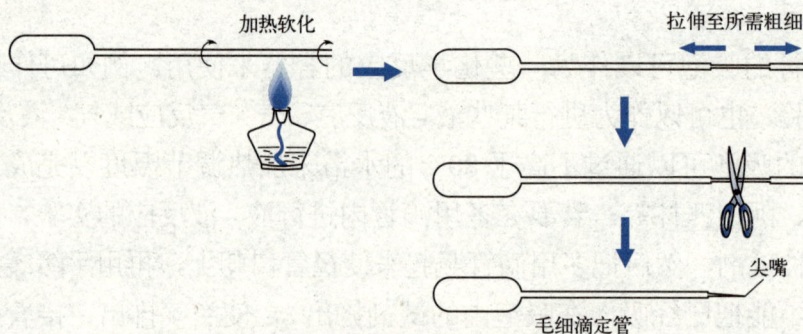

图 0-17　热拉法制作毛细滴定管

（5）作离心管

多用滴管的吸泡吸入待离心的悬浮液或乳浊液，然后放置于离心机上进行离心操作，可进行固 - 液和液 - 液分离。

下篇

高中化学微型实验活动与探究

普通高中教科书《化学》(必修 第一册)

第1专题
物质及其变化

实验天地 1-1　氢氧化铁胶体的制备及性质探究

实验仪器与药品

主要仪器	球形具支试管	多用滴管	小试管	激光笔	酒精灯

药品：饱和 $FeCl_3$ 溶液，$CuSO_4$ 溶液，蒸馏水，浑浊泥水

实验活动与探究

1. 实验方法与操作

（1）$Fe(OH)_3$ 胶体的制备

在球形具支试管中盛放约 2 mL 的蒸馏水，加热至沸腾。移开酒精灯，缓慢地逐滴加入约 2 滴饱和氯化铁溶液，继续煮沸，待液体变成红褐色后停止加热。实验如图 1-1 所示，观察现象。

（2）胶体的丁达尔现象

在 2 支小试管中分别加入约 0.5 mL 的 $CuSO_4$ 溶液和 $Fe(OH)_3$ 胶体，并置于暗处，分别用激光笔照射试管中的液体，

> **警示灯**
>
> ● 加热液体时不要太剧烈，以防液体冲出容器。
> ● 不能用激光笔对着人的眼睛照射。

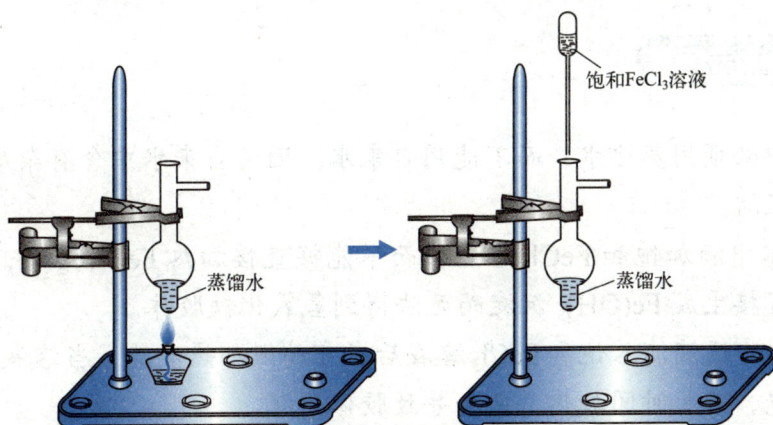

图 1-1　氢氧化铁胶体的制取

如图 1-2 所示，在与光束垂直的方向进行观察。

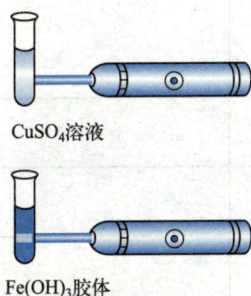

CuSO₄溶液

Fe(OH)₃胶体

图 1-2　用光束照射溶液和胶体

（3）胶体的净水实验

实验如图 1-3 所示，取 2 支小试管，均加入 0.5 mL 浑浊泥水，向其中一支小试管加入 2 滴 $Fe(OH)_3$ 胶体，另一支不加 $Fe(OH)_3$ 胶体，同时振荡，静置。互相对比观察现象。

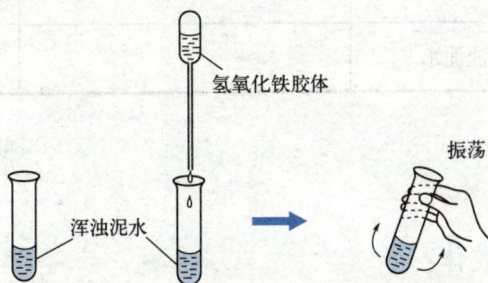

氢氧化铁胶体

浑浊泥水

振荡

图 1-3　胶体的净水实验

（4）溶液、胶体、泥水的外观对比

取 3 支小试管，分别加入约 1 mL 的 $Fe(OH)_3$ 胶体、$CuSO_4$ 溶液和浑浊泥水，然后进行外观比较。

1. 实验中必须用蒸馏水，而不能用自来水。因为自来水中含有杂质离子，易使制备的胶体沉淀。

2. 向沸水中滴加饱和 $FeCl_3$ 溶液，而不能够直接加热 $FeCl_3$ 溶液，否则会因溶液浓度过大直接生成 $Fe(OH)_3$ 沉淀而无法得到氢氧化铁胶体。

3. 向沸水中逐滴滴入饱和 $FeCl_3$ 溶液后，可稍微加热煮沸，当溶液呈红褐色时，就要停止加热，若长时间加热，又会导致胶体聚沉。

2. 实验记录与分析

实验	操作方法	实验现象	实验结论或化学方程式
$Fe(OH)_3$ 胶体的制备	沸腾蒸馏水 + 饱和氯化铁溶液		
	停止加热		
胶体的丁达尔效应	$CuSO_4$ 溶液		
	$Fe(OH)_3$ 胶体		
胶体的净水实验	浑浊泥水		
	浑浊泥水 + $Fe(OH)_3$ 胶体		
溶液、胶体、泥水的外观对比	$Fe(OH)_3$ 胶体		
	$CuSO_4$ 溶液		
	浑浊泥水		

思考与讨论

1. 怎样区别溶液与胶体？

2. $Fe(OH)_3$ 胶体、泥水能用过滤的方法将分散质和分散剂分离吗？

3. 清晨去公园或树林锻炼身体，可以看到有一束束光柱透过树叶的缝隙射入林间，在电影院也可以看到放映室射到银幕上的光柱，试解释产生此现象的原因。

参考提示

实验天地 1-2　胶体的电泳

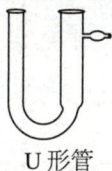 **实验仪器与药品**

主要仪器					

U 形管　　导线、导电夹　　小药匙　　多用滴管　　回形针　　电池　　酒精灯

药品：饱和 $FeCl_3$ 溶液，蒸馏水，0.02 mol/L K_2SO_4 溶液，尿素

实验活动与探究

1. 实验方法与操作

实验如图 1-4 所示。

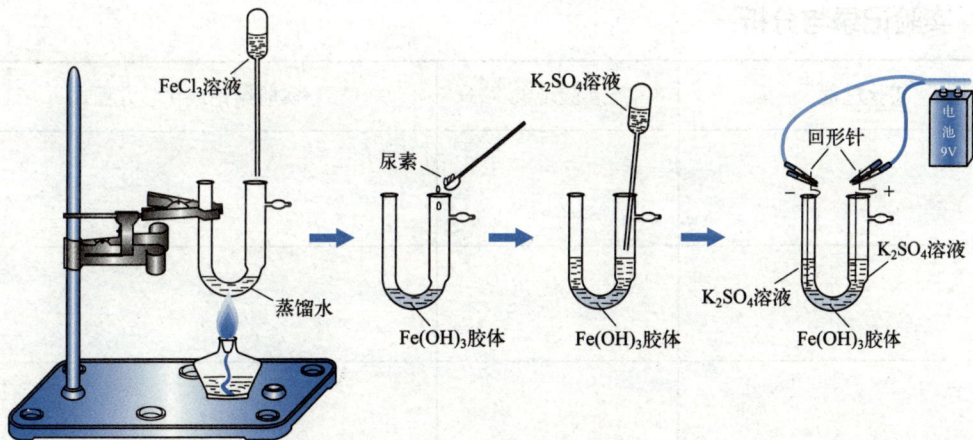

图 1-4　胶体的电泳现象

① 在 U 形管中加入蒸馏水，至液面高于 U 形管弯曲部分约 0.5 cm 处，加热至煮沸后暂停加热，然后滴入 1 滴饱和 $FeCl_3$ 溶液，再继续加热至溶液变成红褐色，停止加热，观察现象。

② 待 $Fe(OH)_3$ 胶体溶液冷却后，加入约 3 小药匙的尿素，振荡使之溶解。然后用多用滴管将 K_2SO_4 溶液慢慢地沿 U 形管的两端管内壁轮次小量滴入（注意不要振摇胶体液面，使 K_2SO_4 溶液与胶体之间能保持清晰的界面），滴加到 U 形管的两端的 K_2SO_4 溶液的液层高约 2 cm 为止。

③ 取两支回形针，拉直作为电极与导线连接，将电极插进 U 形管两端 K_2SO_4 溶液的液层中，并使电极最下端距胶体液面约 0.5 cm。两电极分别连接电池（9V）的正、负极，通电几分钟后观察 U 形管两端管内胶体液面高度的变化。

警示灯

- 加热液体时不要太剧烈，以防液体冲出容器。
- 切勿让电池的两个电极互相接触，以免短路而损坏电池。

经验提示

1. 向胶体溶液中加尿素，可增大胶体溶液的密度，使胶体与 K_2SO_4 溶液之间能有清晰的界面。

2. K_2SO_4 溶液的浓度要小，如果浓度太大不容易与胶体溶液保持清晰的界面，而且通电时胶体在负极区容易发生聚沉。

2. 实验记录与分析

实验过程	实验现象	实验结论或化学方程式

信息在线

1. 胶体微粒的直径在 1～100 nm，颗粒小，因而表面积很大。表面积大的物质都有很强的吸附能力，所以胶体微粒可以吸附溶液中的阴离子或阳离子，从而带电荷，在外电场作用下发生定向移动，即为电泳现象。但除了带正、负电荷的胶体微粒之外，还存在不带电的胶体，如淀粉、蛋白质溶液等。某些大分子（如淀粉）所形成的胶体，其胶体粒子可能不带电荷，因此不具有电泳现象。

胶体微粒可以带电，但整个胶体是电中性的。胶体微粒带电，是因为胶体粒子在分散系中会与周围的粒子结合，以氢氧化铁为例，氢氧化铁粒子在水分散系中吸附氢离子，所以胶体带正电（注意，分散系本身不带电）。在 U 形管中加入氢氧化铁胶体，并在两端分别接入正负极，通电一段时间后，可以观察到阴极附近辅助液的颜色不断变深（界面向上移动），阳极附近辅助液颜色不断变浅（界面向下移动）。胶体与辅助液的界面由实验前的等高变得有高低，胶体电泳实验充分说明胶体微粒带电荷。

2. 溶液、胶体、悬浊液及乳浊液的比较

分散系	溶液	胶体	悬浊液	乳浊液
分散质粒子直径大小	＜ 1 nm	1～100 nm	＞ 100 nm	＞ 100 nm
分散质粒子结构	分子、离子	少量分子的集合体或大分子	大量分子聚集成的固体小颗粒	大量分子聚集成的固体小液滴
特点	均一、透明	多数均一、透明	不均一、不透明，久置沉淀	不均一、不透明，久置分层
稳定性	稳定	较稳定	不稳定	不稳定
能否透过滤纸	能	能	不能	不能
能否透过半透膜	能	不能	不能	不能
实例	食盐水、蔗糖溶液	$Fe(OH)_3$ 胶体、淀粉溶液	泥水、石灰乳	油水混合物

💡 思考与讨论

1. 制取 $Fe(OH)_3$ 胶体时，向沸水加入饱和 $FeCl_3$ 溶液后要继续加热，但加热到溶液颜色不再变化时，就要及时停止加热，为什么？

2. 在图 1-4 实验中加入 K_2SO_4 溶液起到什么作用？为什么电极要与 $Fe(OH)_3$ 胶体保持一段距离？你在该实验中，通电一段时间，看到的实验现象说明了什么？

3. 常见的墨水是胶体溶液，在墨水瓶的包装盒上往往写上"用本品前先将你的笔洗净""不要与其他墨水混合使用"等注意事项。这是为什么？

参考提示

实验天地 1-3　物质的导电性

 实验仪器与药品

主要仪器

导线与发光二极管　小试管　大头针　小药匙　多用滴管　电池

药品

0.1 mol/L 溶液：NaOH、KNO₃、盐酸，NaOH 固体，KNO₃ 固体，蒸馏水

实验活动与探究

1. 实验方法与操作

实验如图 1-5 所示，取 6 支小试管分别装入约 3/4 体积的 0.1 mol/L 盐酸、0.1 mol/L NaOH 溶液、0.1 mol/L KNO₃ 溶液、蒸馏水、NaOH 固体、KNO₃ 固体。然后把两电极（大头针）依次插入各试管的溶液或固体中，接通电源，分别观察发光二极管的光亮情况。

警示灯

● 酸、碱都有腐蚀性，使用时必须十分小心，要防止溅到皮肤、眼睛或衣服上。
● 切勿让电池的两个电极互相接触，以免短路而损坏电池。

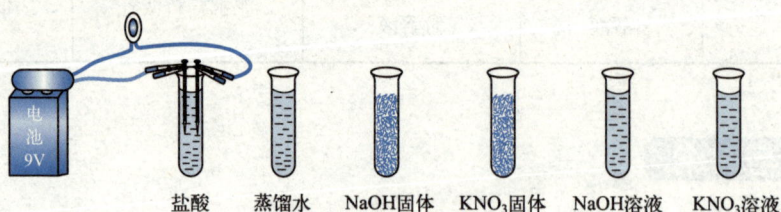

盐酸　蒸馏水　NaOH固体　KNO₃固体　NaOH溶液　KNO₃溶液

图 1-5　电解质溶液的导电性

经验提示

1. 电极插入各种溶液的深度尽量保持一致。
2. 每插入一种溶液前，必须先用水将电极洗干净。
3. 要避免两电极相互接触，而误导实验结果。

2.实验记录与分析

实验	NaOH 固体	KNO₃ 固体	蒸馏水	NaOH 溶液	KNO₃ 溶液	盐酸
发光二极管明亮情况						
微观解释						
物质在水中的主要存在形式						
电解质的化合物类别						
电解质溶液导电性差别的原因						

📖 思考与讨论

参考提示

1. 试开展电解质溶液在发生化学反应过程中导电能力是否会发生变化的实验探究，实验装置如图1-6所示：

（1）塑料水杯盛 2 mol/L 盐酸，多用滴管装 2 mol/L NaOH 溶液，将 NaOH 溶液逐滴加入盐酸（要不断摇动使滴加的液体能够分布均匀），灯泡的明亮程度有什么变化？

（2）塑料水杯盛 2 mol/L 乙酸，多用滴管装 2 mol/L 氨水，将氨水逐滴加入乙酸，灯泡的明亮程度有什么变化？

2. 根据电解质的概念，从哪些方面判定一个物质是否为电解质？

3. 试解释 NaCl 溶液能够导电的原因。

4. 电解质本身是否一定导电？电解质导电的环境一般是什么环境？

5. 指出下列物质哪些能导电？哪些属于电解质？哪些为非电解质？并说明原因。

① Fe 　　② 氯化钠溶液 　　③ 熔融的氢氧化钠 　　④ SO₂

⑤ 液态 HCl 　　⑥ 氨气 　　⑦ 大理石 　　⑧ 酒精

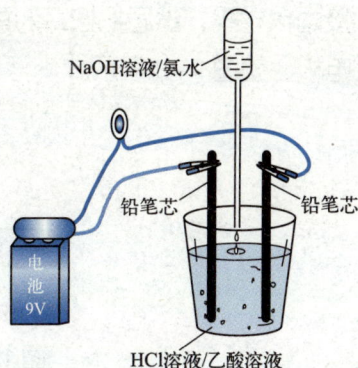

图1-6　电解质溶液反应过程导电能力的变化

自制简易的导电仪

1. 微型电解质溶液导电仪的制作（家庭实验）

利用带有发光二极管的音乐贺卡改装，拆去音乐贺卡的纸质部分，保留音乐贺卡的音乐集成块、发光二极管和高频扬声器部分，然后在电池的负极与发光二极管相连接的一端断开，引出两根导线并连接两支大头针（或 2B 铅笔芯）作为电极，即完成了有比较好灵敏度的"微型电解质溶液导电仪"的制作，如图 1-7 所示。（测量时如果导电仪发出轻微的吱吱声，而二极管没有发光，说明液体有微弱的导电性；如果导电仪二极管发出红光，并且听到音乐声，表明液体有比较强的导电性。）

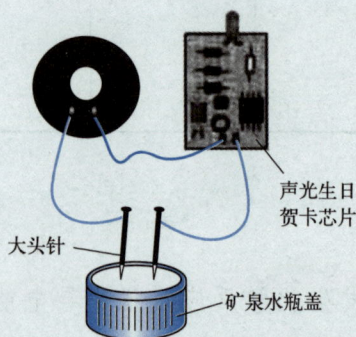

声光生日
贺卡芯片

大头针

矿泉水瓶盖

图 1-7　音乐贺卡改装简易导电仪

2. 改造发光挖耳勺，制作简易导电仪（家庭实验）

将发光挖耳勺拆开外壳，找到电池的负极与发光二极管相连接处断开，分别连接两根导线，然后把挖耳勺重新安装好，在引出的两根导线端连接两支回形针作为电极，如图 1-8 所示。

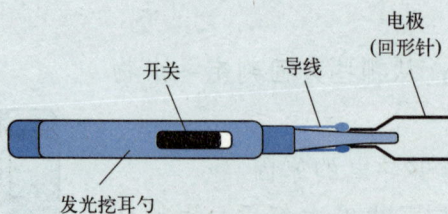

开关　　导线　　电极
（回形针）

发光挖耳勺

图 1-8　发光挖耳勺改装简易导电仪

使用自己的大制作获得的简易导电仪，分别测量下列各物质的导电性及判断导电性的强弱：

稀 HCl、乙酸溶液、NaOH 溶液、Na_2CO_3 溶液、氨水、无水乙醇、蒸馏水、蔗糖溶液。

实验天地 1-4 离子反应及其发生的条件

实验仪器与药品

主要仪器				
小烧杯	小试管	玻璃棒	温度计	多用滴管

药品 0.1 mol/L 溶液：KCl、BaCl₂、Na₂SO₄、CuSO₄、H₂SO₄、Na₂CO₃，2 mol/L 溶液：NaOH、KOH、HCl，酚酞溶液

实验活动与探究

1. 实验方法与操作

（1）离子反应

实验如图 1-9 所示，在两支小试管中均加入约 0.3 mL Na_2SO_4 溶液，然后，向其中一支试管滴加约 0.3 mL KCl 溶液，向另一支试管滴加约 0.3 mL $BaCl_2$ 溶液，观察现象。

（2）离子反应的条件

实验如图 1-10 所示，取三支小试管，分别编号为 1#、2#、3#。

① 在 1# 小试管中加入约 0.3 mL $CuSO_4$ 溶液，然后逐滴加入 NaOH 溶液，观察现象。

② 在 2# 小试管中加入约 0.3 mL NaOH 溶液和 1 滴酚酞溶液，然后逐滴加入稀 HCl，观察现象。

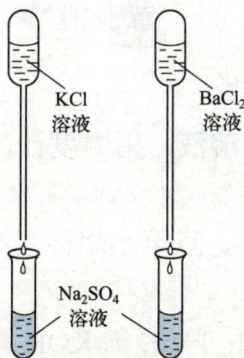

图 1-9 离子反应

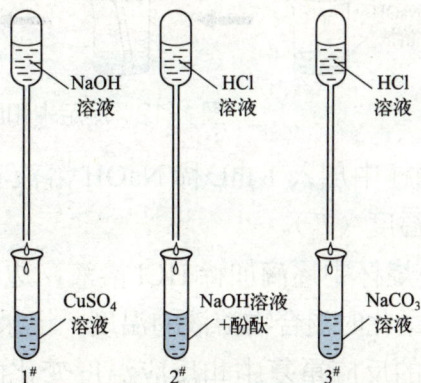

图 1-10 离子反应的条件

③ 在 3# 小试管中加入约 0.3 mL Na_2CO_3 溶液,然后逐滴加入稀 HCl,观察现象。

(3)酸碱中和反应的实质

方法一:实验如图 1-11 所示。

① 在一支小试管中加入约 0.3 mL NaOH 溶液和 1 滴酚酞溶液,再逐滴加稀 HCl,直至试管里溶液颜色刚好褪去,用手触摸试管外壁,感受实验过程的温度变化。

② 在另一支小试管中加入约 0.3 mL KOH 溶液和 1 滴酚酞溶液,再逐滴加稀 H_2SO_4,直至试管里溶液颜色刚好褪去,用手触摸试管外壁,感受实验过程的温度变化。

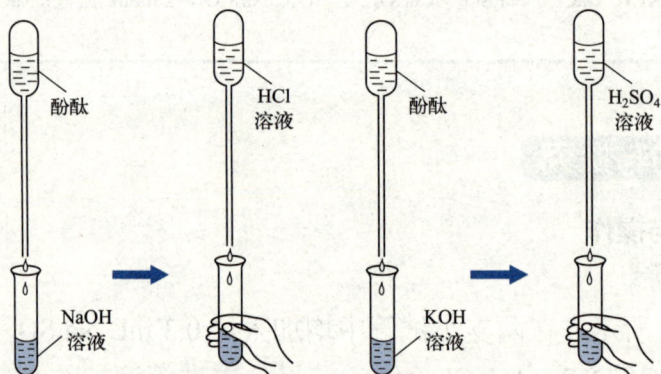

图 1-11 中和反应

方法二:实验如图 1-12 所示。

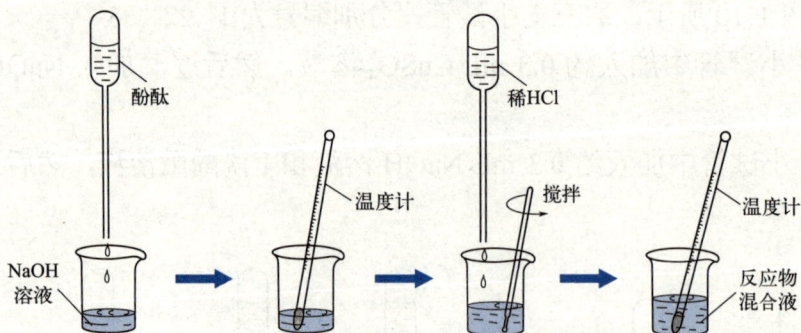

图 1-12 测定中和反应温度的变化

① 小烧杯中加入 1 mL 稀 NaOH 溶液和 2 滴酚酞溶液,用温度计测量溶液的温度,记录温度(T_1)。

② 向小烧杯中逐滴加稀 HCl 溶液,边滴加边搅拌,直至小烧杯里溶液颜色刚好褪去,测量此时混合物溶液的温度,记录温度(T_2)。

用以下的反应重复中和反应温度变化的探究活动:1 mL 稀 KOH 溶液 + 酚酞溶液,滴加稀 H_2SO_4。记录观察结果。

警示灯

● 如果不小心有酸/碱溶液溅到皮肤或衣服上，应立刻用大量清水冲洗。

● 切勿使用温度计来充当搅拌棒。

2. 实验记录与分析

（1）离子反应

实验过程		在 Na_2SO_4 溶液中滴加 KCl 溶液	在 Na_2SO_4 溶液中滴加 $BaCl_2$ 溶液
实验现象			
滴液前	滴管里溶液含有的离子		
	试管里溶液含有的离子		
滴液后	不参加反应仍在溶液中自由移动着的离子		
	发生反应的离子		①
	反应生成物的化学式		②
判断和综述	在 Na_2SO_4 溶液中滴加 KCl 溶液观察到_____的现象说明_____。在 Na_2SO_4 溶液中滴加 $BaCl_2$ 溶液反应的化学方程式是_____，若只以表中标号①的离子为反应物，以②为生成物，写成的反应式子是：_____		

（2）离子反应的条件

实验过程		1# 试管	2# 试管	3# 试管
实验现象				
化学方程式				
现象分析	反应前溶液的溶质离子			
	反应后溶液的溶质离子			
	反应实质			
判断和综述		离子反应的条件：		

（3）酸碱中和反应的实质

实验过程		在 NaOH 溶液中滴加稀 HCl			在 KOH 溶液中滴加稀 H_2SO_4		
实验现象							
反应物	化学式						
	类别						
反应物电离出的离子							
参加反应的离子							
不反应的离子							
离子反应的产物							
反应过程的温度变化 /℃		T_2	T_1	温度变化	T_2	T_1	温度变化
判断和综述		中和反应的实质是：					

思考与讨论

1. 在化学反应的四种基本反应类型中，哪些反应一定属于离子反应？

2. 分析下列各实验能否发生离子反应，若能反应写出离子方程式并进行实验验证。

① 在 $Ca(NO_3)_2$ 溶液加入 $ZnCl_2$ 溶液；

② 在 K_2SO_4 溶液加入 $Ba(NO_3)_2$ 溶液；

③ 在 $CuCl_2$ 溶液加入 NaOH 溶液；

④ 在 $Ba(OH)_2$ 溶液加入 H_2SO_4 溶液；

⑤ 将 CO_2 通入澄清石灰水中；

⑥ 在盐酸中加入石灰石；

⑦ 在盐酸中加入纯铜片。

3. 现有下列物质：K_2CO_3、$BaCl_2$、NH_4Cl、$Ca(NO_3)_2$、NaCl、$CaSO_4$、$NaNO_3$、HCl、H_2SO_4、NaOH、NH_4HCO_3、K_2SO_4。

要配制只含有 K^+、NH_4^+、Na^+、Cl^-、SO_4^{2-} 五种离子的澄清透明溶液，则可选

用哪些物质来配制溶液？

4. 现有离子：①Cl^- ②SO_4^{2-} ③H^+ ④OH^- ⑤CO_3^{2-} ⑥HSO_3^- ⑦Na^+ ⑧Cu^{2+} ⑨Ca^{2+} ⑩Ag^+ ⑪Ba^{2+} ⑫K^+ ⑬MnO_4^- ⑭Fe^{3+}

（1）在酸性条件下，一定不能大量共存的有_____。

（2）在碱性条件下，一定不能大量共存的有_____。

（3）在无色溶液中，一定不能共存的有_____。

（4）在含有⑪Ba^{2+}的溶液中，一定不能大量共存的有_____。

参考提示

第 2 专题

海水中的重要元素——钠和氯

实验天地 2-1　钠的性质

实验仪器与药品

| 主要仪器 | 小烧杯　球形具支试管　小刀　小试管　$\phi 5 \sim 6mm$，长约 60mm　玻璃管　多用滴管　镊子　滤纸　火柴　酒精灯 |

| 药品 | 金属钠，水，酚酞溶液，肥皂液（或洗洁精溶液） |

实验活动与探究

1. 实验方法与操作

（1）对金属钠的观察

先观察浸在煤油中的金属钠，然后用镊子取出钠块，用滤纸吸干表面的煤油，放在干燥玻璃片上用小刀切去钠块一侧的外皮，如图 2-1 所示，观察刚切开的切口的光泽和颜色以及随后切口颜色的变化。

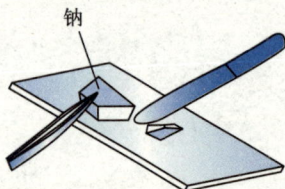

钠

图 2-1　切钠块和观察切口

（2）钠与氧气反应及产物的检验

① 切取米粒般大小的钠块放入玻璃管的一端，用仪器夹夹持玻璃管倾斜约 20°，如图 2-2 所示，用酒精灯加

⚠ 警示灯

- 钠的腐蚀性很强，应用镊子夹取，切勿用手取拿。
- 实验中用过的滤纸要交老师妥善处理，防止其燃烧。
- 用剩的钠要放回煤油中保存，不可随意乱放，避免发生事故。

热玻璃管靠近钠块部位，观察金属钠燃烧的现象和生成物的颜色及状态。

② 燃烧完毕，待玻璃管完全冷却后，用手指按住玻璃管靠钠较远的一端，将玻璃管的另一端插进盛有少量水的小烧杯里，使钠的燃烧生成物能与水接触，将带火星的火柴梗移近玻璃管的上口时再松开手指，检验放出的气体，如图 2-3 所示。

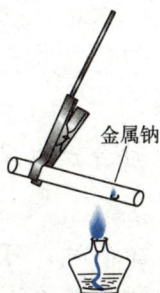

图 2-2 钠在空气中燃烧

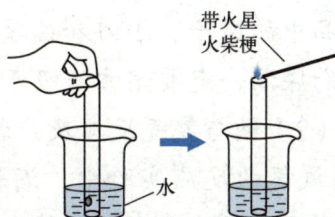

图 2-3 钠与氧气反应产物的检验

（3）钠与水反应及产物的检验

① 实验如图 2-4 所示，在小烧杯中加入约 2 mL 水，再滴入 1 滴酚酞溶液，然后将一块米粒般大小的钠投入烧杯中，细心观察在烧杯中发生的一系列实验现象。

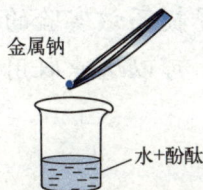

图 2-4 钠与水的反应

警示灯

● 实验时需戴上安全眼镜和防护手套。

● 与水反应的钠块不可切得太大，否则有危险。

② 在一支球形具支试管中加水至球泡的中部，用滴管胶头封住支管口，如图 2-5 所示。把一块米粒般大小的钠投入球形具支试管中，然后迅速用肥皂液抹在试管口（抹肥皂液时，应在管口稍停留一会，以

实验视频

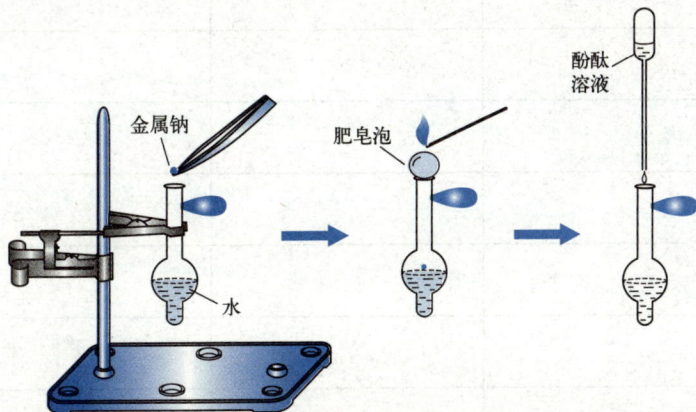

图 2-5 钠与水的反应及其生成物的检验

利于形成肥皂泡封住管口）。细心观察球形具支试管内发生的一系列现象。待试管口的肥皂泡吹得比较大时，将燃着木条的火焰迅速移近肥皂泡，观察发生的现象。反应完毕后加 1 滴酚酞溶液，再观察现象。

经验提示

1. 实验用品中的镊子、小刀和玻璃管等必须保持干燥。

2. 钠表面的煤油一定要用滤纸吸干，否则与氧气反应时会产生黑烟干扰实验。

3. 做实验（2）钠与氧气反应及产物的检验时：

① 在钠与氧气的反应实验中，酒精灯加热待钠开始冒烟时，可向玻璃管内轻轻地扇风，也可用多用滴管在玻璃管口鼓入少量空气，以增加氧气与钠的接触，这样观察钠燃烧的现象会更明显，当加热到钠有火星时可立即撤掉酒精灯。

② 用带火星的火柴梗移近玻璃管的上口时，才能松开手指，这个动作一定要迅速，以防止微少量的氧气散失，导致现象不明显。

4. 做实验（3）钠与水反应及产物的检验时，由于微型实验使用的钠块很小，反应非常迅速，产生的氢气会很快把肥皂泡吹破。为了提高该实验的成功率，建议在投入金属钠的操作前，就要准备一个明火源在旁边，可以迅速取用燃着的木条。

2. 实验记录与分析

（1）钠的性质

实验	实验过程	实验现象	实验结论或化学方程式
钠的观察			
钠与氧气反应			
钠与水反应			

（2）实验综述

	颜色	状态	光泽	硬度	密度	熔点
钠的物理性质						
钠的化学性质						

📖 思考与讨论

1. 从金属钠存放于煤油里以及实验图 2-1 和图 2-2 简单展示的探究钠与氧气反应的实验操作，你能总结出有关金属钠的哪些性质？

2. 按图 2-4 所示的钠与水反应的实验，回答下列问题：

（1）在钠与水反应之前，为什么要用滤纸吸干钠表面的煤油呢？

（2）实验中一般取米粒大的钠块即可，能否取较大块的钠进行实验？

（3）实验时，能用手直接拿取金属钠吗？为什么？

3. 加热条件下金属钠跟空气反应的产物往往不是单纯一种颜色，推测其中的原因。

4. 钠在金属活动性顺序中排在前面，它能与金属盐溶液反应置换出排在它后面的金属吗？若把金属钠投进硫酸铜溶液中，能观察到什么现象？进行实验探究。

5. 钠与水的反应过程是吸热还是放热？找出相关实验证据。

参考提示

实验天地 2-2 氧化钠和过氧化钠的性质

实验仪器与药品

主要仪器：小烧杯　小试管　小药匙　多用滴管　胶塞

药品：Na_2O，Na_2O_2，水，CO_2，酚酞溶液

1. 实验方法与操作

（1）氧化钠与水反应

实验如图2-6所示，取氧化钠固体粉末1药匙于小试管中观察。加入0.5 mL水，观察现象。把带火星的木条插进小试管中，观察现象。用手触摸试管外壁，感受试管温度的变化。然后，滴入1滴酚酞溶液，观察现象。

（2）过氧化钠与水反应

方法一：实验如图2-6所示，取过氧化钠固体粉末1药匙于小试管中观察。加入0.5 mL水，观察现象。立即把带火星的木条插进小试管中，观察现象。用手触摸试管外壁，感受试管温度的变化。然后，滴入1滴酚酞溶液，观察现象。

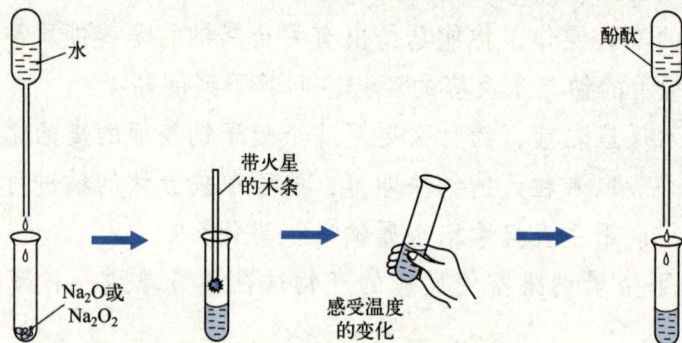

图2-6　氧化钠、过氧化钠与水反应

方法二：实验如图2-7所示，在一小团脱脂棉上，放一药匙过氧化钠粉末，然后包起来，留有一个小缝隙，放在小烧杯里，用胶头滴管向脱脂棉的缝隙内的过氧化钠上慢慢滴几滴水，观察实验现象。

图2-7　过氧化钠与水反应

● 过氧化钠与水反应剧烈，过氧化钠的用量不宜过多。

（3）过氧化钠与二氧化碳反应

方法一：实验如图2-8所示，将装在多用滴管里的CO_2慢慢加入小试管里至满，用带火星的木条证实试管盛满CO_2后，迅速而小心地向小试管加入1小药匙过氧化钠固体粉末，并立即塞上胶塞，稍振荡（约 10 s），然后用手触摸试管底外壁，感受试管温度的变化。随后打开胶塞并立即插入带火星的木条接近试管底的固体粉末处，观察现象。

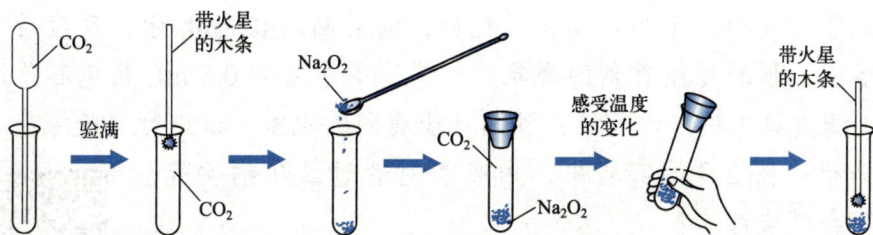

图 2-8　过氧化钠与二氧化碳反应（Ⅰ）

方法二：实验如图 2-9 所示，把少量过氧化钠粉末平铺在一层脱脂棉上，用玻璃棒轻轻按压，使过氧化钠进入脱脂棉中，用镊子将带有过氧化钠的脱脂棉轻轻卷好，放入小烧杯中，用一支塑料吸管向脱脂棉缓缓吹气，观察棉花是否可以燃烧起来。

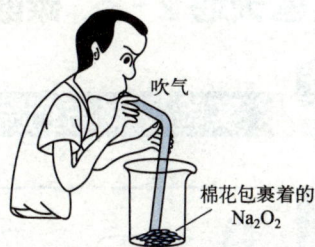

图 2-9　过氧化钠与二氧化碳反应（Ⅱ）

经验提示

1. 如果没有过氧化钠，可将金属钠放在一块干净的铁片上加热，使它在空气中燃烧以制取过氧化钠。

2. 按图 2-9 方法进行实验时，整个过程中，动作不要太大，吹气时要小心。

2. 实验记录与分析

实验	实验过程	实验现象	实验结论或化学方程式
氧化钠与水反应			
过氧化钠与水反应			
过氧化钠与二氧化碳反应			

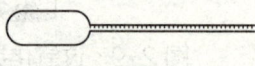
1. 过氧化钠用作呼吸面具或潜水艇中氧气来源，有什么好处？有什么不足？

2. 在试管中先加入 1 小药匙过氧化钠，随后滴入 0.5 mL 水，反应后加入 1 滴紫色石蕊溶液，预测可能看到的现象。如果试管中盛有 0.5 mL 紫色石蕊溶液，向其中加入 1 滴过氧化钠与水反应，预测可能看到的现象。试进行实验探究。

3. 试分析在图 2-9 的实验中，用吸管对着过氧化钠吹气，为什么棉花会燃烧起来？

参考提示

实验天地 2-3 碳酸钠的性质

实验仪器与药品

主要仪器					
胶头	多用滴管	小气球	玻璃棒	小试管	侧泡具支试管

药品
0.5 mol/L 溶液：$CaCl_2$、Na_2CO_3，澄清石灰水，浓盐酸，水，pH 试纸

实验活动与探究

1. 实验方法与操作

（1）碳酸钠溶液与石灰水、氯化钙溶液的反应

实验如图 2-10 所示，取 2 支小试管，在其中一支小试管中加入约 0.3 mL 澄清

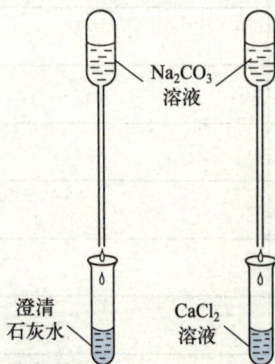

Na_2CO_3 溶液

澄清石灰水

$CaCl_2$ 溶液

图 2-10 Na_2CO_3 溶液与石灰水、$CaCl_2$ 溶液作用

警示灯

● 酸和碱都有腐蚀性，使用时要小心，如果不慎让皮肤接触到它，要用大量的清水冲洗。

石灰水，在另一支小试管中加入约 0.3 mL CaCl$_2$ 溶液，然后分别逐滴加入 Na$_2$CO$_3$ 溶液，振荡，观察现象。

（2）碳酸钠溶液与盐酸的反应

实验如图 2-11 所示，在具支试管中加入 Na$_2$CO$_3$ 溶液约 0.5 mL，胶头滴管吸入浓盐酸，具支试管的支管套上小气球。向 Na$_2$CO$_3$ 溶液逐滴加入浓盐酸，观察现象。

（3）测定碳酸钠溶液的 pH 值

实验如图 2-12 所示，将一小片 pH 试纸放在操作台板上，用玻璃棒蘸取 Na$_2$CO$_3$ 溶液滴在试纸上，然后把试纸显示的颜色跟标准比色卡对照，测出该溶液的 pH 值。

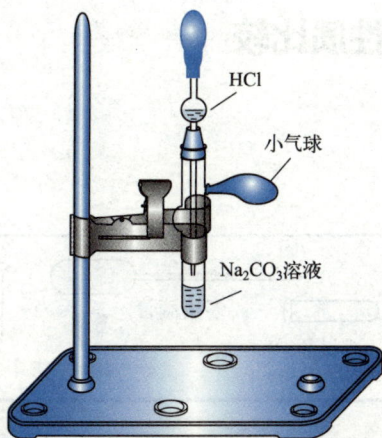
图 2-11　Na$_2$CO$_3$ 溶液与 HCl 反应

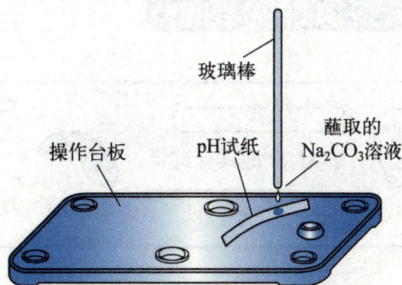
图 2-12　测定 Na$_2$CO$_3$ 溶液的 pH 值

2. 实验记录与分析

实验	实验过程	实验现象	实验结论或化学方程式
Na$_2$CO$_3$ 与澄清石灰水反应			
Na$_2$CO$_3$ 与 CaCl$_2$ 反应			
Na$_2$CO$_3$ 与 HCl 反应			
pH 值测定			

1. 有一种无色透明的溶液可能含 CO_3^{2-}、Cl^- 两种阴离子，设计检验方案确定这两种离子是否存在。

2. 实验室如何证明某溶液为碳酸盐溶液？

3. 将 CO_2 通入 $NaOH$ 溶液中时会发生哪些反应？

4. Na_2CO_3 的水溶液呈碱性，但为什么往碳酸钠溶液中加稀硫酸后溶液的 pH 值会降低？

参考提示

实验天地 2-4　碳酸钠与碳酸氢钠的性质比较

实验仪器与药品

主要仪器						
酒精灯	侧泡具支试管 小药匙	小气球	双球 V 形管	小试管	多用滴管 胶塞	小烧杯

药品：Na_2CO_3 固体，$NaHCO_3$ 固体，饱和 Na_2CO_3 溶液，饱和 $NaHCO_3$ 溶液，酚酞溶液，澄清石灰水，2 mol/L HCl，水

实验活动与探究

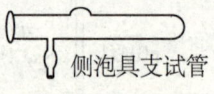

1. 实验方法与操作

（1）碳酸钠、碳酸氢钠的溶解性

① 实验如图 2-13 所示，取 $NaHCO_3$、Na_2CO_3 各 2 药匙分别加入 2 支干燥的小试管中，观察两者外观上的差别。然后各滴入 8 滴水，振荡，观察现象。用手触摸试管外壁，感受试管的温度变化。

② 继续往试管中加入 8 滴水，充分振荡，观察现象。

③ 各滴入 1 滴酚酞溶液，观察现象。

（2）碳酸钠与碳酸氢钠热稳定性的比较

① 取干燥的侧泡具支试管在底部加入 2 小药匙（黄豆颗粒大小的体积）$NaHCO_3$ 固体，再在侧泡处加入 2 小药匙 Na_2CO_3 固体。

② 在双球 V 形管中装约 0.3 mL 澄清石灰水，按图 2-14 组装仪器。

③ 先用酒精灯加热装 Na_2CO_3 的侧泡处，观察澄清石灰水是否有变化。然后再把酒精灯移到侧泡具支试管底部加热 $NaHCO_3$ 处，再细心观察澄清石灰水的变化情况。

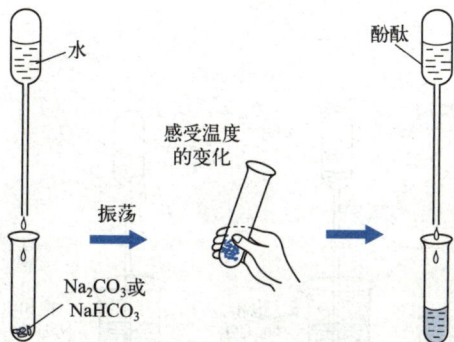

图 2-13　碳酸钠、碳酸氢钠的溶解性　　图 2-14　Na_2CO_3 与 $NaHCO_3$ 热稳定性的比较

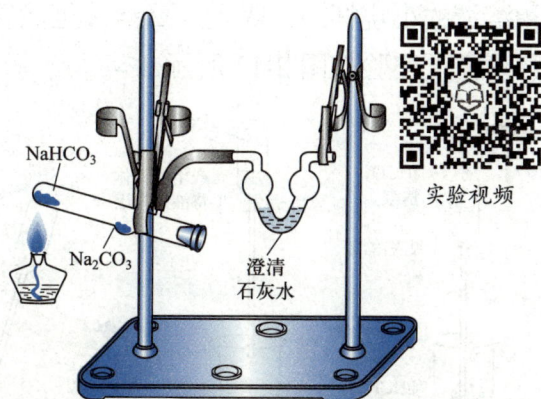

（3）碳酸钠、碳酸氢钠与盐酸反应的比较

① 取 2 支小试管各加入约 0.5 mL 稀盐酸。取两只小气球（气球内要干燥）并在其中分别装入 3 小药匙（约 0.2 g）的碳酸钠和碳酸氢钠粉末。

② 将装有碳酸钠和碳酸氢钠的小气球分别套在上述 2 支装稀盐酸的小试管上，并扎紧管口。如图 2-15 所示。将气球内的碳酸钠和碳酸氢钠同时倒入小试管中。观察实验现象。

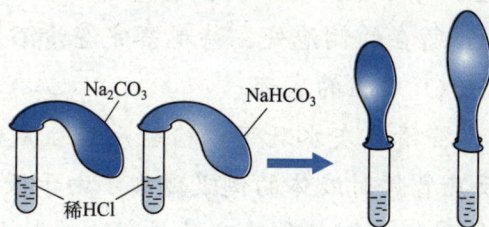

图 2-15　Na_2CO_3、$NaHCO_3$ 与盐酸反应的比较

警示灯

● 酸和碱都有腐蚀性，使用时要小心，如果不慎让皮肤接触到它，要用大量的清水冲洗。

（4）碳酸钠和碳酸氢钠与二氧化碳的反应

① 取 2 支多用滴管先各吸取约 1/2 管的 $NaHCO_3$ 溶液，将径管朝上用手缓缓捏挤出吸泡中空气（注意不要把 $NaHCO_3$ 溶液挤出），然后再吸入稀 HCl，待多用

滴管内生成的 CO_2 气体将反应液体全部排出，迅速将其径管折为 $180°$ 封住管口不让气体跑出，即完成满一滴管 CO_2 的制取，实验如图 2-16 所示。

② 将盛满 CO_2 气体的多用滴管分别插入盛有 Na_2CO_3 饱和溶液和 $NaHCO_3$ 饱和溶液的小烧杯中，吸入少量溶液至滴管泡内，轻轻振荡滴管里的溶液，静置，观察现象，实验如图 2-17 所示。

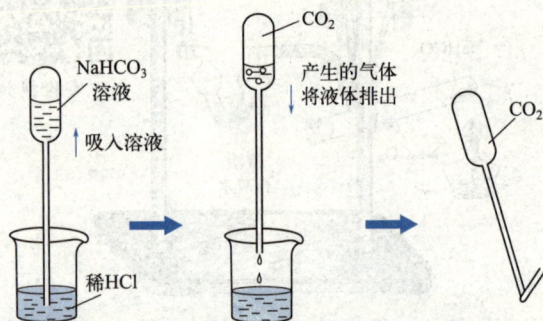

图 2-16　简易方法在多用滴管中制取 CO_2

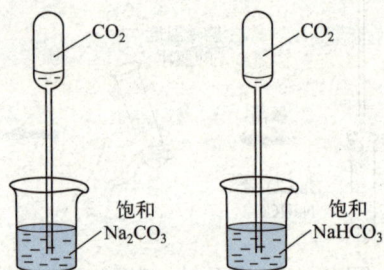

图 2-17　Na_2CO_3 和 $NaHCO_3$ 与二氧化碳的反应

经验提示

1. 实验（2）是用一支侧泡具支试管同时装载两种化合物来进行的实验，操作前后连贯，实验简便快速、对比性强。该实验用酒精灯加热的顺序有讲究，要先加热侧泡具支试管中 Na_2CO_3 所在的侧泡处，待观察完澄清石灰水是否变浑浊后，再加热侧泡具支试管中 $NaHCO_3$ 所在的底部。

2. 采用双球 V 形管盛澄清石灰水既可以检验反应生成的 CO_2，又可以防止反应激烈液体的冲出，或反应暂停时液体的倒吸现象。由于微型仪器体积小，加入的液体不能太多，否则起不到防止倒吸和冲液的作用。应控制装液体量在 V 形部位离双球的下端 $0.3 \sim 0.5cm$ 处。

3. 实验（3）是比较实验，因此实验时反应物的用量尽量相等，气球内的碳酸钠和碳酸氢钠也要尽量同时倒入小试管中。因为碳酸氢钠与盐酸反应比较剧烈，故药品用量要少，以免使反应过猛。

2.实验记录与分析

化学式	化学名称	俗称	状态	溶解性
$NaHCO_3$				
Na_2CO_3				

实验	实验过程	实验现象	实验结论或化学方程式
溶解性			
热稳定性的比较			
与盐酸反应的比较			
与 CO_2 的反应			

3. 区别碳酸钠和碳酸氢钠的实验探究

（1）预测可用于区别 Na_2CO_3 和 $NaHCO_3$ 的反应物

化学式	化学名称	物质类别	化学式	化学名称	物质类别
		氧化物			
		酸			
		碱			
		盐			

（2）实验验证

① 设计实验方案；② 交流讨论并修改完善；③ 进行实验并作记录。

提示：应注意实验的可比性，如浓度、用量、反应时间等的可比性。可以用小气球套在试管口收集气体进行比较。

实验方案（可用图示）	实验过程与现象	解释、判断、化学方程式

1. 根据实验的结果，你认为 Na_2CO_3、$NaHCO_3$ 固体，哪一个热稳定性好，你是怎样得出这一结论的？

2. 生活中在制作面包、馒头的时候，常常在和面时加入适量的小苏打或苏打粉，你知道是为什么吗？

参考提示

3. Na_2CO_3 与 $NaHCO_3$ 相比，溶解性、热稳定性有何不同？等质量的 Na_2CO_3、$NaHCO_3$ 固体与等浓度、等体积的足量盐酸反应时现象有何异同？

4. 根据上述实验事实，对 Na_2CO_3 与 $NaHCO_3$ 相互转化的方法总结如下：

$$Na_2CO_3 \longrightarrow NaHCO_3; \quad NaHCO_3 \longrightarrow Na_2CO_3$$

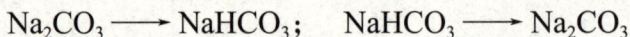

5. 各取少量相同浓度和数量的 Na_2CO_3 与 $NaHCO_3$ 溶液于两支试管中，分别逐滴加入稀盐酸至过量。两者溶液有什么现象？发生的反应有哪些？写出有关离子方程式。

6. 如何检验 Na_2CO_3 粉末中混有 $NaHCO_3$？

7. 如何鉴别 Na_2CO_3、$NaHCO_3$、$NaCl$ 三种固体？

8. 在澄清石灰水中滴入几滴 $NaHCO_3$ 溶液，有何现象？写出反应的离子方程式。在澄清石灰水中滴入几滴 Na_2CO_3 溶液，有何现象？写出反应的离子方程式。能否用澄清石灰水来鉴别 Na_2CO_3 和 $NaHCO_3$ 溶液？为什么？试进行实验探究。

实验天地 2-5　焰色反应

🔬 实验仪器与药品

主要仪器						
酒精灯	滤纸	剪刀	小刀	铅笔	蓝色钴玻璃	小烧杯

药品	饱和溶液：Na_2CO_3、KCl、$CaCl_2$、$CuCl_2$，无水酒精

⚙️ 实验活动与探究

1. 实验方法与操作

方法一：用焰色反应检验钠离子（Na^+）、钾离子（K^+）、铜离子（Cu^{2+}），实验如图 2-18 所示。

① 取一支铅笔，削出比较长的铅笔芯（约 5 cm），在酒精灯火焰上灼烧铅笔芯，一直烧到火焰变成无色为止。

② 用铅笔芯蘸取 Na_2CO_3 溶液，放在酒精灯火焰上灼烧，观察火焰的颜色（在外焰下侧里灼烧，可以观察到较长的有色火焰）。

③ 完成 Na_2CO_3 的焰色反应后，把铅笔芯在酒精灯火焰上继续灼烧，一直烧到没有黄色火焰为止。

④ 重复步骤②、③操作，依次用饱和的 KCl、$CaCl_2$、$CuCl_2$ 溶液作焰色反应试验，观察火焰的颜色（做钾离子的焰色反应时，要隔着蓝色钴玻璃观察火焰的颜色）。

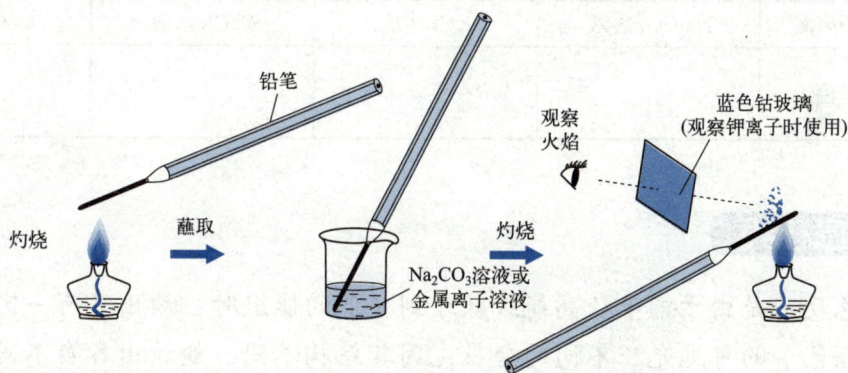

图 2-18　铅笔芯代替铂丝进行的焰色反应

方法二：

① 将滤纸剪成约 1.5 cm×8 cm 的小纸条，用铅笔写上将要测试试剂的名称，将其分别浸泡在相对应待测的各种盐的饱和溶液中，片刻取出，晾干。

② 将干燥的滤纸条放入无水酒精中浸湿，再拿出来放在酒精灯火焰上烧，观察滤纸条燃烧火焰的颜色。实验如图 2-19 所示。

警示灯

● 小心使用小刀等利器，防止割伤。
● 灼烧时要注意安全，束好长发，放好纸张等易燃物。

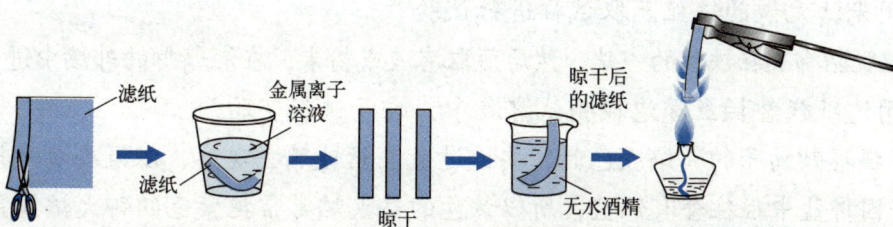

图 2-19　滤纸代替铂丝进行的焰色反应

1. 做焰色反应前要在酒精灯火焰上灼烧铅笔芯，一直烧到火焰变成无色为止，这时，铅笔芯上的有机物就被烧掉，以免干扰实验。每完成一种离子的焰色反应，要把铅笔芯在酒精灯火焰上继续灼烧，至火焰与原来的火焰颜色相同才可蘸取试样继续试验。

2. 把铅笔芯放在灯焰下侧的外焰里灼烧，可以获得便于观察的较长的有色火焰。

3. 在观察钾的火焰颜色时，要透过蓝色钴玻璃观察，从而滤去黄色光的干扰。

2. 实验记录与分析

含待检离子溶液	Na_2CO_3 溶液	KCl 溶液	$CaCl_2$ 溶液	$CuCl_2$ 溶液
火焰的颜色				

信息在线

1. 焰色反应是由于电子从高能级跃迁到较低的能级时，放出具有一定波长（即具有一定颜色）的可见光。不同的金属，因其结构不同，能放出各自不同特有颜色的光。火焰的热量就能够发生这种作用，根据火焰的颜色，便可以辨别出是何种金属或何种金属的离子。

常见金属或金属的离子的焰色反应颜色：

钠——黄色　钾——浅紫色　钙——砖红色

铜——绿色　锶——洋红色　锂——紫红色

2. 铂的性质很稳定，灼烧时火焰不会改变颜色，因此实验室一般是用铂丝做焰色反应，不会对被检验的元素产生干扰。但铂丝很贵，不容易获取，所以应用受到限制，下面的简易方法可以代替铂丝做焰色反应。

① 用铅笔芯代替铂丝：把铅笔芯放在酒精灯火焰上灼烧，一直烧到火焰变成无色为止，然后蘸取试样进行焰色反应。

② 用光洁无锈的铁丝蘸取试样进行试验。

③ 把脱脂棉裹在铁丝的一端，然后蘸取溶液或粉末，在酒精灯的外焰中进行试验。

④ 用滤纸代替铂丝浸泡在测试溶液中，晾干进行实验。

3. 在观察钾离子的火焰颜色时，要透过蓝色钴玻璃去观察，以吸去黄光排除钠盐的干扰（因钾盐中往往含有钠盐，所以黄色的钠火焰常常把紫色的钾火焰掩盖起来）。如果没有蓝色钴玻璃片，可用蓝色透明的玻璃纸或幻灯片涂上蓝色颜料来代替。

1. 用铂丝在做焰色反应前，先用盐酸洗涤，再用酒精灯火焰反复灼烧的作用是什么？

2. 用碳酸钠、碳酸钾、氯化钾固体粉末能否做焰色反应实验？单质钠、钾、铜等是否也能做焰色反应实验？

3. 解释下列在实验中或生活中看到的一些现象：

（1）在点燃玻璃管口导出的氢气时，火焰常常呈黄色，与书本上所说的淡蓝色不相符。

（2）在温度较高的锅里加盐加油炒青菜时，刚放入青菜的一瞬间，产生大量的白色烟雾，这时原来煤气火焰的淡蓝色变成了黄色。

（3）通常酒精灯的火焰呈很淡的蓝色或无色，而某同学的酒精灯的火焰却呈黄色。有同学建议他将灯芯和酒精换了，但是，他动手换了新的灯芯和酒精后产生的火焰还是呈黄色。

实践大课堂

家庭小实验——火焰的颜色

在一个倒放的小瓷碗底部加入约 3 mL 的酒精，点燃，用一支牙签将其一端用水弄湿，再蘸一些研碎成粉末的食盐，然后放在酒精火焰上烧，观察火焰的颜色。

家里如果有烤面包用的酒石（有钾元素）、药物硼酸（有硼元素）可以用其代替食盐做这个有趣的实验。

实验天地 2-6　氯气与金属、非金属单质的反应

实验仪器与药品

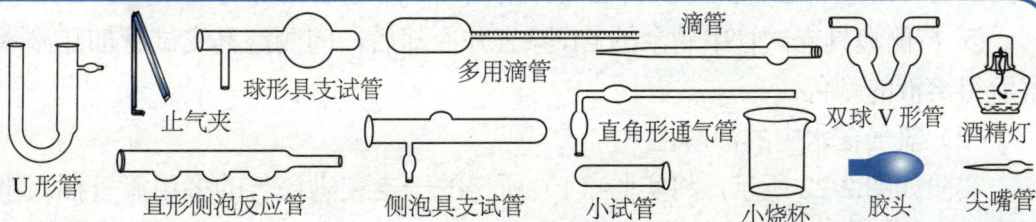

主要仪器		
U 形管　止气夹　球形具支试管　多用滴管　滴管　双球 V 形管　酒精灯		
直形侧泡反应管　侧泡具支试管　直角形通气管　小试管　小烧杯　胶头　尖嘴管		

药品 | KMnO$_4$ 固体，浓 HCl，稀 HCl，稀硫酸（1∶4），锌粉悬浊液，铁丝，铜丝，金属钠，10% NaOH 溶液，肥皂液，水，锌粒，镁条

实验活动与探究

1. 实验方法与操作

（1）氯气制取及与金属反应

① 在球形具支试管中装 6 小药匙的 KMnO$_4$，滴管吸约 0.5 mL 浓盐酸，在一支干燥的侧泡具支试管内放入一团卷曲成绿豆粒大小的细铜丝，再往干燥的直形侧泡反应管里分别放进一团卷曲成绿豆粒大小的铁细丝和一块米粒大小的金属钠，在双球 V 形管装入少量 NaOH 溶液吸收尾气，如图 2-20 所示安装实验装置。

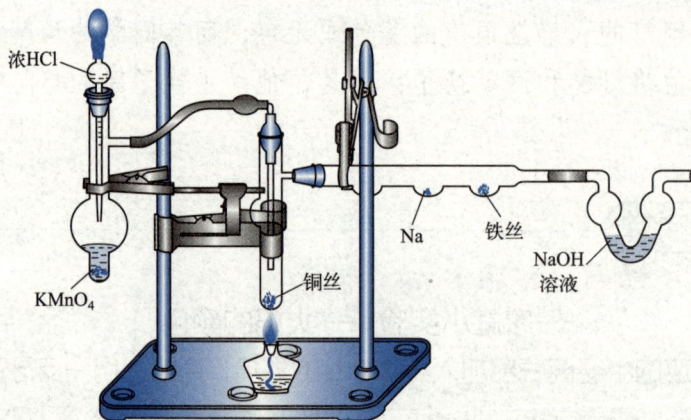

图 2-20　Cl$_2$ 的制备及与金属反应一体化实验

② 挤压滴管胶头，逐渐注入浓盐酸开始制备氯气，观察仪器装置内颜色的变化。待有色气体到达放置钠块的位置时，用酒精灯加热钠块，观察现象。

③ 用酒精灯分别加热放置铁丝和铜丝部位，观察现象。

④ 取两支多用滴管，分别装载 2 管的氯气供实验（2）和实验（3）使用。

多用滴管装载氯气的方法：用手压扁多用滴管泡挤去吸泡内的空气，然后将其插入图 2-20 实验装置的球形具支试管的支管中（先拔去与侧泡具支试管连接的胶管），再慢慢放开手以吸取 Cl$_2$，实验如图 2-21 所示。待吸泡充满气体后，再拔出多用滴管并迅速将径管折弯而封住气体的出口，即可暂时保存 Cl$_2$。

⑤ 待侧泡具支试管中剩余的 Cl$_2$ 除去并冷却后，向侧泡具支试管加几滴水，观察所得溶液的颜色。

（2）氯气在水中的溶解性

实验如图 2-22 所示，将实验（1）所得的一支装满氯气的多用滴管插入小烧杯的水中，吸入少量水至滴管泡并将径管端保持浸在水中，稍振荡滴管里的水，静置，

观察水位变化。

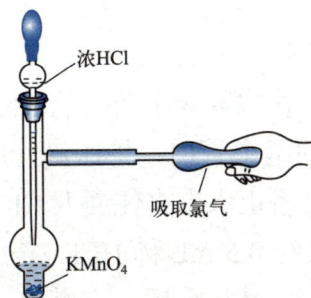

图 2-21 多用滴管吸取 Cl_2

图 2-22 Cl_2 在水中的溶解性

警示灯

● 氯气毒性强，要避免吸入。若不慎吸入而感不适，应立即到室外呼吸新鲜空气。

● 盐酸、硫酸有强腐蚀性，使用时要小心，若皮肤接触了酸碱，要立即用大量水冲洗。

（3）氯气与氢气反应

方法一：

① 取一支多用滴管先吸入约 2/3 体积的稀硫酸，将径管朝上，用手缓缓捏挤出吸泡中的空气（注意不要把硫酸挤出）。然后按图 2-23 所示，把用手压扁的多用滴管吸泡插入盛有锌粉悬浊液（锌粉 + 水）的容器中，吸入锌粉悬浊液至充满吸泡。多用滴管吸泡内发生反应，产生的氢气将混合液排出，待氢气充满滴管时（即滴管内的液体完全排出），将径管折弯而封住气体备用。

② 实验如图 2-24 所示，在小试管中加入 3 ～ 4 滴肥皂液（或洗洁精溶液），将上述实验所得的充满 Cl_2 和 H_2 的两支多用滴管同时插入试管底部，以相同的速

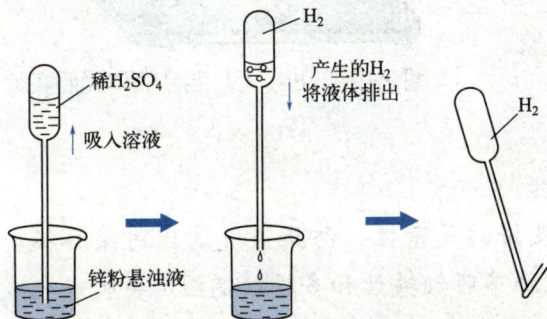

图 2-23 简易方法在多用滴管中制取 H_2

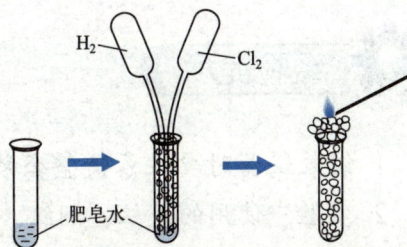

图 2-24 Cl_2 与 H_2 反应

度慢慢向肥皂液通入等量的 Cl_2 和 H_2，直至产生的气泡超出试管口，再慢慢抽出两滴管。将点燃木条火焰靠近肥皂泡，观察现象。

方法二：

① 实验装置如图 2-25 所示。在球形具支试管中装 6 小药匙的 $KMnO_4$，胶头滴管吸约 0.5 mL 浓 HCl。用橡胶塞塞住 U 形管的两个管口，挤压滴管胶头，逐渐注入浓 HCl 开始制备 Cl_2，待 Cl_2 充满 U 形管后，用止水夹夹住通入 Cl_2 处的乳胶管。

② 侧泡具支试管中装有锌粒，胶头滴管吸约 0.5 mL 稀 HCl。挤压滴管胶头向侧泡具支试管里注入稀 HCl 浸过锌粒，制取 H_2。过几秒后，点燃 H_2，把带有火焰的尖嘴管伸入盛有 Cl_2 的 U 形管内，观察现象。

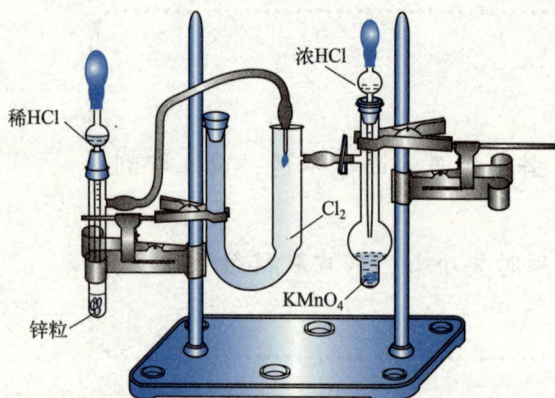

图 2-25　H_2 在 Cl_2 中燃烧一体化实验

警示灯

● 氢气点燃时要小心，要先检验达到安全纯度才能点燃，以防止反应器内氢气着火爆炸。

方法三：

① 实验装置如图 2-26 所示。在球形具支试管中装 4 小药匙的 $KMnO_4$，然后加入 1 mL 浓 HCl，具支口用滴管胶头封住，试管口上盖一块滤纸。

② 当看到产生 Cl_2 使瓶内呈黄绿色时，再投入几颗锌粒，等待片刻，待瓶内产生一定量的 H_2 后，在距离反应瓶约 10 cm 处，点燃镁条产生强光照射混合气体，观察现象。

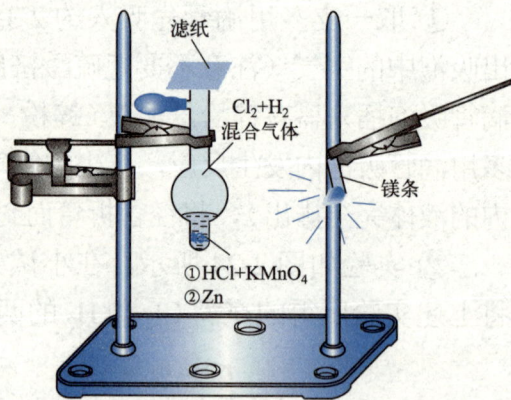

图 2-26　H_2、Cl_2 混合气体光照实验

经验提示

1. 组装仪器时要注意使整套装置有良好的气密性，防止氯气逸出污染环境。

2. 实验中使用的铁丝、铜丝，最好选择多股细铁丝和多股细铜丝（去胶皮电线），实验前要用砂纸擦亮，除去表面的氧化物。

3. 在加热金属与 Cl_2 的实验时，要强加热，而不能断断续续地加热或在几种金属间来回加热。待看到一种金属燃烧后，才可以加热另一种金属。

4. 图 2-20 实验装置中的双球 V 形管盛装 NaOH 溶液吸收尾气，既可以防止反应激烈液体的冲出，又可以防止反应暂停时液体的倒吸现象。但是要注意控制 NaOH 溶液不能加入太多，装液体量应在 V 形部位离双球的下端 0.3 ~ 0.5 cm 处。

5. 实验（3）方法一，操作氯气与氢气反应的实验时，要注意防止气泡里混有空气，也要防止盛 H_2 和 Cl_2 的多用滴管吸入空气。

2. 实验记录与分析

实验	实验过程	实验现象	实验结论或化学方程式
Cl_2 的制取			
Cl_2 与金属反应			
Cl_2 在水中的溶解性			
Cl_2 与 H_2 反应			

实验综述						
氯气的物理性质	状态					
氯气的化学性质						

1. 在制取 Cl_2 实验装置里：

（1）试述氯气通入氢氧化钠溶液中可能发生的反应，最后确定 Cl_2 与 NaOH 反应的化学方程式。判断是否属于氧化还原反应，若是氧化还原反应则指出其中的氧化剂和还原剂。

参考提示

（2）若装置最后的双球 V 形管盛澄清石灰水，用来吸收氯气。则发生该反应的化学方程式，与采用氢氧化钠溶液相比较，哪个更好？

2. 在氯气与铁、铜、钠反应的实验中，有没有观察到燃烧现象？你对燃烧这个概念有什么新的认识？试给燃烧这个概念下一个新的定义。

3. 氯气与铁的反应是氧化还原反应，试从实验现象和原子结构角度分析氯气在反应中表现出来的性质，推测氯气与钠、铝、铜反应的条件，反应的剧烈程度以及反应的生成产物。

4. 实验（3）方法二，实验操作时，锌跟稀盐酸反应产生的氢气为什么要过几秒后才能点燃氢气？

5. $KMnO_4$ 与浓盐酸在常温下反应能产生 Cl_2，若用图 2-27 所示的实验装置来制备纯净、干燥的氯气，并验证其与金属的反应（每个虚线框表示某个单元装置），请指出每个虚线框内装置的作用及是否有错误。

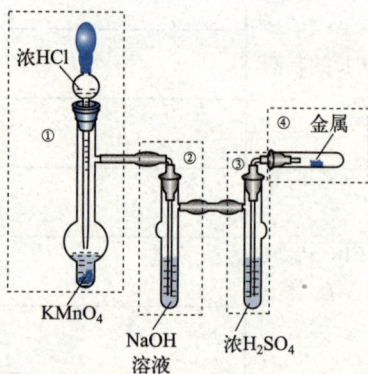

图 2-27 Cl_2 的制备及与金属反应验证装置

实验天地 2-7　氯水的漂白作用

实验仪器与药品

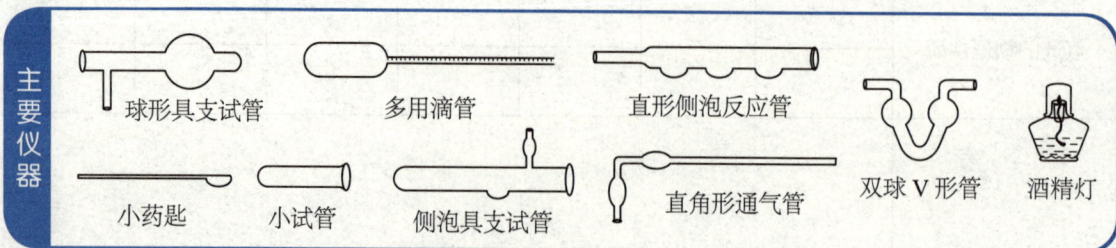

主要仪器	球形具支试管　　多用滴管　　直形侧泡反应管　　双球 V 形管　　酒精灯 小药匙　　小试管　　侧泡具支试管　　直角形通气管
药品	0.1 mol/L：$AgNO_3$、HNO_3、Na_2CO_3、HCl，浓 HCl，无水 $CaCl_2$，MnO_2，石蕊溶液，10% NaOH 溶液，水，红色布条，红纸，有色鲜花瓣

1. 实验方法与操作

（1）氯气的制备及氯水的漂白作用

① 球形具支试管内装有 5 小药匙（约花生米大小体积）的 MnO_2。在干燥的直形侧泡反应管的细口端放置少量的无水 $CaCl_2$ 干燥剂，然后在其侧泡处分别放一小块干燥红色布条和一块湿润的红色布条。向侧泡具支试管内加入约 2 mL 水，在双球 V 形管中加入约 0.3 mL 10% NaOH 溶液来吸收尾气。按图 2-28 安装仪器。

② 用胶头滴管吸取约 0.8 mL 浓盐酸，滴入球形具支试管中并塞好胶塞，稍加热使之反应。观察直形侧泡反应管内出现的实验现象。

③ 继续反应，侧泡具支试管里的水既可以吸收氯气又可以制备氯水，供做氯水的性质实验。观察水的颜色变化，待氯水饱和后停止制气。

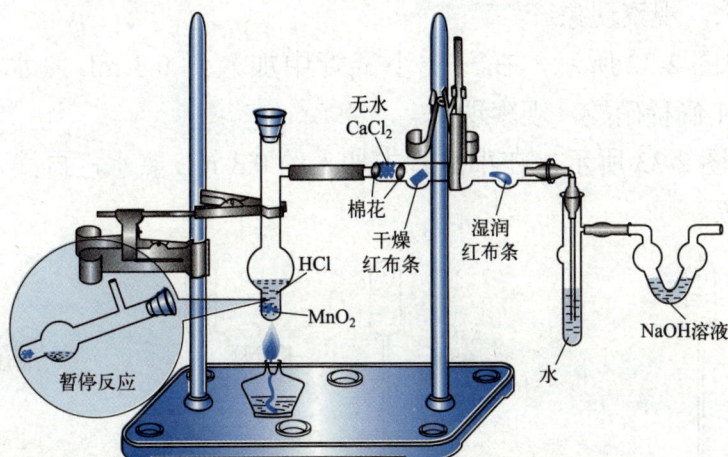

图 2-28　氯气的制备及氯水漂白一体化实验

实验视频

警示灯

● 氯气毒性强，要避免吸入。若不慎吸入而感不适，应立即到室外呼吸新鲜空气。

● 酸碱腐蚀性强，使用时要小心，若皮肤接触了酸碱，要立即用大量水冲洗。

（2）氯水的性质

① 实验如图 2-29 所示，在 2 支小试管中各加入约 0.3 mL 紫色石蕊溶液，其中一支试管滴入 1 滴稀盐酸，另一支试管滴入 2 滴氯水，观察现象。

② 实验如图 2-30 所示，在一支小试管中加入约 0.5 mL 氯水，观察氯水的颜色，然后滴入 1 滴紫色石蕊溶液，观察现象。

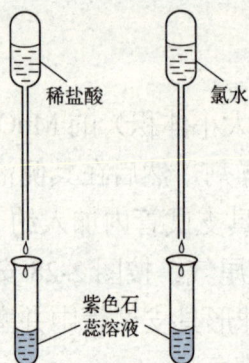

图 2-29　氯水和稀盐酸分别与石蕊溶液作用　　　图 2-30　氯水对石蕊溶液漂白作用

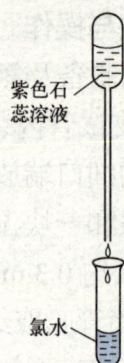

③ 实验如图 2-31 所示，在 2 支小试管中分别放入干燥红纸和有色花瓣，然后各滴加几滴氯水，观察现象。

④ 实验如图 2-32 所示，在一支小试管中加入约 0.3 mL 氯水，再滴入 1 滴 $AgNO_3$ 溶液和 1 滴稀硝酸，观察现象。

⑤ 实验如图 2-33 所示，在小试管中加入约 0.3 mL 氯水，再滴入几滴 Na_2CO_3 溶液，观察现象。

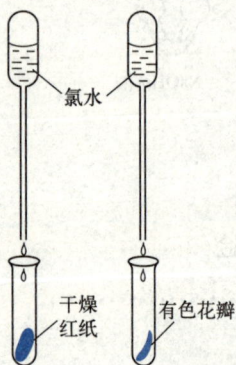

图 2-31　氯水与红纸、花瓣作用　　图 2-32　氯水与硝酸银作用　　图 2-33　氯水与 Na_2CO_3 溶液反应

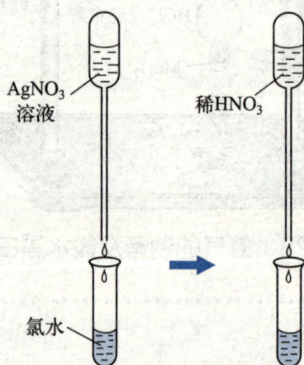

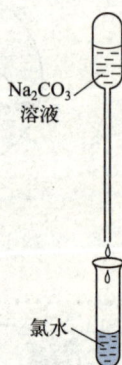

🔧 经验提示

1. 组装仪器时要注意使整套装置有良好的气密性，防止氯气逸出污染环境。

2. 实验（1）HCl 最后才能够加入，否则在装置还没有安装完毕或其他反应试剂还没有放好，就有氯气放出而污染环境。

3. 制备氯气反应比较慢时，可轻微加热，但应避免温度过高，以免挥发出大量的氯化氢。

4. 实验中使用的有颜色的布条（或纸条），可以用红色/蓝色墨水来染色，经晾干后备用。

5. 如果天气潮湿，红色布条应预先烘干，否则实验时，干燥的红色布条也会褪色或颜色变浅。

2. 实验记录与分析

（1）实验记录与结论

实验	实验过程	实验现象	实验结论或化学方程式
Cl_2 的制取			
氯水的漂白作用			
石蕊溶液与氯水、盐酸作用			
氯水对石蕊溶液漂白作用			
氯水与红纸、花瓣作用			
氯水与硝酸银作用			
氯水与碳酸钠反应			

（2）实验综述

① 干燥的氯气、潮湿的氯气及氯水的性质：

_____

_____

_____

② 氯水中所含溶质的微粒。

推断氯水中含有的微粒（分子或离子）	推断的实验依据
微粒①_____	
微粒②_____	
微粒③_____	
微粒④_____	
另外氯水中还含有_____等微粒	
能使有机色素褪色的微粒有_____	
氯水中的 Cl_2 和 H_2O 是_____反应（全部、部分）	

思考与讨论

1. 在图 2-28 装置的直形侧泡反应管装入无水 $CaCl_2$ 固体的作用是什么？该实验中还可以用什么试剂来代替无水 $CaCl_2$ 固体起这样的作用？

2. 上述实验方法制取氯气的反应是氧化还原反应，试分析该反应的电子得失情况，指出其中的氧化剂和还原剂。想想这个反应能否使用稀盐酸代替浓盐酸。

3. 只用石蕊溶液如何检验氯水的酸性和漂白作用？试设计实验进行探究。

4. 次氯酸（HClO）具有不稳定性、强氧化性和弱酸性，试设计实验进行探究。

5. 用滴管将新制的饱和氯水缓缓滴入含有酚酞的 NaOH 溶液中，当滴到一定量时红色褪去。产生这一现象的原因可能有哪两种？请设计简单的实验证明你的判断。

6. 试述怎样才能把次氯酸（HClO）转化为方便实用的商品。

7. 人们有时觉得自来水"有漂白粉气味"，这是什么原因？用氯气给自来水消毒利用了氯气的什么性质？请写出有关反应的化学方程式。

8. 为了探究 HClO 的漂白性，某同学设计了图 2-34 所示的实验。

参考提示

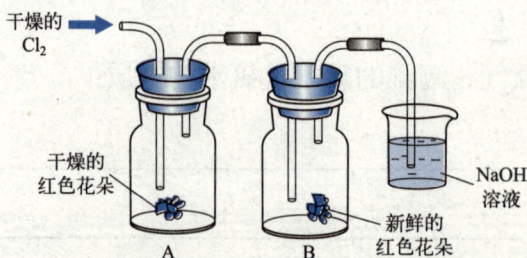

图 2-34 HClO 的漂白性验证实验

（1）通入 Cl_2，根据集气瓶 A、B 中红色花朵的现象，你能得出什么结论？

（2）为了确认是 HClO 使新鲜的红色花朵褪色，你认为还需增加的实验是什么？

（3）烧杯中 NaOH 溶液的作用是什么？反应的离子方程式是怎样的？

🧪 实践大课堂

日常生活中常用含氯化合物的性质与用途

在日常生活中，很多消毒剂是含氯的消毒剂，请通过市场调查访问了解市场销售的含氯消毒剂有哪些？了解其主要成分的化合物名称、化学式及其性质与用途等，并做成资料卡片，与同学交流、汇报。

实验天地 2-8　卤素离子的检验

🔬 实验仪器与药品

主要仪器		
小试管		多用滴管

药品：0.1 mol/L 的溶液：HCl、NaCl、Na_2CO_3、KI、NaBr、$AgNO_3$，2 mol/L HNO_3，自来水，蒸馏水

实验活动与探究

1. 实验方法与操作

（1）氯离子的检验

实验如图 2-35 所示，取 5 支小试管，分别加入约 0.3 mL 的稀盐酸、NaCl 溶液、Na_2CO_3 溶液、自来水、蒸馏水后，向这 5 支小试管中各加入 1 滴 $AgNO_3$ 溶液，观察现象。再向这 5 支小试管各滴入 1 滴稀硝酸，观察现象。

（2）Cl^-、Br^-、I^- 的检验

实验如图 2-36 所示，在 3 支小试管中分别加入约 0.3 mL 的 NaCl 溶液、NaBr 溶液、KI 溶液。然后各加入 1 滴 $AgNO_3$ 溶液，观察现象。再各滴入 1 滴稀硝酸，振荡，观察现象。

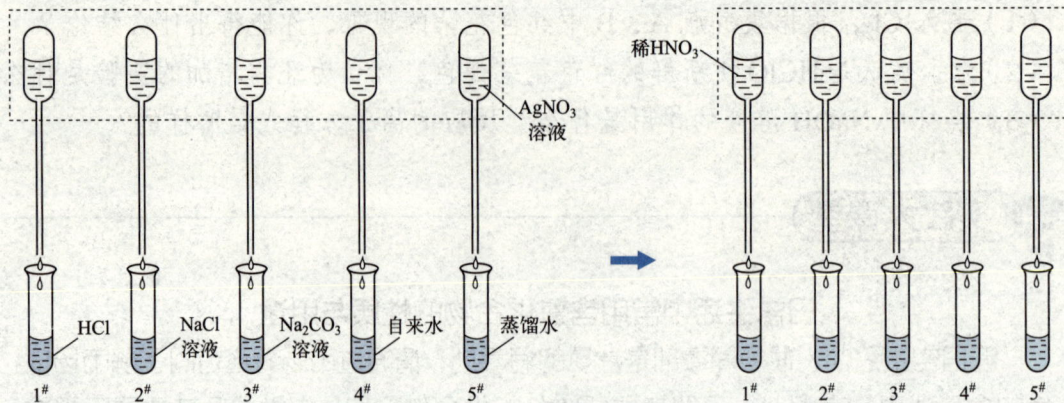

图 2-35 氯离子的检验

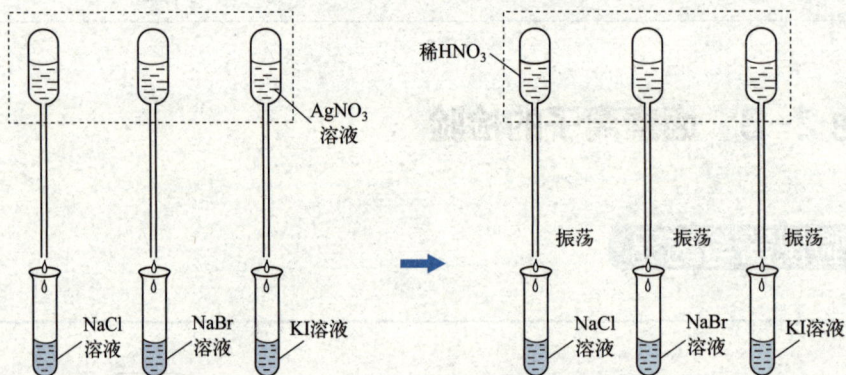

图 2-36 Cl⁻、Br⁻、I⁻的检验

警示灯

● 硝酸银溶液具有一定的腐蚀性，应尽量避免与皮肤接触。
● 酸碱腐蚀性强，使用时要小心，若皮肤接触了酸碱，要立即用大量水冲洗。

2. 实验记录与分析

实验	待检液	实验现象		实验结论或化学方程式
		加入 AgNO₃	加入稀硝酸	
氯离子的检验	稀 HCl			
	NaCl 溶液			

实验	待检液	实验现象		实验结论或化学方程式
		加入 $AgNO_3$	加入稀硝酸	
氯离子的检验	Na_2CO_3 溶液			
	自来水			
	蒸馏水			
Cl^-、Br^-、I^- 的检验	NaCl 溶液			
	NaBr 溶液			
	KI 溶液			

📖 **思考与讨论**

1. 在图 2-35 实验中 5 支试管都用到了稀硝酸，试问稀硝酸能否用稀盐酸或稀硫酸来代替？为什么？

2. 取 Na_2SO_4、Na_3PO_4、NaI 三种溶液按检验卤素离子的方法进行实验，比较现象的不同。

3. 在 Cl^- 的检验中，某无色溶液加入用硝酸酸化的 $AgNO_3$ 溶液，有白色沉淀生成，但过一段时间后白色沉淀逐渐变黑，这能说明原溶液中一定含有 Cl^- 吗？检验 Cl^- 时为何要加入稀硝酸？

4. 有哪些方法可以检验某溶液中有 I^- 存在？试进行实验探究。

5. 设计实验证明氯酸钾中含有氯元素。

6. 有哪些方法能够鉴别 KCl、KBr、NaI 三瓶无色溶液？试进行实验探究。

7. 有一无色透明的溶液可能含 CO_3^{2-}、Cl^- 两种阴离子，试设计一个检验方案确定这两种离子是否存在。

参考提示

实验天地 2-9　综合实验：钠及其化合物的性质

实验仪器与药品

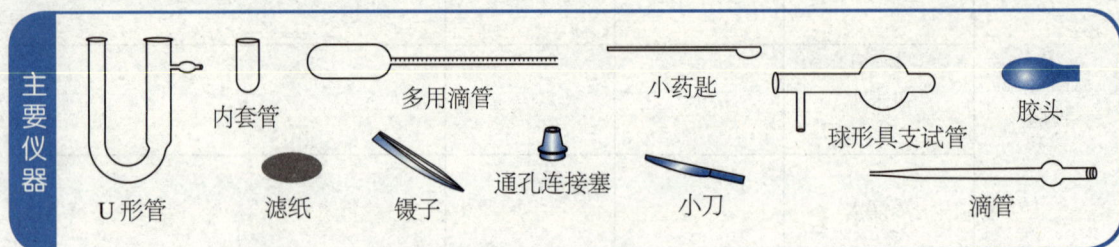

主要仪器：U 形管　内套管　多用滴管　小药匙　球形具支试管　胶头　滤纸　镊子　通孔连接塞　小刀　滴管

药品：Na_2O_2，$NaHCO_3$，无水 $CaCl_2$，2 mol/L HCl，2% $CuSO_4$ 溶液，金属钠，煤油，棉花

实验活动与探究

1. 实验方法与操作

（1）Na_2O_2 与 CO_2 反应

在 U 形管中加入 4 小药匙 $NaHCO_3$ 固体，胶头滴管吸入 HCl 溶液，再将少量无水 $CaCl_2$ 装入干燥的内套管中，然后取 2 小药匙的 Na_2O_2 迅速用薄薄的一层干燥棉花包裹住，放置在内套管的上方。实验装置如图 2-37 所示，向 U 形管中逐滴加入 HCl 溶液，以产生 CO_2 气体，观察棉花包裹住 Na_2O_2 处的实验现象。

实验视频

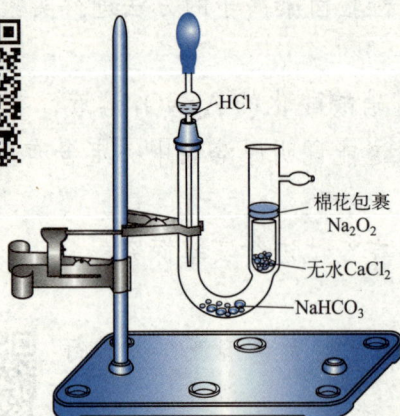
HCl
棉花包裹 Na_2O_2
无水 $CaCl_2$
$NaHCO_3$

图 2-37　Na_2O_2 与 CO_2 反应实验

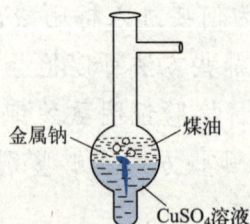
金属钠　煤油
$CuSO_4$ 溶液

图 2-38　金属钠在 $CuSO_4$ 溶液中的反应

（2）金属钠在 $CuSO_4$ 溶液中的反应

实验如图 2-38 所示，取一支球形具支试管，通过多用滴管将 $CuSO_4$ 溶液加入

至球泡的中部，以确保球形具支试管的液面以上的内壁保持干燥，再往球形具支试管的液面上加入约 1 mL 的煤油。然后把一块绿豆大小的金属钠投入球形具支试管中，细心观察钠在煤油与 $CuSO_4$ 溶液界面处的反应情况及 $CuSO_4$ 溶液层里将发生的现象。

警示灯

- 钠的腐蚀性很强，应用镊子夹取，切勿用手取拿。
- 实验中用过的滤纸要交老师妥善处理，防止其燃烧。
- 用剩的钠要放回煤油中保存，不可随意乱放，避免发生事故。

经验提示

1. 若 Na_2O_2 久放已结块变质的，便不能使用。

2. 实验过程中凡是用于接触到金属钠和 Na_2O_2 的镊子、小刀和药匙等用品必须保持干燥。

3. 钠表面的煤油要用滤纸吸干，并切去表面的氧化物。

4. Na_2O_2 与 CO_2 反应也可以设计为以下的趣味实验：

用一个去掉上半部瓶身的饮料瓶，在瓶子内放置一根短的生日小蜡烛、一个倒放的 5 mL 小烧杯和适量的 $NaHCO_3$ 固体。取 4 小药匙的 Na_2O_2 迅速用薄薄的一层干燥棉花包裹住，放置在小烧杯的上方。实验装置如图 2-39 所示，点燃蜡烛，然后向饮料瓶中逐滴加入 HCl 溶液，立刻有 CO_2 产生，随着气体由低到高上升，首先观察到燃烧的蜡烛熄灭，接着棉花燃烧起来，颇有趣味性。

5. $CuSO_4$ 溶液浓度不宜过大，过大浓度的 $CuSO_4$ 溶液产生的沉淀絮状不明显，一般浓度约为 2% $CuSO_4$ 溶液比较合适。

6. 在钠与硫酸铜溶液的反应中，加入煤油（或液体石蜡）层高度一般不能低于 1.5 cm，否则起不到缓和反应的效果。

图 2-39 Na_2O_2 与 CO_2 反应的趣味实验

7. 钠与水反应的扩展实验，既可以做钠与硫酸铜溶液反应的实验，又可做钠与硫酸亚铁溶液反应（氢氧化亚铁制备）的实验。由于反应间断进行，反应放热很少，不会引起煤油或液体石蜡及生成 H_2 的燃烧，钠块也没有熔化，实验十分安全。

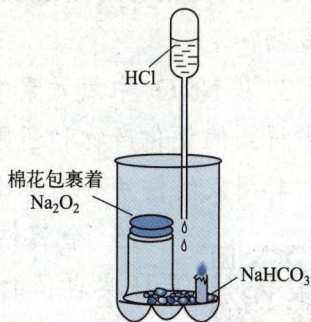

2. 实验记录与分析

实验	实验过程	实验现象	实验结论或化学方程式
Na_2O_2 与 CO_2 反应			
钠在 $CuSO_4$ 溶液中反应			

思考与讨论

1. 有一包白色粉末其组成有三种可能：①只含 Na_2CO_3；②只含 $NaHCO_3$；③ Na_2CO_3 与 $NaHCO_3$ 的混合物。试设计实验加以确定。

2. 若将 Na_2O_2 和 $NaHCO_3$ 两种固体置于同一密闭容器中混合加热，推测可能的生成物？

3. 从 Na_2O_2 中氧元素的化合价分析，过氧化钠具有哪些性质？ -1 价的 O 在反应中得到的氧化产物和还原产物分别是什么？

4. 用双线桥法分别标出 Na_2O_2 与 CO_2、H_2O 反应中电子的转移情况。

5. 金属钠与硫酸铜溶液反应，会有什么现象？生成什么物质？要证实自己的判断还需补充什么实验？试进行实验探究。写出总化学方程式，并改写为离子方程式。

6. 推测少量金属钠投入氯化铁溶液中产生的现象，并用实验验证。

参考提示

7. 如何使用互滴法鉴别碳酸钠溶液和稀盐酸溶液？

实验仪器与药品

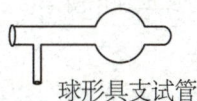

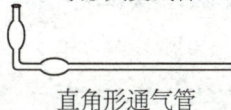

主要仪器	球形具支试管　　直形侧泡反应管　　多用滴管　　双球 V 形管　　酒精灯 直角形通气管　　小药匙　　侧泡具支试管　　小试管

药品　0.1 mol/L：NaBr、KI、AgNO₃、次氯酸钠溶液，1 mol/L H₂SO₄，浓 HCl，MnO₂，石蕊溶液，品红溶液，CaCO₃ 粉末，淀粉-KI 试纸，铜丝，10% NaOH 溶液，水，白布条

实验活动与探究

1. 实验方法与操作

（1）氯气的制备及性质

① 按图 2-40 安装仪器。在球形具支试管中加入 4 小药匙二氧化锰，直形侧泡反应管的侧泡处分别加入紫色石蕊溶液、NaBr 溶液、KI 溶液各 2 滴，向侧泡具支试管内加入约 2 mL 水，在双球 V 形管中加入约 0.3 mL 10% NaOH 溶液来吸收尾气。

② 向球形具支试管中迅速滴入约 0.8 mL 浓盐酸，并塞好胶塞，反应开始进行。如果反应比较慢，可用酒精灯小火加热，观察直形侧泡反应管中紫色石蕊溶液、NaBr 溶液、KI 溶液等各处的现象。

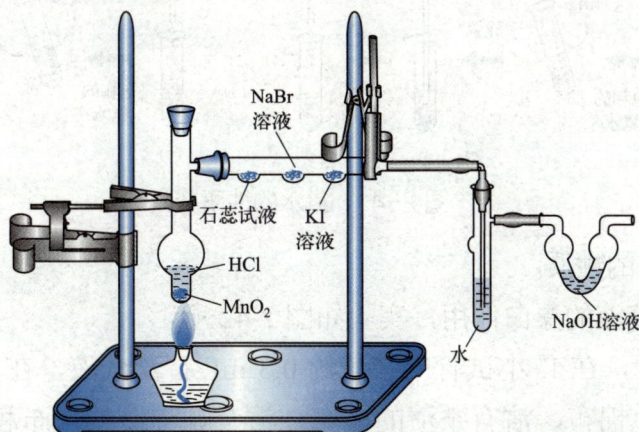

图 2-40　氯气的制备及性质一体化实验装置

③ 侧泡具支试管里制备新鲜氯水，供实验（2）氯水的性质实验使用，观察水的颜色变化，待氯水饱和后停止制气。

警示灯

● 氯气毒性强，要避免吸入。若不慎吸入而感不适，应立即到室外呼吸新鲜空气。
● 酸碱腐蚀性强，使用时要小心，若皮肤接触了酸碱，要立即用大量水冲洗。

（2）氯水的性质

实验如图 2-41 所示。

① 将湿润的淀粉-KI 试纸置于盛饱和氯水的具支试管口上方，观察现象。

② 在小试管中加入约 0.3 mL 氯水，然后往试管中加入少量 $CaCO_3$ 粉末，观察现象。继续加入 $CaCO_3$ 粉末至过量，充分振荡，静置，观察现象。吸取上层清液加入另一支盛有 0.3 mL 水和 1 滴品红溶液的小试管中，观察现象。

③ 在小试管中加入约 0.3 mL 氯水，然后往试管中加入几滴 $AgNO_3$ 溶液，观察现象。继续加入 $AgNO_3$ 溶液至过量，充分振荡，静置，观察现象。吸取上层清液加入另一支盛有 0.3 mL 水和 1 滴品红溶液的小试管中，观察现象。

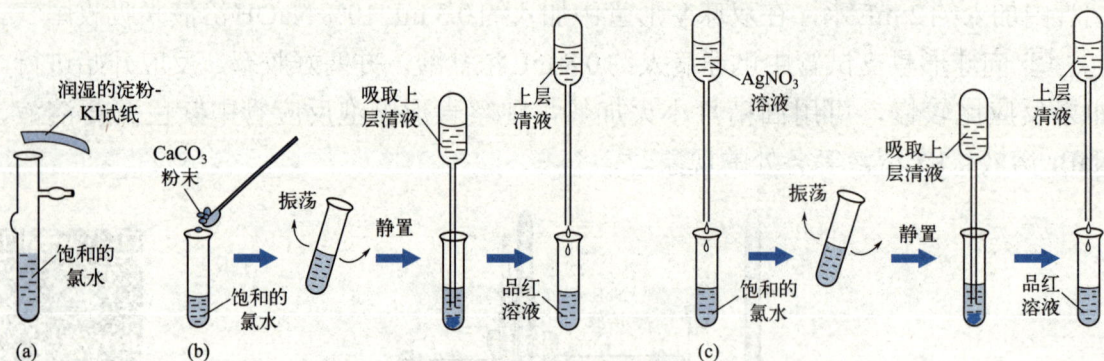

图 2-41 氯水的性质

（3）次氯酸钠的性质

① 次氯酸钠溶液的漂白作用，实验如图 2-42 所示。

取 5 支小试管，在 1# 小试管中装载约 0.3 mL 石蕊试液，在 2# ～ 5# 小试管中分别放置一片染色棉布、沾有茶渍的白布、沾有咖啡渍的白布和沾有蓝墨水渍的白布。

在 1# 小试管逐滴加入次氯酸钠溶液,直至石蕊试液的颜色发生明显变化为止,记录石蕊试液的颜色变化。然后在 2# ~ 5# 小试管中分别加入次氯酸钠溶液并浸过布面,静置最少 1h,记录观察结果。

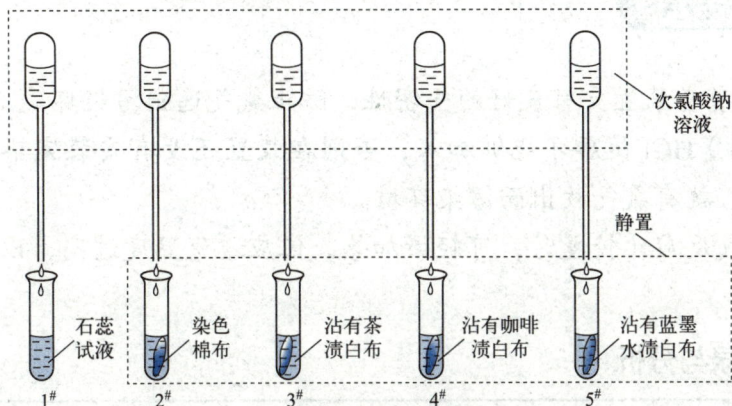

图 2-42 次氯酸钠溶液的漂白作用

警示灯

● 次氯酸钠溶液会刺激眼睛和皮肤。
● 如果不小心把次氯酸钠溶液溅到皮肤或衣服上,应立即用大量清水冲洗。
● 嗅气体时,切勿直接吸入气体,而应用手把少量气体轻轻扇向鼻子。

② 次氯酸钠溶液与稀硫酸的反应,实验如图 2-43 所示。

图 2-43 次氯酸钠溶液与稀硫酸的反应

在 1 支试管内装载约 0.5 mL 次氯酸钠溶液,加入几滴稀 H_2SO_4,然后用手将少量释出的气体轻轻扇向鼻孔，描述并记录释出气体的气味。再把一张湿润的蓝色石蕊试纸靠近试管口，记录观察结果。

经验提示

1. 图 2-40 整套装置要有良好的气密性，防止氯气逸出污染环境。

2. 实验（1）HCl 最后才能够加入，否则在装置还没有安装完毕或其他反应试剂还没有放好，就有氯气放出而污染环境。

3. 制备氯气反应比较慢时，可轻微加热，但应避免温度过高，以免挥发出大量的氯化氢。

2. 实验记录与分析

实验	实验过程	实验现象	实验结论或化学方程式
氯气的制备及性质			
氯水的性质			
次氯酸钠的性质			

1. 84消毒液是生活中常用的一种含氯消毒液，该溶液呈碱性，含有 Na^+、Cl^-，有漂白性，这种含氯消毒剂可能的成分是什么？在84消毒液中滴加酚酞溶液后，出现变红色又褪色的现象，是否是生成的次氯酸中和了碱？请设计实验方案探究其可能的原因。

2. 在图2-40实验中用浓盐酸与二氧化锰制取氯气时，生成的氯气中可能含有哪些杂质气体？试改进该装置以获得干燥纯净的氯气。

3. 比较盐酸、次氯酸、碳酸的酸性强弱，并设计实验进行探究。

4. 使用漂白剂时，在漂白剂浓度不变的情况下要增强其漂白性，可采取哪些措施？设计实验进行探究。

5. 图2-44所示装置是实验室制取氯气的典型装置。

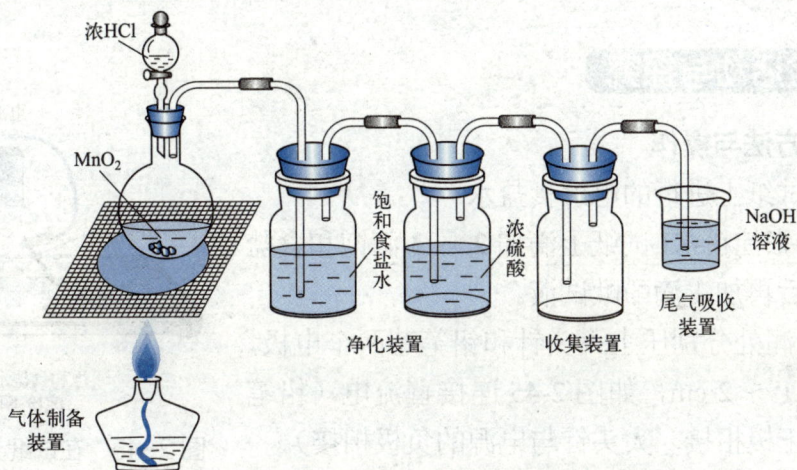

图2-44　实验室制取氯气的典型装置

（1）实验室制取气体的整套装置一般包含哪些装置？

（2）氯气有毒，实验室中制取氯气时应做哪些安全措施？

（3）二氧化锰只能氧化浓盐酸，进行该实验时，浓盐酸能否完全反应？

（4）结合实验室制取氯气的原料及其性质，思考氯气中会含有什么杂质，该如何除去。

6. 新制氯水与久置的氯水成分是否相同？应如何保存氯水？

7. 用自来水养金鱼时，通常先将自来水日晒一段时间后，再注入鱼缸，其目的是什么？

参考提示

实验天地 2-11 综合实验：电解食盐水

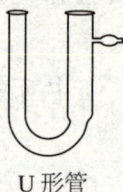 实验仪器与药品

主要仪器						

U 形管　　　　胶塞　　　导线、导电夹　　　　多用滴管　　　电池

铅笔芯　　　　滤纸　　　回形针

药品	饱和食盐水，酚酞溶液，淀粉-KI 试纸，肥皂液

实验活动与探究

1. 实验方法与操作

（1）在试纸上进行的电解食盐水

① 在一张淀粉-KI 试纸上滴加 2～3 滴饱和食盐水润湿，然后再加 1 滴酚酞试液。

② 在湿润处分别压上大头针和铅笔芯两个电极，电极间距为 1～2 cm，如图 2-45 连接直流电（铅笔芯与电源的正极相接，大头针与电源的负极相接）。

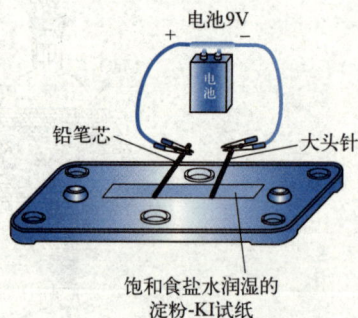

图 2-45　在试纸上电解食盐水

③ 电解 5～10 s 后，观察淀粉-KI 试纸上两电极处试纸的颜色变化。

（2）在 U 形管里进行的电解食盐水

实验如图 2-46 所示，将装置固定在操作台上。

① 在 U 形管中加入饱和食盐水至近支管口，U 形管的细管口插上铅笔芯（石墨电极）并与电源的正极相连接。在胶塞的细端慢慢地插入一根拉直的回形针（铁电极），使其通过胶塞，只露出一小段与电源的负极相连接，在 U 形管的粗管口端塞上胶塞。

② 接通电源，注意两电极上发生的变化。

③ 将肥皂液抹在粗管的支管口（阴极）处，待肥皂泡增大后，点燃火柴移近肥皂泡，注意是否有轻微的爆鸣声发生。

④ 将湿润的淀粉-KI 试纸置于细管口上方（阳极），观察试纸的颜色变化。

用手轻轻在细管口上方扇动，使极少量气体飘进鼻孔，闻一闻在阳极处生成产物的气味。

⑤ 断开电源，分别向两管口滴入 1～2 滴酚酞溶液，观察现象。

警示灯

● 使用大头针及用回形针插入胶塞时，要小心别被刺到。
● 切勿让电池的两个电极互相接触，以免短路而损坏电池。

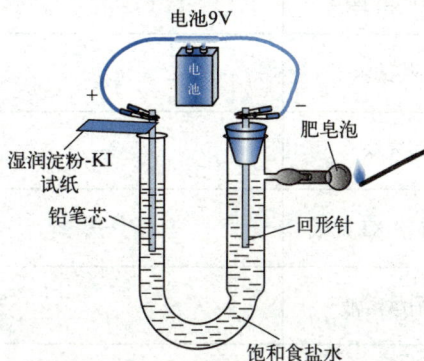

图 2-46　电解食盐水实验装置

经验提示

1. 如图 2-46 所示实验装置，在 U 形管里进行电解食盐水实验时，由于该电解微型实验在阴极处生成的 H_2 比较少，所以为了保证实验现象明显要注意：一是在 U 形管里装载饱和食盐水要尽量装满（即饱和食盐水加至支管口处），这样电解不用产生很多的 H_2 就可以充满阴极处的空间；二是 U 形管的粗管口端用穿过回形针的胶塞塞紧，不能有漏气的现象。

2. U 形管的细管口不用作密封处理，直接在敞开管口上插入铅笔芯即可。原因是实验产生的 Cl_2 很少，需要鼻子靠近装置并用手轻轻在细管口上方扇动，才能够闻在阳极处生成的产物 Cl_2。

3. 用 U 形管作电解器，在相同的电压条件下，电解的速度与电极插入溶液的深度有直接的关系，因此插入的石墨电极（铅笔芯）和铁电极（拉直的回形针）要尽可能多地深入饱和食盐水里，以增加接触的面积。

2. 实验记录与分析

（1）在试纸上进行的电解食盐水

项目	铅笔芯电极处	大头针电极处
实验现象		
现象分析和判断		

（2）在U形管里进行的电解食盐水

项目		U形管的粗管端	U形管细小管端
实验现象	给食盐水通电		
	爆鸣试验		—
	闻气味	—	
	湿润淀粉-KI试纸	—	
	加酚酞溶液		
现象分析和判断			
实验分析与综合	食盐水在通电的条件下，生成_____气和_____气，并在溶液中生成_____ 该反应的化学方程式是_____		

📖 | 思考与讨论

1. 如图2-46所示实验，电解后，从U形管的粗、细两管中各取0.3 mL溶液分别加入小试管，然后各加1滴紫色石蕊溶液，能观察到什么现象？如果在电解后封住U形管的粗、细两管，摇匀，会发生哪些反应？

2. 在图2-46的电解实验中，将湿润淀粉-KI试纸放在阳极上检验Cl_2，在观察试纸的颜色变化时，常常会看到淀粉-KI试纸在变蓝后，如果继续放在阳极处，又慢慢变为白色的现象，试探究其原因并写出化学方程式。

3. 先按图2-46装置进行电解实验。实验完成后，如果将电源的正负极相互反接，如图2-47所示，再电解，将出现下述四道化学景观。在观赏这些化学实验的美景时，试想两极的电解产物与反接电源前是不是还一样？试解释观察到的实验现象。

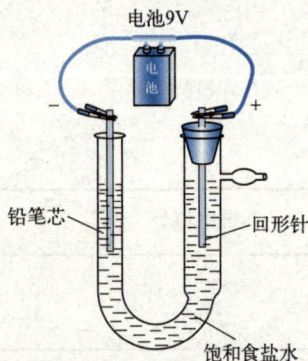

第一道景观：回形针变成了点"雪"魔棒。连接电源正极的回形针身上布满白色絮状物，在回形针下端白色絮状沉淀缓缓下落，犹如漫天飘雪。

第二道景观：当絮状物沉到管底部时，白色逐渐变为翠绿色，随着时间的推移铁极区的絮状物呈现更为优雅的

铅笔芯

电池9V

回形针

饱和食盐水

图2-47　电极反接的电解
食盐水实验

色调：上部雪白色，中部白色和翠绿色交融，底部呈翠绿色。

第三道景观：关闭电源后，铁极区沉淀继续下移，最终沉至 U 形管底部，此时的 U 形管的 U 形部分犹如翡翠玉镯。

第四道景观：将上述如翡翠玉镯般的 U 形管放置至第二天观看，呈灰绿和翠绿交融状。

参考提示

实验天地 2-12　实验活动 1：配制一定物质的量浓度的溶液

 实验仪器与药品

主要仪器	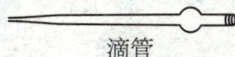 托盘天平　　玻璃棒　　胶头　　容量瓶　　滴管　　小药匙　　烧杯　　量筒
药品	NaCl 固体，蒸馏水

实验活动与探究

1. 实验方法与操作

（1）配制 100 mL 1.00 mol/L NaCl 溶液

① 计算配制：100 mL 1.00 mol/L NaCl 溶液需要的 NaCl 固体的质量。

② 用托盘天平称量所需质量的 NaCl 固体。

③ 配制溶液步骤如下。

溶解：将 NaCl 固体放入烧杯中，向烧杯中加入适量（约 40 mL）的蒸馏水，用玻璃棒搅拌至完全溶解，冷却至室温。

转移：将烧杯中溶液沿玻璃棒注入容量瓶中。

洗涤：用蒸馏水洗涤烧杯内壁和玻璃棒 2～3 次，并将每次洗涤后的溶液都注入容量瓶中。轻轻振荡容量瓶，使瓶中溶液充分混合。

定容：继续往容量瓶内缓缓注入蒸馏水，直到液面接近容量瓶刻度线 1～2 cm 时，改用胶头滴管逐滴滴加蒸馏水，使溶液凹液面最低点恰好与刻度线相切。

摇匀：盖好容量瓶塞，反复颠倒、摇匀。

④ 将配制好的溶液倒入试剂瓶中，贴好标签。

实验过程如图 2-48 所示。

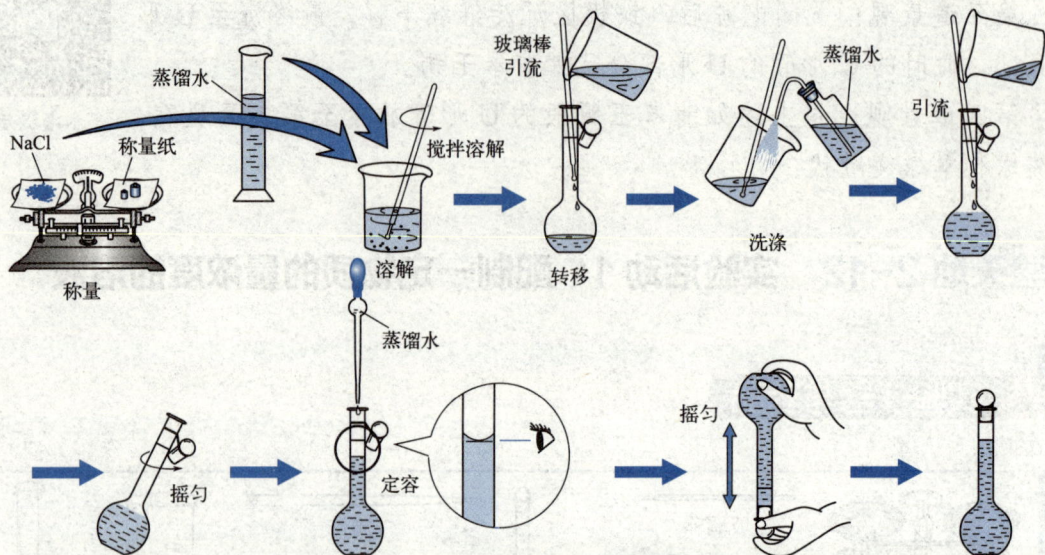

图 2-48　配制一定物质的量浓度的溶液过程示意图

（2）用 1.00 mol/L NaCl 溶液配制 100 mL 0.50 mol/L NaCl 溶液

① 计算配制：100 mL 0.50 mol/L NaCl 溶液需要的 1.00 mol/L NaCl 溶液的体积。

② 用移液管准确移取通过计算所需体积的 1.00 mol/L NaCl 溶液注入烧杯中。

③ 配制溶液步骤如下。

溶解：向盛有 1.00 mol/L NaCl 溶液的烧杯中加入约 40 mL 的蒸馏水，用玻璃棒搅拌使其混合均匀。

转移：将烧杯中溶液沿玻璃棒注入容量瓶中。

洗涤：用少许蒸馏水洗涤烧杯内壁和玻璃棒 2 ~ 3 次，并将每次洗涤后的溶液都注入容量瓶中。轻轻振荡容量瓶，使瓶中溶液充分混合。

定容：继续往容量瓶内缓缓注入蒸馏水，直到液面接近容量瓶刻度线 1 ~ 2 cm 时，改用胶头滴管逐滴滴加蒸馏水，直至液面到达容量瓶的刻度（即凹液面最低点恰好与刻度线相切）。

摇匀：盖好容量瓶塞，反复倒置数次，充分摇匀瓶内的溶液。

④ 将配制好的溶液倒入试剂瓶中，贴好标签。

🔧 经验提示

1. 溶解溶质时的用水量一般不超过总用水量的 1/3。

2. 实验前要检查容量瓶的塞子是否漏水。

3. 把溶液注入容量瓶的时候，不要让溶液溅出容量瓶，也不要让溶液在刻度线上面沿瓶壁流下。

4.试剂（不论是固体或液体）一经取出不得放回原瓶，以免沾污。因此，在配制溶液时，应用多少取多少，避免浪费。

2.实验记录与分析

① 计算配制 100 mL 1.00 mol/L NaCl 溶液需要的氯化钠的质量_____。

② 配制 100 mL 1.00 mol/L NaCl 溶液应选用_____mL 规格的容量瓶。该容量瓶瓶颈上的刻度线表示_____。

③ 配制一定物质的量浓度溶液时某些操作的实验示意图。

实验操作	实验示意图
氯化钠完全溶解后要恢复至室温才可往容量瓶转移溶液	
进行"转移"操作时要将烧杯中溶液沿玻璃棒注入容量瓶中	
用蒸馏水洗涤烧杯和玻璃棒 2～3 次，并将每次洗涤后的溶液都注入容量瓶中	
"洗涤"后"定容"前要轻轻振荡容量瓶，使瓶中溶液充分混合	
定容过程中当液面离容量瓶刻度线 1～2 cm 时，改用胶头滴管滴水	

1.称量应使用精度较高的分析天平，但考虑到学校的实际情况，本实验暂可用托盘天平代替。

2.容量瓶是容积比较精确的容器，常用规格为 1000 mL、500 mL、250 mL、100 mL、50 mL 等数种，可根据所配制溶液体积选用与之匹配规格的容量瓶。

3.使用容量瓶配制溶液，如果需要准确量取溶液时，必须使用移液管来移取。但从中学的实际情况考虑，本实验暂用量筒来代替移液管。

4.配制物质的量浓度的溶液时，溶质溶解后，必须待溶液温度恢复至室温，才能转移入容量瓶。如果溶液温度高，会使容量瓶的体积膨胀，如果溶液温度低，则会使容量瓶的体积收缩，都会引起误差。物质溶解的过程包含放热和吸热两个过程，当吸热与放热不相等时所得溶液的温度就会发生变化，因此必须待溶液温度恢复至室温后，才可移入容量瓶。

5.容量瓶的使用。

（1）使用前一定要检验容量瓶是否漏水，检验步骤是加水→倒立→观察→正立→瓶塞旋转 180°→倒立→观察。

（2）容量瓶不能用来溶解固体，更不能用玻璃棒搅拌。固体试样必须在烧杯中溶解后再转移。

（3）配制一定体积的溶液要选用与该溶液体积相同（或相近）规格的容量瓶。

（4）容量瓶的容积是在瓶身所标温度（20℃）下确定的，因而不能将热的溶液转移到容量瓶中。

（5）容量瓶通常不用于储存试剂，因此配制好的溶液要装入试剂瓶中，并贴好标签。

思考与讨论

1.试述本实验中氯化钠固体的称量操作。

2.为什么不能在容量瓶中直接进行溶解或稀释？

3.用浓硫酸配制与用固体 NaOH 配制一定物质的量浓度的溶液所需仪器有何不同？

4.若实验时需 480 mL 一定物质的量浓度的 Na_2CO_3 溶液，需选用什么规格的容量瓶？

5.将烧杯中的溶液注入容量瓶以后，为什么要用蒸馏水洗涤烧杯内壁和玻璃棒 2～3 次，并将每次洗涤液也要注入容量瓶？

6. 配制一定物质的量浓度的 NaOH 溶液，如下操作对所配溶液的浓度有何影响？

有关操作	对所配溶液浓度的影响	原因分析	
		m（溶质）	V（溶液）
在托盘上用纸片垫着称量氢氧化钠固体			
砝码与物品颠倒（使用游码）			
称量氢氧化钠时间过长			
向容量瓶转移时少量溶液溅出			
转移时忘记洗涤所用的烧杯和玻璃棒			
定容时，水加入过多并用滴管吸出			
配液前容量瓶里留有一些蒸馏水没有除去			
定容后经过振荡、摇匀，静置后液面下降			
砝码沾有其他物质或已生锈			
未冷却至室温就注入容量瓶定容			
定容时加入蒸馏水超过刻度线			
定容时观察液面眼睛俯视			
定容摇匀后液面下降，再加水			

参考提示

第 3 专题

铁 金属化合物

实验天地 3-1 铁与水蒸气反应

实验仪器与药品

| 主要仪器 | 酒精灯 | 胶塞 | 矿泉水瓶盖 | 小药匙 | 胶管 | 多用滴管 | 侧泡具支试管 |

药品: 铁粉，肥皂液，棉花

实验活动与探究

1. 实验方法与操作

① 在距离侧泡具支试管的侧泡约 2 cm 处放入一团棉花（装棉花的量以在试管中的长度约 2 cm，且较结实为宜），然后插入多用滴管慢慢加水将棉花湿透，再在侧泡具支试管的侧泡处加入少量的铁粉（约花生仁大小的体积），用矿泉水瓶盖装一些肥皂水。实验装置如图 3-1 所示。

实验视频

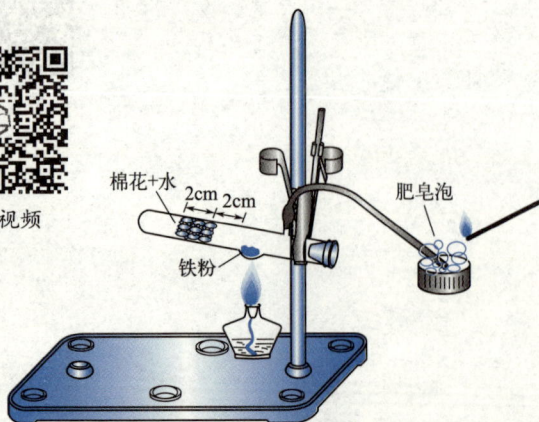

棉花+水　2cm　2cm　肥皂泡

铁粉

图 3-1 铁粉与水蒸气反应

警示灯

- 加热时要注意安全，束好长发，放好纸张等易燃物。
- 小心不要被热的侧泡具支试管烫着。

② 先对侧泡具支试管预热，然后用酒精灯向盛铁粉部位大火加热，将导管稍插入矿泉水瓶盖里的肥皂水中，观察现象。

③ 最初鼓起的肥皂泡，可以用燃着的火柴把肥皂泡灭掉。继续加热，当后续再出现肥皂泡鼓起时，用燃着的火柴接触肥皂泡，观察爆鸣的情况。

🔧 **经验提示**

1. 安装仪器时，先把干的棉花放置在侧泡具支试管里的相关位置后，把侧泡具支试管垂直竖起来，再把吸有水的滴管伸入试管内的棉花处，慢慢滴加水，不要弄湿侧泡具支试管壁的其他部位。加水的量以使棉花尽量能多吸水，但把侧泡具支试管倾斜时，又不至于有过多的水往外流出即可。

2. 酒精灯不要在湿棉花的部位进行加热，否则会导致吸附在棉花里的水分很快被蒸干，或短时间内产生水蒸气的量太多，大量的水蒸气会带走热量而使铁粉被加热的温度不高，导致实验现象不明显。

3. 刚刚开始加热不久矿泉水瓶盖上就会有比较多肥皂泡鼓起，当用点燃的火柴接触肥皂泡时，可能并不能够听到 H_2 的爆鸣声，这是由于最初加热时，会把侧泡具支试管内的空气排出来而导致肥皂泡鼓起的缘故。继续加热盛铁粉的部位，还会不断有许多肥皂泡鼓起，用燃着的木条接触肥皂泡直到能够听到 H_2 的爆鸣声为止。

2. 实验记录与分析

实验过程	实验现象	实验结论或化学方程式

💡 **思考与讨论**

1. 通常情况下铁不与水发生反应，图 3-1 所示实验采取了哪些措施使铁与水发生了明显的反应？

2. 木结构和钢结构的建筑发生火灾时，喷水灭火有时却发现火势烧得更旺，试解释原因。

3. 比较钠与水反应和铁粉与水蒸气反应的异同并分析原因。

参考提示

实验天地 3-2　铁的氢氧化物

实验仪器与药品

主要仪器

小试管　　　　　　　　小药匙　　　　　　　　多用滴管

药品

0.1 mol/L：$FeCl_3$、$FeSO_4$ 溶液，2 mol/L NaOH 溶液，1 mol/L H_2SO_4，煤油，铁粉

实验活动与探究

1. 实验方法与操作

（1）铁盐与氢氧化钠反应

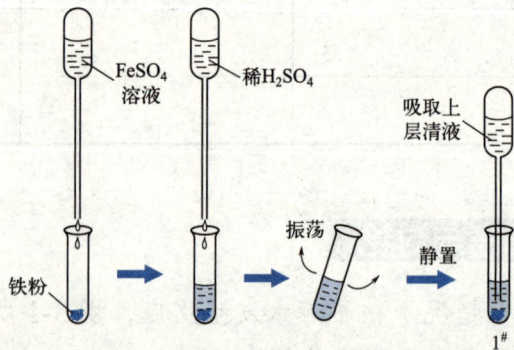

实验如图 3-2 所示，取 2 支小试管，在其中一支加入约 0.3 mL $FeCl_3$ 溶液，在另一支加入约 0.3 mL $FeSO_4$ 溶液，再分别往两支试管逐滴加入 NaOH 溶液，观察现象。

（2）氢氧化亚铁的制备

① 实验如图 3-3 所示，在小试管中加入半小药匙铁粉，然后加入约 1 mL $FeSO_4$ 溶液，再加 1 滴稀 H_2SO_4，振荡，静置，然后用一支多用滴管吸取上层清液，备用。

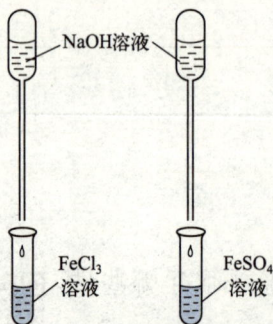

图 3-2　铁盐与氢氧化钠反应　　　图 3-3　硫酸亚铁溶液的预处理

② 实验如图 3-4 所示，取一支小试管加入由实验（2）所得的 1# 试管上层 $FeSO_4$ 清液约 0.5 mL，迅速在液面上滴加一层煤油，使试液与空气隔绝，然后将一

支装有 NaOH 溶液的多用滴管透过煤油层伸到 $FeSO_4$ 溶液中，再慢慢挤出 NaOH 溶液，观察现象。

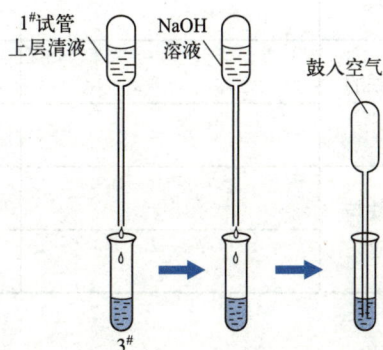

（3）氢氧化亚铁与空气反应

实验如图 3-5 所示，取一支小试管加入由实验（2）所得的 1# 试管上层 $FeSO_4$ 清液约 0.3 mL，然后直接滴入 NaOH 溶液，观察现象。再用一支空的多用滴管向小试管内的液体不断地慢慢鼓入空气，观察实验现象。

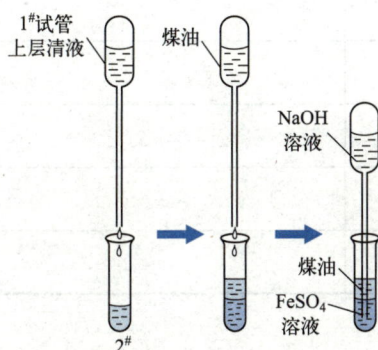

图 3-4 氢氧化亚铁的制备   图 3-5 氢氧化亚铁与空气反应

警示灯

● 酸、碱都有腐蚀性，使用时必须十分小心，要防止溅到皮肤、眼睛或衣服上。

经验提示

氢氧化亚铁与氧气反应，逐渐氧化过程中首先生成灰绿色的中间产物，随着反应的完全，才出现红褐色的氢氧化铁。由于氢氧化亚铁与氧气反应属多相间的反应，反应速率比较慢，且反应在试管内进行，试剂接触面又比较小，所以能够观察到红褐色的氢氧化铁生成的现象，需时较长。为了节省实验时间，实验（3）也可以采用以下的方法：

取一张滤纸，先用水将其润湿，再滴一滴盐酸酸化，然后把加有 $FeSO_4$ 清液和 NaOH 溶液的小试管里的灰绿色物质倒在滤纸上，并用玻璃棒将其摊开，由于氢氧化亚铁与空气（氧气）的接触面积增大，片刻即可观察到由灰绿色物质变为红褐色氢氧化铁的实验现象。

2. 实验记录与分析

实验	实验过程	实验现象	实验结论或化学方程式
铁盐与氢氧化钠反应			
硫酸亚铁溶液的预处理			
氢氧化亚铁的制备			
氢氧化亚铁与空气反应			

思考与讨论

1. 在图 3-3 实验中，向 $FeSO_4$ 溶液中加入少量铁粉和少量硫酸，这样对 $FeSO_4$ 溶液进行预处理的目的是什么？

2. 在制备氢氧化亚铁的实验中，向试管滴加煤油的目的是什么？为什么要用新制的 $FeSO_4$ 溶液并把多用滴管伸进 $FeSO_4$ 溶液后才注入 NaOH 溶液？为什么所用的 NaOH 溶液若经过加热煮沸实验效果会更好？

3. 总结本实验的经验，设计一个能够制得更纯净的 $Fe(OH)_2$ 的实验，并设法使 $Fe(OH)_2$ 的颜色保持时间尽可能长。

参考提示

实验天地 3-3　不同价态铁元素相互转化的探究

实验仪器与药品

主要仪器	小试管　　　　　　　小药匙　　　　　　　多用滴管

药品	0.1 mol/L 溶液：$FeCl_3$、$FeCl_2$、$CuSO_4$、KSCN，2 mol/L HCl，5%H_2O_2，新制氯水，30% $FeCl_3$ 溶液，铁粉，铜粉，小铜片

1. 实验方法与操作

Fe^{3+} 的检验。

实验如图 3-6 所示，在 2 支小试管中分别加入 0.5 mL $FeCl_3$ 溶液和 0.5 mL $FeCl_2$ 溶液，然后各滴入 1 滴 KSCN 溶液，振荡，观察现象。

2. 实验记录与分析

实验	实验现象
$FeCl_3$ 溶液 + KSCN 溶液	
$FeCl_2$ 溶液 + KSCN 溶液	
结论	

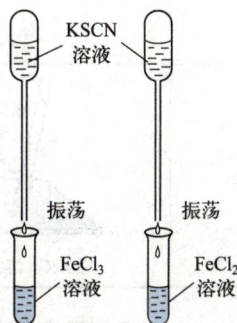

图 3-6　Fe^{3+} 的检验

3. 不同价态铁元素相互转化的实验探究

（1）假设

现在提供如下物质：0.1 mol/L $FeCl_3$ 溶液、0.1 mol/L $FeCl_2$ 溶液、0.1 mol/L $CuSO_4$ 溶液、0.1 mol/L KSCN 溶液、2 mol/L HCl、5% H_2O_2、30% $FeCl_3$ 溶液、新制氯水、铁粉、铜粉、小铜片。

参考所提供的物质，对 Fe、Fe^{3+}、Fe^{2+} 相互转化的条件提出假设，并与同学交流讨论。

假设	提出假设的理由

（2）实验验证

① 设计上述假设相应的实验方案和检验方法；

② 交流讨论并修改完善；

③ 进行实验并作记录。

假设	实验方案和检验方法（可用图示）	实验过程和现象	解释、判断、化学方程式
1			
2			
	用 FeCl₃ 溶液刻蚀铜片		

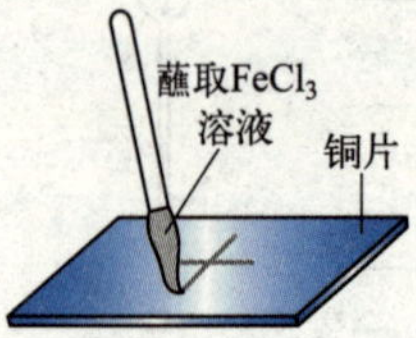

蘸取FeCl₃溶液　铜片

4. 实验探究综述

5. 实验体会和交流

（1）体会与交流：

（2）实验发现：

（3）探究反思和继续实验的想法：

1.用图示方法总结铁、氯化亚铁和氯化铁的相互转化关系和转化条件，写出实现这些转化的有关化学方程式，指出反应中的氧化剂和还原剂。

2.一种溶液中含 Fe^{3+}，另一种溶液中含 Fe^{2+}，哪些化学方法可以把它们区别开来？试进行实验探究。

3.哪些条件可以实现 Cu 与 Cu^{2+} 的相互转化？试进行实验探究。

4. $Fe(OH)_3$、$FeCl_3$、$FeCl_2$ 是否都可由化合反应得到？请写出可能的化学方程式。

5.如何除去 $FeCl_3$ 溶液中混有的 $FeCl_2$？如何除去 $FeCl_2$ 溶液中混有的 $FeCl_3$？

6.向 $FeCl_2$ 溶液、$FeCl_3$ 溶液中分别滴加 NaOH 溶液，各有什么现象？

7.如何设计实验证明某溶液中含有 Fe^{2+}？

参考提示

实验天地 3-4　铝的性质

实验仪器与药品

主要仪器			
砂纸	镊子	小试管	多用滴管

药品	铝片，6 mol/L HCl，4 mol/L NaOH，浓硫酸，浓硝酸，肥皂液

实验活动与探究

1. 实验方法与操作

（1）铝与酸、碱反应

实验如图 3-7 所示，在 2 支小试管中各放入一小块用砂纸擦光亮的铝片，向其中一支试管加入 0.3 mL HCl 溶液，向另一支试管加入 0.3 mL NaOH 溶液，然后在两试管口抹上肥皂液（或洗洁精溶液），观察现象。点燃木条将火焰靠近肥皂泡，观

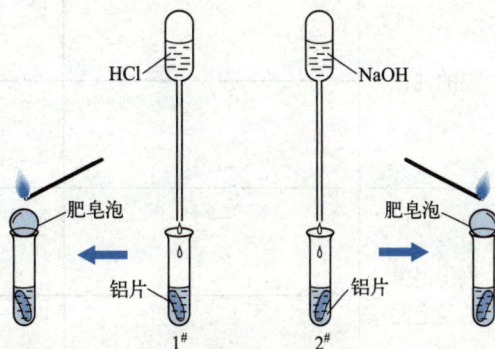

图 3-7　铝片与酸、碱反应

察现象。

（2）铝的钝化

实验如图 3-8 所示，在 2 支小试管中均放入一小块用砂纸擦光亮的铝片。然后向其中一支小试管加入 0.3 mL 浓硝酸，向另一支小试管加入 0.3 mL 浓硫酸，观察现象。

（3）氧化铝膜的稳定性

实验如图 3-9 所示，取一小块铝片，观察其表面的颜色，将铝片部分浸入 4 mol/L NaOH 溶液中，静置一段时间取出，用水洗净，然后观察铝片未浸入与浸入 NaOH 溶液部分的颜色变化。

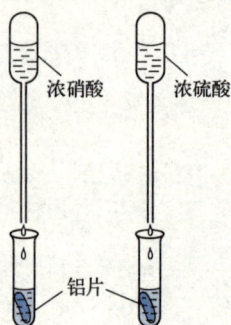

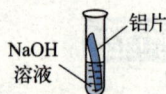

图 3-8　铝的钝化实验　　　　图 3-9　铝片部分浸在氢氧化钠溶液中

2. 实验记录与分析

实验	实验过程	实验现象	实验结论或化学方程式
铝与酸、碱反应			
铝的钝化			
氧化铝膜的稳定性			

参考提示

思考与讨论

1. 在硫酸铜溶液中加入铝片，会观察到什么现象？试进行实验探究。
2. 除去铝箔表面的氧化膜，可用什么方法？试进行实验探究。
3. 试写出铝分别与盐酸、NaOH 溶液反应的化学方程式及离子方程式。
4. 试总结铝与酸、碱、盐溶液反应的实质。

实验天地 3-5　综合实验：铝的化合物的性质

实验仪器与药品

主要仪器	小烧杯　　小试管　　小药匙　　滴管　　多用滴管
药品	2 mol/L 的溶液：HCl、NaOH、$NH_3 \cdot H_2O$，0.5 mol/L $Al_2(SO_4)_3$ 溶液，蒸馏水，品红溶液

实验活动与探究

1. 实验方法与操作

（1）$Al_2(SO_4)_3$ 与 NaOH 反应

实验如图 3-10 所示，在小试管中加入约 0.3 mL $Al_2(SO_4)_3$ 溶液，然后逐滴加入 NaOH 溶液，边滴边振荡，至产生大量的沉淀后，继续滴加 NaOH 溶液。观察现象。

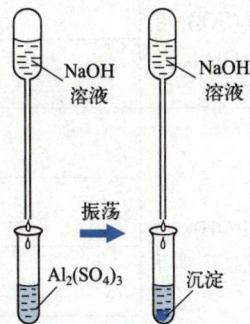

图 3-10　$Al_2(SO_4)_3$ 与 NaOH 反应

（2）$Al(OH)_3$ 的制取及性质

① 在小烧杯中加入约 1 mL $Al_2(SO_4)_3$ 溶液，然后逐滴加入氨水，边滴边振荡，至产生大量沉淀后，继续滴加氨水。观察现象。静置片刻，倾去上层液体，保留沉淀。用蒸馏水洗涤沉淀，再倾去上层清液，实验如图 3-11 所示。

② 在 1# 小试管中加入一小药匙沉淀物，逐滴加入 HCl 溶液，边滴边振荡，观察现象。

③ 在 2# 小试管中加入一小药匙沉淀物，逐滴加入 NaOH 溶液，边滴边振荡，观察现象。

④ 在3#小试管中加入0.3 mL品红溶液，然后加一小药匙沉淀物，振荡，静置，观察现象。

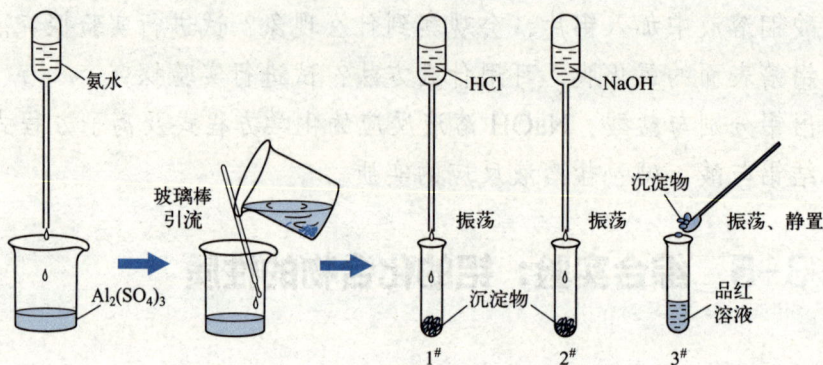

图 3-11　Al(OH)₃ 的制取及性质

警示灯

● 酸、碱都有腐蚀性，使用时必须十分小心，要防止溅到皮肤、眼睛或衣服上。
● 氨水具有强烈的挥发性，要注意通风。

2. 实验记录与分析

实验	实验过程	实验现象	实验结论或化学方程式
Al₂(SO₄)₃ 与 NaOH 反应			
Al(OH)₃ 的 制取及性质			

思考与讨论

1. 在图 3-11 实验中，沉淀物加入盐酸后的含铝生成物是_____，沉淀物加入 NaOH 溶液后的含铝生成物是_____。若用这些生成物分别做下列实验，推测可能观察到的现象和发生的反应，并进行实验验证。

（1）向沉淀物加入 NaOH 溶液反应后，再逐滴加入稀 HCl；

（2）向沉淀物加入 NaOH 溶液反应后，再逐渐通入 CO_2；

（3）向沉淀物加入 NaOH 溶液反应后，再逐滴加入 NH_4Cl 溶液；

（4）向沉淀物加入盐酸反应后的溶液滴加入 $NaHCO_3$ 溶液。

参考提示

2. 在做 $AlCl_3$ 溶液与 NaOH 溶液反应的实验时，若按如下操作，将发生什么现象？为什么？分步写出相应的化学方程式，然后用实验进行验证。

（1）向 $AlCl_3$ 溶液持续地逐滴加入 NaOH 溶液；

（2）向 NaOH 溶液持续地逐滴加入 $AlCl_3$ 溶液。

3. 胃舒平是一种常用的治胃病的药，如何确定它的主要成分是 $Al(OH)_3$？请进行实验探究。

实验天地 3-6　实验活动 2：铁及其化合物的氧化性和还原性

实验仪器与药品

主要仪器	小试管	小药匙	多用滴管

药品：0.1 mol/L 溶液：$FeCl_3$、$FeSO_4$、KSCN、$CuSO_4$、KI、HCl，1 mol/L H_2SO_4，0.1% $KMnO_4$，浓 HNO_3，淀粉溶液，溴水，铁粉，铜粉，小铁钉，水

实验活动与探究

1. 实验方法与操作

（1）铁单质的还原性

实验如图 3-12 所示。

① 在 1# 小试管中加入约 0.3 mL 稀 H_2SO_4，再加入 1 粒芝麻大小的铁粉，振荡，观察现象。

② 在 2# 小试管中加入约 0.3 mL $CuSO_4$ 溶液，再放入 1 枚小铁钉，观察现象。过一会儿，取出铁钉，用水清洗，观察现象。

③ 在 3# 小试管中加入约 0.3 mL $FeCl_3$ 溶液，加 1 滴稀 HCl，再加入 1 粒芝麻大小的铁粉，振荡，观察现象。

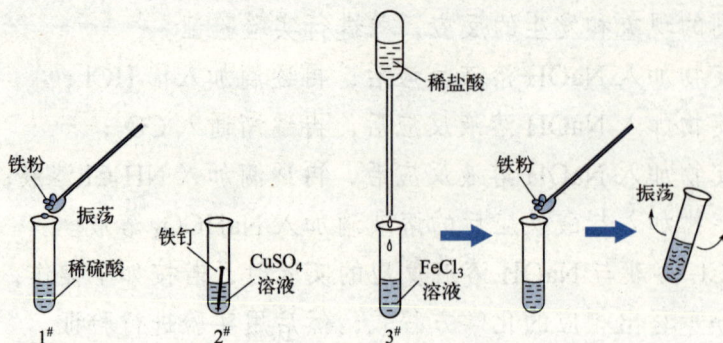

图 3-12 铁单质的还原性

（2）亚铁离子的还原性

实验如图 3-13 所示。

① 在 1# 小试管中加入约 0.3 mL 水，加 2 滴 $KMnO_4$ 溶液，加 1 滴稀 H_2SO_4，振荡，然后逐滴加入 $FeSO_4$ 溶液，观察溶液的颜色变化。当溶液的紫色褪去时，加 1 滴 KSCN 溶液，观察现象。

② 在 2# 小试管中加入约 0.3 mL $FeSO_4$ 溶液，加 1 滴浓 HNO_3，振荡，观察现象。再加 1 滴 KSCN 溶液，观察现象。

③ 在 3# 小试管中加入约 0.3 mL $FeSO_4$ 溶液，加入 1 滴溴水，振荡，观察现象。再加入 1 滴 KSCN 溶液，观察现象。

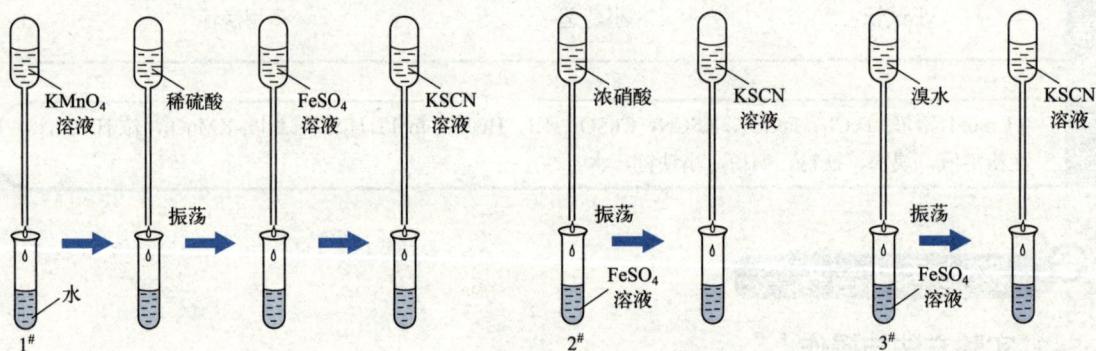

图 3-13 亚铁离子的还原性实验

（3）三价铁离子的氧化性

实验如图 3-14 所示。

① 在 1# 小试管中加入约 0.3 mL $FeCl_3$ 溶液，加 1 滴稀 HCl，然后加入 1 粒芝麻大小的铜粉，振荡，观察现象。

② 在 2# 小试管中加入约 0.3 mL 水，加 2 滴 KI 溶液，再加 2 滴淀粉溶液，振荡，观察现象。再加 1 滴 $FeCl_3$ 溶液，观察现象。

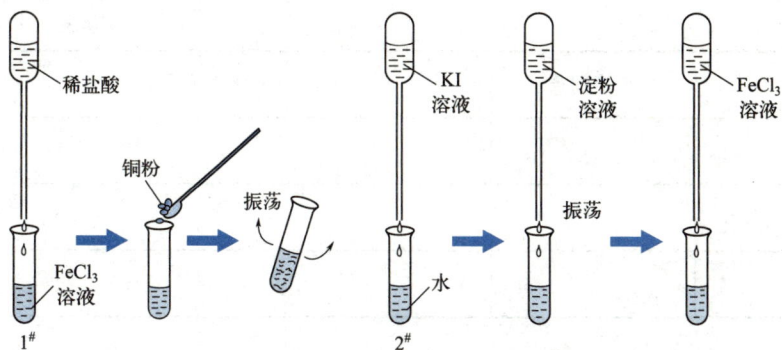

图 3-14　三价铁离子的氧化性实验

警示灯

● 硫酸、盐酸和硝酸溶液都有强腐蚀性，使用时要注意安全。

经验提示

1. 实验中使用的 Fe^{2+} 要新制备的。

2. 亚铁盐制备方法：在试管中加入 1 mL 稀 H_2SO_4，再放入一枚去锈的铁钉，微热，有无色气体放出，溶液逐渐变为淡绿色至铁钉不再冒气泡为止，就得到新配制的亚铁盐溶液。

为了防止空气将 Fe^{2+} 氧化，可用带有胶管阀的胶塞塞紧。

胶管阀的制作：取一小段胶管，中部用小刀切一条缝隙，胶管一端连接胶塞上的导气管，另一端则连接小段玻璃棒，这样制作的胶管阀，空气难以进入，而铁钉和酸反应产生的氢气则可从胶管的缝隙逸出。

3. 为了使 $FeSO_4$ 溶液中不混有 Fe^{3+}，则可在 $FeSO_4$ 溶液中加入没有生锈的铁钉。也可以用硫酸亚铁铵溶液代替硫酸亚铁溶液，因为在硫酸亚铁铵中 Fe^{2+} 的稳定性较 $FeSO_4$ 中大。

2. 实验记录与分析

实验	实验过程	实验现象	实验结论或化学方程式
铁的还原性			
亚铁离子的还原性			

实验	实验过程	实验现象	实验结论或化学方程式
三价铁离子的氧化性			

思考与讨论

参考提示

1. 若对含 Fe^{2+} 的溶液进行下列实验，请预测相应的反应现象，写出相应的离子方程式并进行实验验证。

（1）往 $FeSO_4$ 溶液加入氨水；

（2）往 $FeSO_4$ 溶液加入双氧水；

（3）往 $FeSO_4$ 溶液加入几滴稀硫酸，再加入硝酸钾；

（4）往 $FeSO_4$ 溶液加入几滴稀硫酸，再加入 $NaClO$ 溶液；

（5）把 $FeCl_2$ 溶液加热煮沸，直接蒸干溶液中的水，再灼烧得到的固体。

2. 若对含 Fe^{3+} 的溶液进行下列实验，请预测反应现象，写出相应的离子方程式并进行实验探究。

（1）往 $FeCl_3$ 溶液加入氨水至过量；

（2）往 $FeCl_3$ 溶液滴入紫色石蕊溶液；

（3）往 $FeCl_3$ 溶液加入镁粉；

（4）往 $FeCl_3$ 溶液加入 $NaHCO_3$ 溶液；

（5）往沸腾的水滴加饱和的 $FeCl_3$ 溶液；

（6）往 $FeCl_3$ 溶液加 $AgNO_3$ 溶液。

3. 分析下列反应，并进行实验探究。

（1）一定量的铁粉与一定量的稀硝酸反应，试分析反应后溶液中可能存在的金属阳离子。

（2）一定量的铜粉与一定量的 $FeCl_3$ 反应，试分析反应后溶液中可能存在的金属阳离子。

4. 把三种不同价态的铁元素相互转化的关系用箭头表示时，得到如图 3-15 所示的一个三角形，有人称其为"铁三角"。试选择适当的反应物和反应条件，并设计实验来实现这些转化。

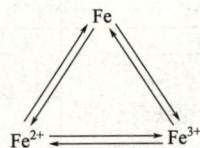

图 3-15　铁三角

第 4 专题

物质结构 · 元素周期律

实验天地 4-1　钾与钠金属性的强弱比较

实验仪器与药品

主要仪器	酒精灯　镊子　滤纸　小试管　小刀　仪器夹　玻璃管 $\phi5\sim6mm$，长约 60mm　多用滴管

药品	金属钾，金属钠，水，酚酞溶液，棉花，铁丝

实验活动与探究

1. 实验方法与操作

（1）钾、钠与氧气反应

实验如图 4-1 所示，用仪器夹夹住玻璃管，以 20°倾斜，在高端塞上蓬松的湿棉花，在低端用酒精灯加热，待玻璃管灼烧红热后，取一块芝麻大小的钾，先用滤纸吸干表面的煤油再用细铁丝穿住，迅速插入玻璃管内被火焰灼烧至红热的部位，观察现象。以钠代替钾重复上述操作，比较两者实验现象的异同。

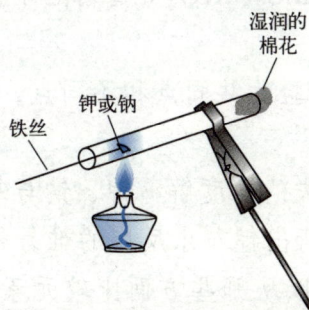

图 4-1　钾、钠与氧气反应

警示灯

● 钾、钠腐蚀性强，取用时必须用镊子，切勿用手拿。

● 钾、钠块不可切得太大，以免反应过于剧烈而发生危险。

（2）钾、钠与水反应

实验如图4-2所示，在2支小试管中各加约0.5 mL水，分别取半粒米大小的金属钾或金属钠，用滤纸吸干表面煤油，投入试管中，观察现象。反应停止后各加1滴酚酞溶液，观察现象。

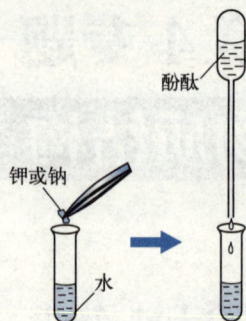

图4-2　钾、钠与水反应

🔧 经验提示

1. 实验用品中的镊子、小刀必须保持干燥。
2. 实验中用过的滤纸要交老师妥善处理，防止其燃烧失火。
3. 使用镊子移动金属，避免皮肤因接触而灼伤。
4. 用剩的钠、钾要放回煤油中保存，不可随意乱放，避免发生事故。

2. 实验记录与分析

实验	实验过程	实验现象	实验结论或化学方程式
钾、钠与氧气反应			
钾、钠与水反应			

💡 思考与讨论

1. Li、Na、K在空气中燃烧分别生成 Li_2O、Na_2O_2、KO_2（超氧化钾），这说明什么问题？如何保存单质钾？

2. 根据图4-2钠、钾与水的反应，请从两者实验的共同点和不同点，试总结出该实验结论及碱金属元素的性质递变规律。

3. 从钾、钠的原子结构和电子得失的角度解释钾、钠与氧气反应，钾、钠与水反应现象的异同。你能推断出锂与水反应的难易程度吗？

4. 试述元素的金属性的含义，可以从哪些方面比较元素金属性的强弱？举例说明。

参考提示

5.通过钾、钠与水反应的难易程度，你能发现其与它们的原子结构有什么关系吗？由此，试推断出碱金属元素化学性质的相似性和递变规律。

实验天地 4-2　卤素非金属性的强弱比较

实验仪器与药品

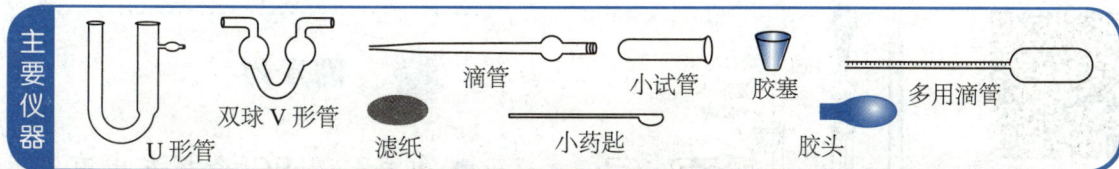

主要仪器

U形管　　双球V形管　　滤纸　　滴管　　小药匙　　小试管　　胶塞　　胶头　　多用滴管

药品

0.1mol/L：NaBr、KI 溶液，淀粉溶液，新制的溴水，新制的氯水，10% NaOH，MnO_2，浓 HCl，细铁丝

实验活动与探究

1.实验方法与操作

（1）实验方案一

① 在装有约 0.3 mL NaBr 溶液的 1# 小试管中，加入 2 滴新制的氯水，振荡，观察现象。

② 在装有约 0.3 mL KI 溶液的 2# 小试管中，加入 2 滴新制的氯水，振荡，观察现象。

③ 在装有约 0.3 mL KI 溶液的 3# 小试管中，加入 2 滴新制的溴水，振荡，观察现象。

实验如图 4-3 所示，再往 3 支试管中分别加入 1 滴淀粉溶液，观察现象。

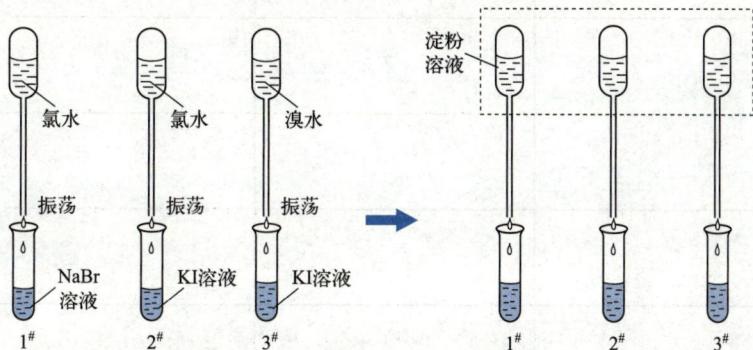

图 4-3　卤素间的置换反应（Ⅰ）

（2）实验方案二

① 向 U 形管中加入约 1 g MnO_2，滴管中吸取浓 HCl，在一条细铁丝上贴上 3 面滤纸小旗，分别在滤纸小旗滴加 1～2 滴淀粉-KI 溶液、饱和 KI 溶液、饱和 NaBr 溶液，在双球 V 形管中加入约 0.3 mL 10% NaOH 溶液来吸收尾气。按图 4-4 的装置连接仪器。

② 挤压胶头滴加浓 HCl，即可看到有黄绿色的氯气产生，与滤纸小旗接触后，观察由下至上依次出现的颜色变化。

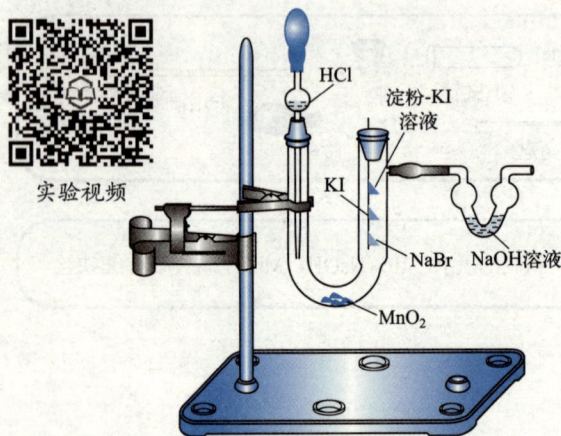

实验视频

图 4-4 卤素间的置换反应（Ⅱ）

警示灯

● 氯气、浓 HCl 会挥发出有害的烟雾，确保实验环境通风良好。
● NaOH 有腐蚀性，使用时要小心，如果不慎让皮肤接触到它，要用大量的清水冲洗。

2.实验记录与分析

实验	实验过程	实验现象	实验结论或化学方程式
实验方案一			
实验方案二			

1. 试从图4-3卤素单质间的置换反应的实验分析，探究卤族元素的性质递变规律。

2. 试述元素的非金属性的含义，可以从哪些方面比较元素非金属性的强弱？请举例说明。

3. 以碱金属元素和卤族元素为例，试述同主族元素随着电子层数的增加，它们得失电子能力、金属性、非金属性递变的规律。

实践大课堂

探究市售食盐中是否含有碘元素

碘是人体维持生命所必需的微量元素之一。人体缺碘会引起甲状腺肿大，儿童缺碘会严重影响智力发展，导致智商低下。因此，人们将碘称为智慧元素。用加碘盐防治碘缺乏病是目前世界上公认的方法。食盐加碘不是在食盐中加单质碘，而是添加碘的化合物。我们知道碘可以以 $I_2/I^-/IO_3^-$ 等几种较为稳定的形式存在。现在我国在食盐中加碘使用比较多的是碘酸钾，而过去则是加入碘化钾。碘化钾的优点是含碘量高（76.4%），缺点是容易被氧化，稳定性差，需同时加稳定剂。而碘酸钾稳定性好不需要加稳定剂，但含碘量较低（59.3%）。相比之下，使用碘酸钾更好些。

试收集市售各种品牌、厂家的食盐，设计实验探究这些市售食盐是否含有碘元素，以及它以哪种形式存在？

实验天地 4-3 镁与铝金属性的强弱比较

实验仪器与药品

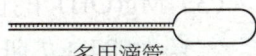

主要仪器	酒精灯	仪器夹	砂纸	小试管	镊子	多用滴管

药品	2 mol/L：HCl、NaOH，0.5 mol/L $MgCl_2$，0.2 mol/L $AlCl_3$，酚酞溶液，镁条，铝片，水，肥皂水（或洗洁精溶液）

1. 实验方法与操作

（1）镁、铝与水的反应

实验如图 4-5 所示，取镁条和铝片各一小块用砂纸擦去表面氧化膜，分别放入 2 支小试管中。然后各加入约 0.5 mL 水，并加 1 滴酚酞溶液，观察现象。随后加热试管至水沸腾，观察现象。

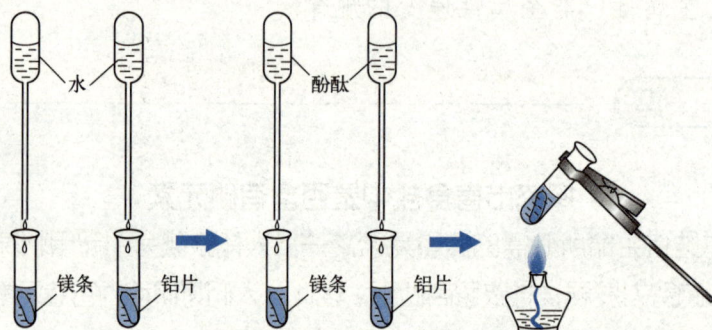

图 4-5　镁、铝与水的反应

警示灯

● 试管要用仪器夹夹住加热，以免烫伤手。

● 试管口不能向人、要控制好试管与火焰的距离，以防暴沸伤人。

● 用砂纸擦净镁条表面时要小心，以免被尖锐的镁条边缘割伤。

（2）镁、铝与盐酸反应

实验如图 4-6 所示，在 2 支小试管中各加入约 0.3 mL 稀盐酸，取表面积大致相同的镁条和铝片各一小块，用砂纸擦去表面氧化膜，分别投入小试管中，然后在试管口抹上肥皂水（或洗洁精溶液），观察放出气体的快慢。点燃木条并将火焰移近肥皂泡，观察现象。

（3）$Mg(OH)_2$ 的性质

实验如图 4-7 所示，在小试管中加入约 0.5 mL $MgCl_2$ 溶液，然后逐滴加入 NaOH 溶液产生沉淀，将浑浊液平分在 2 支小试管中，再各加入约 0.2 mL 水，振荡，然后在其中一支试管中逐滴加入 HCl

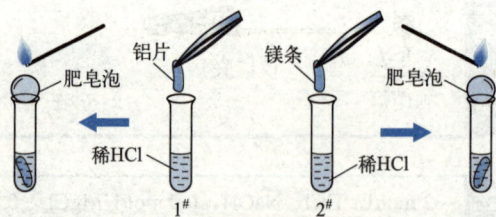

图 4-6　镁、铝与盐酸反应

溶液，在另一支试管中逐滴加入 NaOH 溶液。观察现象。

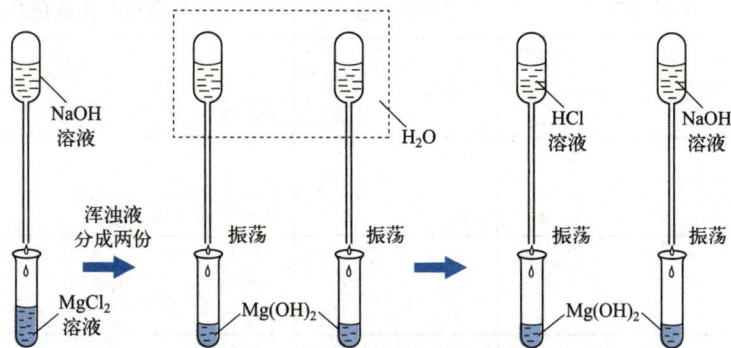

图 4-7　Mg(OH)$_2$ 的性质

（4）Al(OH)$_3$ 的性质

实验如图 4-8 所示，在小试管中加入约 0.5 mL AlCl$_3$ 溶液，然后逐滴加入 NaOH 溶液，加至试管中沉淀不再增加为止，将浑浊液平分在 2 支小试管中，各加约 0.2 mL 水，振荡，然后在其中一支试管中逐滴加入 HCl 溶液，在另一支试管中逐滴加入 NaOH 溶液。观察现象。

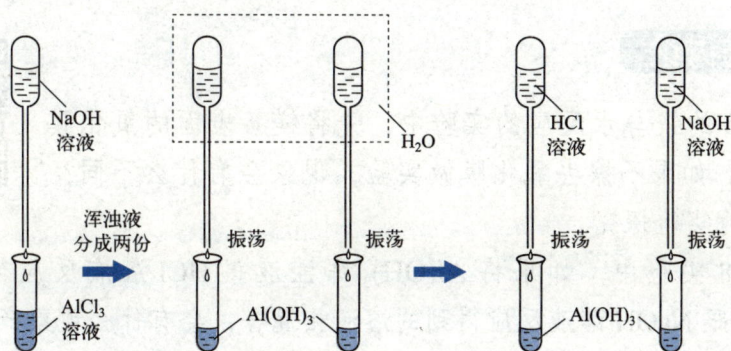

图 4-8　Al(OH)$_3$ 的性质

2. 实验记录与分析

实验	实验过程	实验现象	实验结论或化学方程式
镁、铝与水的反应			
镁、铝与盐酸反应			

实验	实验过程	实验现象	实验结论或化学方程式
Mg(OH)₂ 的性质			
Al(OH)₃ 的 性质			

思考与讨论

1. 在图 4-5 的镁与水反应的实验中，先将镁条表面的氧化膜擦去再做实验。如果不擦去氧化膜做实验，现象会有什么不同？为什么？试进行实验探究。

参考提示

2. 在图 4-8 实验中，如果将 Al(OH)₃ 浑浊液跟 HCl 溶液反应得到的溶液与 Al(OH)₃ 浑浊液跟 NaOH 溶液反应得到的溶液相混合，会有什么现象产生？为什么？试进行实验探究。

实践大课堂

辩论赛——是否应该停止铝制饮料罐的使用

针对是否应该停止使用铝制饮料罐的问题，让学生自选扮演角色，通过查找资料，开展社会调研等准备好表达自己看法的材料，组织一次辩论会。在班中分成两大组，真正从所扮演角色的角度去考虑问题，通过铝的性质与应用，并可延伸到其他的材料，比较它们的优劣进行辩论。辩题为：

正方："应该停止铝制饮料罐的使用"；

反方："不应该停止铝制饮料罐的使用"。

实验天地 4-4　综合实验：氢氧化铝的制取和性质

实验仪器与药品

主要仪器

小试管　　　　　　　　　　多用滴管

药品

0.5 mol/L 溶液：$Al_2(SO_4)_3$、$AlCl_3$，2 mol/L 溶液：HCl、NaOH、氨水

实验活动与探究

1. 实验方法与操作

（1）氢氧化铝的制取与性质

实验如图 4-9 所示。

① 在一支小试管中加入约 0.6 mL $Al_2(SO_4)_3$ 溶液，然后滴加氨水，振荡，观察现象。继续滴加氨水，直到不再产生沉淀为止。

② 将实验①中制得的 $Al(OH)_3$ 沉淀分装在 2 支小试管里，往一支小试管里滴加 HCl，往另一支小试管里滴加 NaOH 溶液。边加边振荡，观察现象。

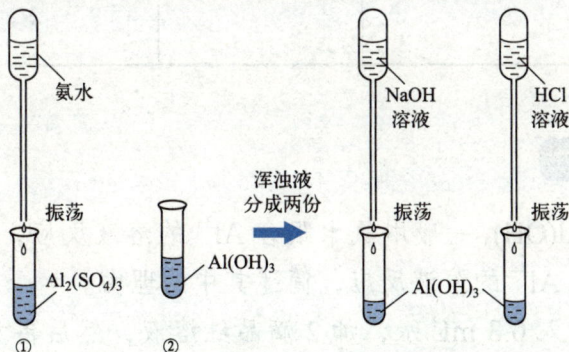

图 4-9　氢氧化铝的生成和性质

（2）三氯化铝与 NaOH 溶液的反应

实验如图 4-10 所示，在小试管加入 0.3 mL $AlCl_3$ 溶液，然后不断滴加 NaOH 溶液，加至不再有明显变化为止，观察现象。

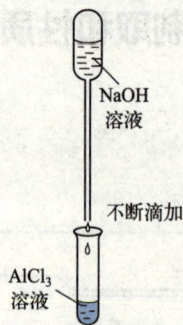

NaOH
溶液

不断滴加

AlCl₃
溶液

图 4-10　向 AlCl₃ 溶液中不断滴加 NaOH 溶液

2. 实验记录与分析

实验	实验过程	实验现象	实验结论或化学方程式
$Al(OH)_3$ 的制备			
$Al(OH)_3$ 的性质			
$AlCl_3$ 与 NaOH 反应			

📖 思考与讨论

参考提示

1. 实验室制备 $Al(OH)_3$ 一般用氨水跟含 Al^{3+} 的溶液反应，而不用 NaOH 溶液跟含 Al^{3+} 的溶液反应，简述其中的理由。

2. 在小试管中加入 0.3 mL 水，加 2 滴品红溶液，然后再加入少量图 4-9 实验得到的 $Al(OH)_3$ 沉淀，振荡，静置。会观察到什么现象？为什么？请进行实验来验证。

3. 只用铝、稀硫酸和氢氧化钠溶液，有哪些方法能制得氢氧化铝？进行实验探究。

4. 在图 4-10 所示实验中，如果是在一支小试管中先加入 0.3 mL NaOH 溶液，然后再不断滴入 $AlCl_3$ 溶液，会观察到什么现象？进行实验探究。

实验天地 4-5 实验活动 3：同周期、同主族元素性质的递变

实验仪器与药品

主要仪器：酒精灯　小刀　仪器夹　砂纸　小试管　镊子　多用滴管

药品：1 mol/L 溶液：$AlCl_3$、HCl，3 mol/L NaOH 溶液，金属钠，镁条，铝片，$MgCl_2$ 溶液，酚酞试液，饱和 KBr 溶液，饱和 KI 溶液，新制的氯水，溴水，四氯化碳，水

实验活动与探究

1. 实验方法与操作

（1）同周期元素性质的递变

① 金属与水的反应。

a. 小试管中加入约 0.5 mL 水，往水中滴加 1 滴酚酞试液，将约半粒米大小的钠块投入小试管中，观察现象，如图 4-11 所示。

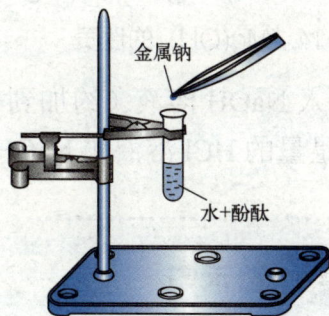

图 4-11　钠与水的反应

> **警示灯**
>
> ● 钠的腐蚀性很强，应用镊子夹取，切勿用手取拿。
> ● 实验中用过的滤纸要交老师妥善处理，防止其燃烧。
> ● 用剩的钠要放回煤油中保存，不可随意乱放，避免发生事故。

b. 用砂纸磨去镁条和铝片表面的氧化膜，在 1# 小试管中放进一小段镁条，2# 小试管中放进一小片铝，各加入约 0.5 mL 水及滴入 1 滴酚酞溶液。观察一会儿。然后加热试管至水沸腾，观察现象，如图 4-12 所示。

② 金属与盐酸的反应。取一小段表面积大致相同的镁条和一小片铝，用砂纸磨去它们表面的氧化膜，分别加入 2 支小试管中，再各加入约 0.5 mL HCl，观察现象并比较反应的快慢，如图 4-13 所示。

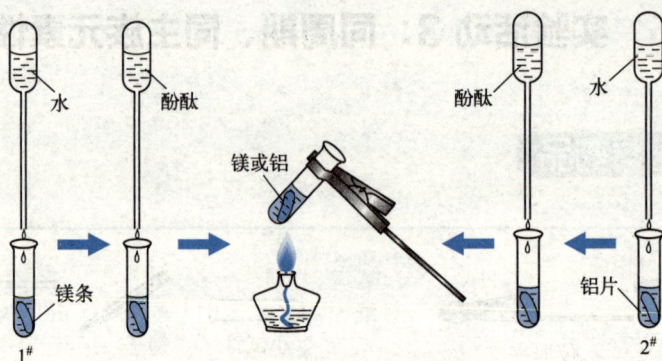

图 4-12 镁、铝与水的反应

③ 镁、铝最高价氧化物对应的水化物的性质。

a. 往盛约 0.5 mL $MgCl_2$ 溶液的小试管中逐滴加入 NaOH 溶液，得到沉淀，将沉淀分成两份，各自再分别加入足量的 HCl 溶液和 NaOH 溶液，如图 4-14 所示。

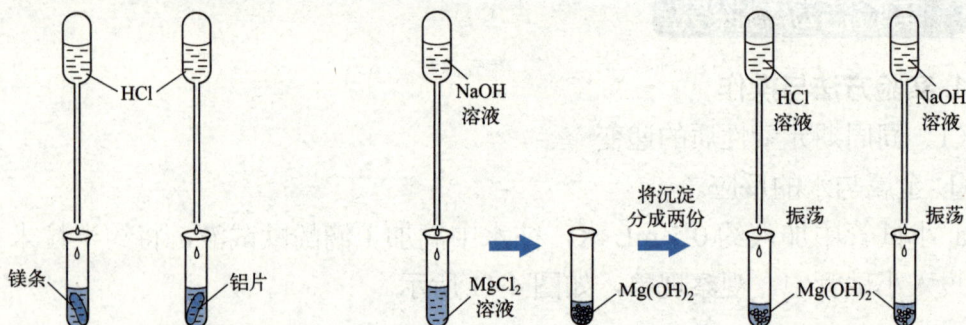

图 4-13 镁、铝与盐酸的反应

图 4-14 $Mg(OH)_2$ 的性质

b. 往盛约 0.5 mL $AlCl_3$ 溶液的小试管中逐滴加入 NaOH 溶液（约加到 0.5 mL 即止），得到沉淀，将沉淀分成两份，再分别加入足量的 HCl 溶液和 NaOH 溶液，如图 4-15 所示。

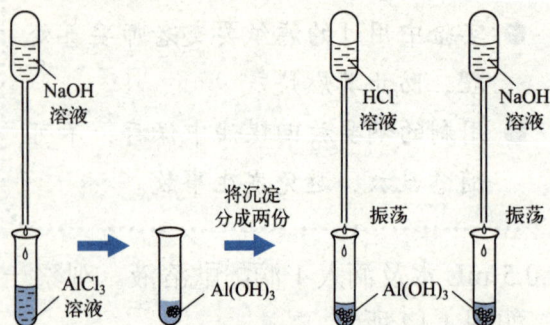

图 4-15 $Al(OH)_3$ 的性质

警示灯

- 用砂纸擦净镁条表面时要小心，以免被尖锐的镁条边缘割伤。
- 酸、碱都有腐蚀性，使用时必须十分小心，要防止溅到皮肤、眼睛或衣服上。

（2）同主族元素性质的递变

将 3 支小试管编号为 $1^\#$、$2^\#$、$3^\#$，在 $1^\#$ 试管中加入约 0.3 mL 的 KBr 溶液，在

$2^{\#}$、$3^{\#}$ 试管中各加入约 0.3 mL 的 KI 溶液。

① 在 $1^{\#}$ 试管中滴入几滴新制的氯水，振荡试管，观察实验现象。

② 在 $2^{\#}$ 试管中滴入几滴新制的氯水，振荡试管，观察实验现象。

③ 在 $3^{\#}$ 试管中滴入几滴溴水，振荡试管，观察实验现象。

再在这三支试管分别加入约 5 滴 CCl_4，振荡，稍静置，观察油层和水层的颜色变化，如图 4-16 所示。

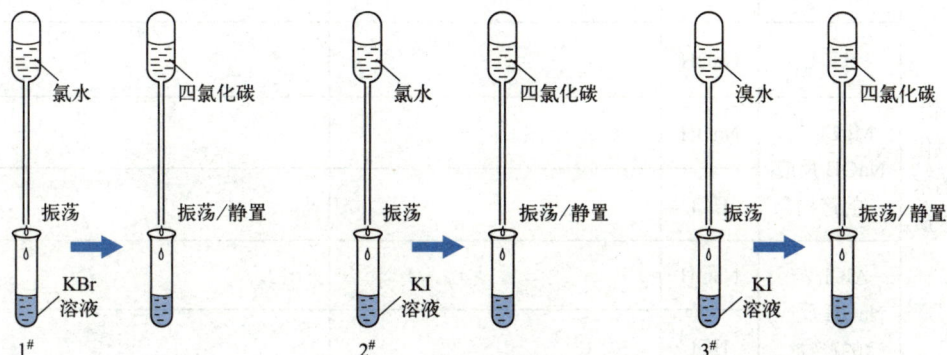

图 4-16　卤素间置换反应

经验提示

1. 钠在实验前，要用滤纸把钠表面的煤油吸干，并用刀切去表面的氧化层。

2. 实验中加氯水和溴水时，应边滴加边振荡试管，注意不要加过量，当出现明显变化现象时要停止滴加，以免氯水过量发生其他复杂的反应，影响实验结果。

2. 实验记录与分析

（1）同周期元素性质的递变

实验	反应物		现象	化学方程式
① 金属与水的反应	Na	冷水		
	Mg	冷水		
		热水		
	Al	冷水		
		热水		

实验	反应物		现象	化学方程式
② 金属与盐酸的反应	Mg	HCl		
	Al	HCl		
③ 镁、铝最高价氧化物对应的水化物的性质	$MgCl_2$	NaOH		
	$AlCl_3$	NaOH		
	$MgCl_2$ 与 NaOH 反应的产物	NaOH		
		HCl		
	$AlCl_3$ 与 NaOH 反应的产物	NaOH		
		HCl		

（2）同主族元素性质的递变

实验	氯水（现象 / 离子方程式）	溴水（现象 / 离子方程式）
KBr 溶液		—
KI 溶液		
结论	卤族元素氧化性的递变规律是：_____ 卤素单质间置换反应的实验现象发现：_____可以把_____从卤化物中置换出来，_____可以把_____从卤化物中置换出来	

3. 根据资料和实验事实找出证据形成结论

① 阅读下表，根据ⅦA族元素气态氢化物的形成难易程度和稳定性，说明ⅦA族元素非金属性强弱的变化情况。

元素	F	Cl	Br	I
氢化物形成的难易程度	H_2 与 F_2 混合，在冷暗处剧烈化合并发生爆炸	H_2 与 Cl_2 混合光照或点燃发生爆炸	H_2 与 Br_2 混合，加热时发生化合	H_2 与 I_2 混合，加热时化合，同时又分解
氢化物	HF	HCl	HBr	HI
稳定性	很稳定	稳定	较稳定	较不稳定
探究结论	非金属性强弱顺序变化情况_____			

② 阅读、分析下表给出的硅、磷、硫、氯及其化合物的主要性质资料，比较硅、磷、硫、氯这四种元素非金属性强弱变化。

主要性质	Si	P	S	Cl
单质与氢气反应的条件	高温时反应	磷蒸气才能与氢气化合	加热时反应	强光照爆炸，点燃易化合
氢化物的稳定性	SiH_4 很不稳定，空气中易自燃	PH_3 不稳定，在空气中能自燃	H_2S 受热分解	HCl 稳定
最高价氧化物的水化物酸性强弱	H_2SiO_3 是弱酸	H_3PO_4 是中强酸	H_2SO_4 是强酸	$HClO_4$ 酸性比 H_2SO_4 更强
探究结论	非金属性_____			

③ 通过实验对钠、镁、铝金属性强弱的比较。

项目	Na	Mg	Al
单质与水的反应			
单质与盐酸的反应	—		
最高价氧化物对应的水化物碱性（填强、弱或中）	NaOH _____	$Mg(OH)_2$ _____	$Al(OH)_3$ _____
探究结论	元素的金属性_____		

④ 通过以上对第三周期元素性质的比较，可以得出如下结论：

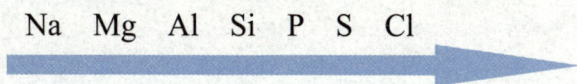

Na Mg Al Si P S Cl

从左到右，金属性逐渐_____，非金属性逐渐_____。

从左到右，最高价氧化物对应的水化物的碱性逐渐_____，酸性逐渐_____。

⑤ 元素的金属性表现在化学反应上是：a._____；

b._____。

⑥ 元素的非金属性表现在化学反应上是：a._____；

b._____； c._____。

思考与讨论

1. 根据金属性或非金属性强弱的判断方法探究：

（1）可通过哪些事实说明 Cl 比 Br 的非金属性强？举例说明。

（2）可通过哪些事实说明 K 的金属性比 Na 的强？举例说明。

2. 选取金属时为什么要强调镁条和铝片的面积相等，但却没有刻意要求金属钠？

3. 根据学过的知识，还有什么方法比较钠、镁、铝三种元素的原子失电子能力？

4. 氢氧化镁与氢氧化铝都是难溶于水的物质，如何判断金属镁和金属铝是否与水发生了反应？你能提出更多的方案吗？

5. 试分析镁跟水反应的现象和生成物的性质，探究影响镁跟水发生置换反应快慢的可能原因。

6. 试从原子结构的角度来解释上述实验得出的卤单质的氧化性强弱的结论，并推出卤离子 X^-（F^-、Cl^-、Br^-、I^-）的还原性顺序。

7. 向 NaCl、NaBr、KI 混合溶液滴入过量的氯水，待充分反应后将溶液蒸干，再灼烧，最后得到的物质是什么？如果将氯水改为溴水做这个实验结果会怎样？试进行实验探究。

实践大课堂

设计不同类型的元素周期表

搜集有关门捷列夫以及元素周期表发展史的资料。以小组为单位合作讨论、竞赛，从不同的角度设计多种类型（如从密度、放射性等角度）的元素周期表。

优秀成果以墙报形式展出，进行相互交流并评价。

普通高中教科书《化学》(必修 第二册)

第 5 专题
化工生产中的重要非金属元素

实验天地 5-1　二氧化硫的性质

实验仪器与药品

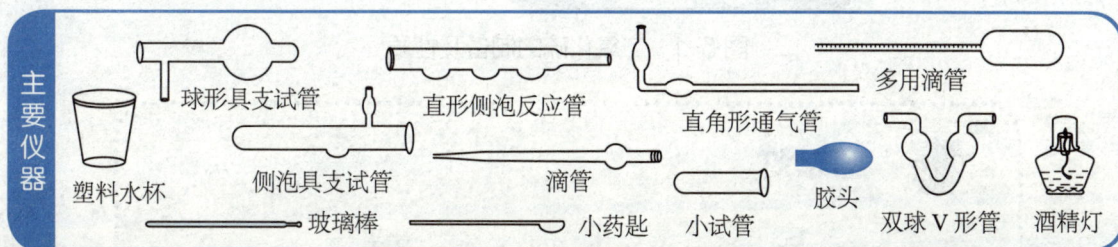

主要仪器	
塑料水杯　球形具支试管　直形侧泡反应管　直角形通气管　多用滴管	
玻璃棒　侧泡具支试管　滴管　小药匙　小试管　胶头　双球 V 形管　酒精灯	

药品　浓 H_2SO_4，Na_2SO_3 固体，0.5 mol/L $BaCl_2$，1 mol/L HCl，5% H_2O_2，10% NaOH 溶液，品红溶液，石蕊溶液，pH 试纸，水

实验活动与探究

1. 实验方法与操作

（1）二氧化硫的制备及性质

① 在球形具支试管中装入 4 小药匙的 Na_2SO_3 固体，在胶头滴管中吸入约 0.4 mL 浓 H_2SO_4，在直形侧泡反应管的两侧泡上分别加入 2 滴品红溶液和紫色石蕊溶液，再取一支干燥的侧泡具支试管安装在直形侧泡反应管的前面用于收集 SO_2 气体，在双球 V 形管中装入少量 NaOH 溶液吸收尾气，如图 5-1 所示安装实验装置。

② 挤压滴管胶头滴下浓 H_2SO_4 使其与 Na_2SO_3 反应，若反应比较慢时，可稍稍加热。观察装置中侧泡具支试管和直形侧泡反应管各处发生的一系列实验现象。

③ 待直形侧泡反应管中两侧泡上溶液的颜色不再改变后，分别用酒精灯移到直形侧泡反应管两个侧泡处，小心轻微地加热已变了色的品红溶液和石蕊溶液，观察其颜色的变化现象。

④ 将收集满 SO_2 气体的侧泡具支试管取下，用胶塞、胶头封住试管口和支管口，供实验（2）使用。拆装置前用手轻轻在直形侧泡反应管出气口扇动，使极少量气体飘进鼻孔，闻一闻管中气体的气味。

实验视频

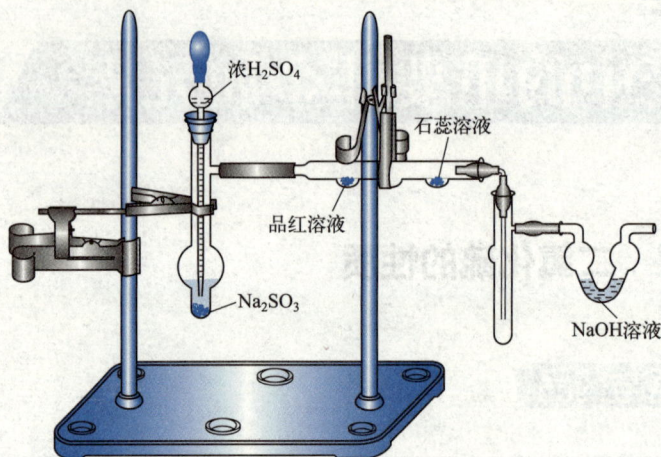

图 5-1 二氧化硫的制备及性质

警示灯

● 组装仪器时要注意使整套装置有良好的气密性，防止 SO_2 逸出污染环境。

● SO_2 有毒，要防止逸出和避免吸入。

● 浓硫酸腐蚀性很强，使用时要特别小心。如果皮肤沾上了浓硫酸，用大量的水清洗，再涂上 5% 的碳酸氢钠溶液。

（2）二氧化硫溶于水

① 小心拆卸图 5-1 装置，取出装置中收集 SO_2 气体的侧泡具支试管，并迅速用胶塞和胶头堵住试管口和支管口，防止气体漏掉。

② 将收集 SO_2 气体的侧泡具支试管倒置在装有水的塑料水杯中，在水下打开胶塞和胶头，观察试管内液面的上升。

③ 待液面高度不再明显变化时，在水下用手指堵住侧泡具支试管口和支管口，把侧泡具支试管连同其中的水溶液一起从水杯中取出，所得二氧化硫水溶液供实验（3）使用。

④ 用玻璃棒蘸取少许侧泡具支试管中的水溶液，滴在pH试纸上测定其pH值。实验如图5-2所示。

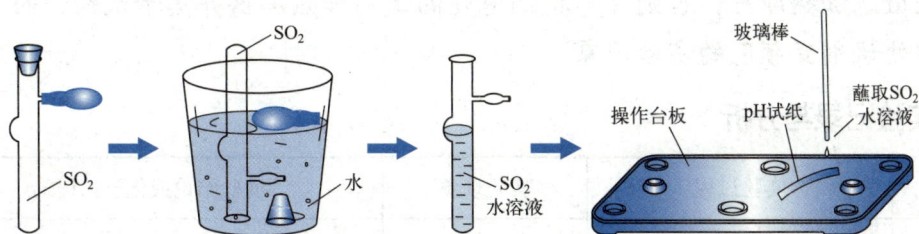

图5-2　二氧化硫溶于水

（3）二氧化硫水溶液的性质

取3支小试管各加入上述SO_2水溶液约0.5 mL，实验如图5-3所示。

向$1^\#$小试管加1滴石蕊溶液，观察现象。

向$2^\#$小试管加2滴品红溶液，观察现象。

向$3^\#$小试管加2滴$BaCl_2$溶液，振荡，观察现象，随后再加入3滴5%的过氧化氢溶液，振荡，放置片刻后滴加稀盐酸，观察现象。

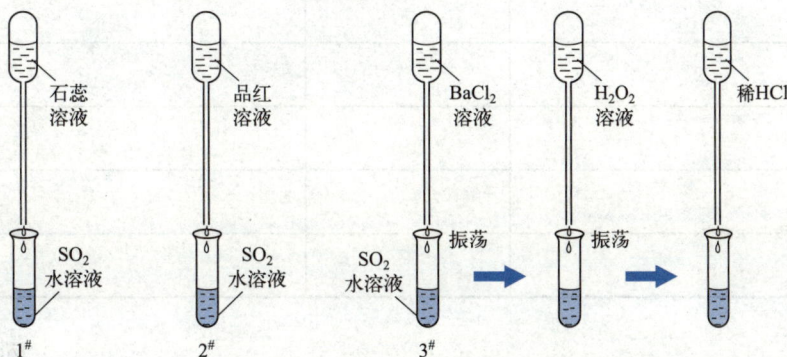

图5-3　二氧化硫水溶液的性质

🔧 经验提示

1. Na_2SO_3放置过久可能被氧化成Na_2SO_4。为此，最好选用新开瓶的无水Na_2SO_3，以保证实验的顺利进行。

2. 图5-1实验装置采用双球V形管盛装NaOH溶液吸收尾气，既可以防止反应激烈液体的冲出，又可以防止反应暂停时液体的倒吸现象。由于微型仪器体积小，加入的液体不能太多，应控制装液体量在V形部位离双球的下端0.3～0.5cm处，否则起不到防止倒吸和冲液的作用。

3. SO_2具有漂白性，能漂白某些有色物质。SO_2的漂白作用是由于SO_2的分子与有机色素分子生成一种不稳定的无色化合物。这种化合物容易分解，使有色物质又恢复原来的颜色。当用酒精灯加热直形侧泡反应管两个侧泡处的试剂时，要十分小心，轻微地加热即可，否则容易把侧泡处的试剂加热沸腾并蒸干试剂，而导致观察不到该处试剂变颜色的实验现象。

2. 实验记录与分析

实验	实验过程	实验现象	实验结论或化学方程式
SO_2 的制取			
SO_2 的性质			
SO_2 在水中的溶解性			
SO_2 水溶液的性质			

📚 **思考与讨论**

参考提示

1. 实验室通常有红色和蓝色两种石蕊试纸，检验二氧化硫气体为什么要用润湿的蓝色石蕊试纸？

2. 有哪些方法可以鉴别 CO_2、SO_2 两种气体？试进行实验探究。

3. 推测亚硫酸、盐酸、碳酸这三种酸的酸性强弱顺序，试进行实验探究。

4. 下列物质作用于品红试剂，品红试剂有何变化？变化的实质是什么？试进行实验探究。

次氯酸、过氧化钠、双氧水、二氧化硫、氯气、活性炭

5. 向品红溶液通入 SO_2 至颜色不再变化，再向其中慢慢滴入氯水，并且每滴下一滴都随即充分振荡，这样继续滴下去。试推测可能出现的现象和发生的反应，并进行实验验证。

实验天地 5-2　　浓硫酸的吸水性和脱水性

实验仪器与药品

主要仪器

小烧杯　　直形侧泡反应管　　小试管　　胶头　　胶塞　　多用滴管　　玻璃棒　　酒精灯　　小药匙

药品

浓 H_2SO_4，蔗糖，纸屑，棉花，木屑，胆矾，10% NaOH 溶液，水

实验活动与探究

1. 实验方法与操作

（1）浓硫酸溶于水

实验如图 5-4 所示，取 1 支小试管加入约 0.5 mL 水，然后沿试管内壁慢慢注入约 0.2 mL 浓 H_2SO_4，轻轻振荡后，用手触摸试管外壁，感受温度的变化。

（2）浓硫酸的脱水性

实验如图 5-5 所示，在 3 支小试管里分别放入少量纸屑、棉花、木屑，各滴入 2 滴浓 H_2SO_4，观察现象。

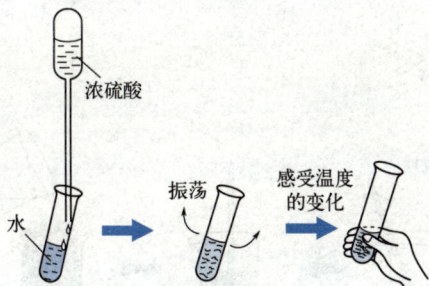

图 5-4　浓硫酸溶于水

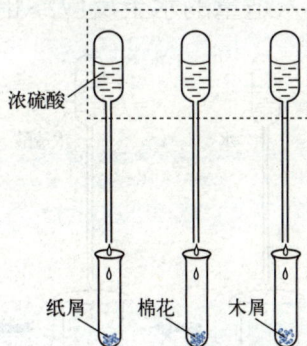

图 5-5　浓硫酸的脱水性

（3）浓硫酸吸水性

实验如图 5-6 所示，向直形侧泡反应管中的一个侧泡加入 2 滴水，然后用酒精灯微微加热盛水的侧泡，使侧泡中的水全部蒸发并凝结在直形侧泡反应管的上方内壁。向凝结着比较多小水珠的内壁所对应的侧泡中加入 2 滴浓 H_2SO_4，再用胶塞和胶头封住直形侧泡反应管的两端，观察直形侧泡反应管内壁小水珠消失的现象。

图 5-6　浓硫酸吸水性

（4）浓硫酸与胆矾作用

实验如图 5-7 所示，在 1 支小试管里加入一粒黄豆大体积的胆矾，然后加入 2 滴浓 H_2SO_4，搅拌，观察现象。

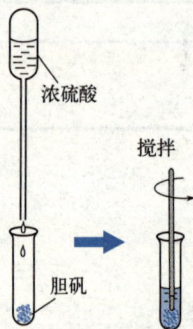

图 5-7　浓硫酸与胆矾作用

警示灯

● 浓硫酸腐蚀性强，使用时要小心，若皮肤接触了浓硫酸，要立即用大量水冲洗。

● 注意不可将水倒入浓硫酸中。

（5）浓硫酸与蔗糖作用

实验如图 5-8 所示，把约 2 g 研细的蔗糖放在小烧杯中，再往烧杯里加 3～4 滴水润湿，并用玻璃棒拌匀。然后边搅拌边加入约 1.5 mL 的浓 H_2SO_4，待蔗糖变黑并有少量气泡产生时，停止搅拌，将玻璃棒直立于小烧杯中，观察现象。向海绵状固体中加入适量的水至反应终止，以防止大量污染性气体释出。

图 5-8　浓硫酸与蔗糖作用

经验提示

1. 浓硫酸与蔗糖作用的实验成功的关键是要有足够浓度的硫酸。该实验的硫酸要用 98% 的浓硫酸或发烟硫酸。

2. 如果用红糖粉来代替白砂糖进行实验（5），则反应速度更快，现象更明显。但是反应的颜色变化没有白砂糖那样显著。

3. 当浓硫酸加到蔗糖中时，反应立即发生，浓硫酸有很强的脱水性，使蔗糖失水而碳化成炭。浓硫酸又具有很强的氧化性，炭进一步被浓硫酸氧化成二氧化碳，硫被还原为二氧化硫和水。由于产生了大量的热，致使水蒸气和大量气体的放出，使炭呈体积膨胀疏松而多孔的物质，实验环境要确保通风良好。

4. 如果要把浓硫酸与蔗糖的反应设计为环保实验，可以用仪器托盘作为水槽，在水槽内加入适量的 10% NaOH 溶液，再把装有蔗糖和浓硫酸混合物的小烧杯放在 NaOH 溶液中，然后罩上一个切掉瓶口部分的矿泉水瓶，如图 5-9 所示，以防止反应生成的 SO_2 和 CO_2 气体的扩散。但是该方法由于反应产生的大量白色烟雾，会影响到观察浓硫酸与蔗糖反应体积膨胀的过程的实验现象。

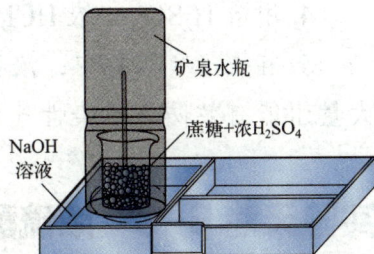

图 5-9　浓硫酸与蔗糖作用的环保实验

2. 实验记录与分析

实验	实验过程	实验现象	实验结论或化学方程式
浓 H_2SO_4 溶于水			
浓 H_2SO_4 脱水性			
浓 H_2SO_4 吸水性			
浓 H_2SO_4 与胆矾作用			
浓 H_2SO_4 与蔗糖作用			

📖 | 思考与讨论

1. 在图 5-4 浓 H_2SO_4 溶于水的实验中，为什么要先在小试管里加入水然后再加入浓 H_2SO_4？

2. 浓 H_2SO_4 的吸水性与脱水性有何区别？

3. 如果皮肤沾上了浓 H_2SO_4 不及时冲洗，将会造成什么后果？

4. 用浓 H_2SO_4 和浓 HCl 能否制取较纯的 HCl 气体，为什么？

5. 在图 5-8 实验中，浓 H_2SO_4 与蔗糖反应可能产生哪些气体，为什么最后加入大量水能有效防止污染性气体放出？

参考提示

实验天地 5-3　浓硫酸的强氧化性

🔬 实验仪器与药品

主要仪器

直形侧泡反应管　　多用滴管　　球形具支试管　　双球 V 形管　　酒精灯

药品

浓 H_2SO_4，铜片（丝），石蕊溶液，品红溶液，10% NaOH 溶液，水

✧ 实验活动与探究

1. 实验方法与操作

① 在球形具支试管中投入一小块的铜片和滴加约 0.5 mL 浓 H_2SO_4，在直形侧泡反应管的两侧泡上分别加入 2 滴石蕊溶液和 2 滴品红溶液，在双球 V 形管中加入 10% NaOH 溶液来吸收尾气，按图 5-10 安装实验装置。

② 先观察铜片与浓硫酸是否反应。然后加热，细心观察加热过程中球形具支试管里的现象以及直形侧泡

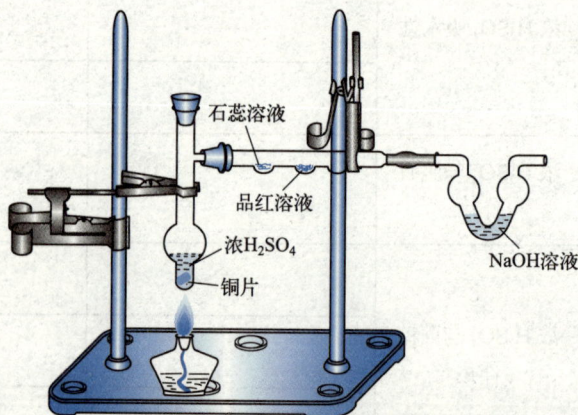

石蕊溶液
品红溶液
浓H_2SO_4
铜片
NaOH溶液

图 5-10　浓硫酸与铜反应

反应管里石蕊溶液和品红溶液的颜色变化。

③ 反应完毕，停止加热，拆卸仪器，在球形具支试管中滴入 2 滴水，振荡，观察现象。

⚠ 警示灯

● 浓硫酸腐蚀性强，使用时要小心，若皮肤接触了浓硫酸，要立即用大量水冲洗。

● SO_2 气体有毒，要防止逸出。

⚙ 经验提示

1. 采用双球 V 形管盛装 NaOH 溶液，既可以吸收尾气 SO_2，又可以防止反应过程中液体的冲出或倒吸现象。由于微型仪器体积小，加入的液体不能太多，应控制装液体量在 V 形部位离双球的下端 0.3 ~ 0.5cm 处，否则起不到防止倒吸和冲液的作用。

2. 铜与浓硫酸反应后，可观察到未反应完的铜表面有黑色的不溶物，而试管底部出现少量的灰黑色的沉淀物。出现这种异常现象的原因是，附在铜表面黑色的物质是 CuS、Cu_2S 等硫化物，而灰黑色的沉淀是 CuS、Cu_2S 等与 $CuSO_4$ 的混合物。整个反应是在非水溶液中进行的，反应过程中生成的少量的水以水蒸气释放出来，生成的 $CuSO_4$ 几乎没有被水溶解而以白色沉淀出现在试管中。反应后试管中的溶液几乎都是 H_2SO_4，而不是 $CuSO_4$ 溶液，故很难观察到溶液变蓝色。

如果要能明显地观察到铜与浓硫酸反应，在加水后溶液变蓝色的实验现象，而且在实验中不使之产生黑色物质，可以将此实验作如下的改动：

（1）将一根铜制的导线剥去塑料包皮后露出铜芯，取一支滴管（不要胶头），将导线伸进滴管，使铜芯在尖嘴的一端露出；

（2）在一支试管中加入少量浓 H_2SO_4，用酒精灯加热至接近沸腾；

（3）将伸进滴管里的导线（铜芯露出的一端卷成螺旋状）伸进预先加热的浓硫酸中，同时把湿润的石蕊试纸靠近试管口，待试纸变红时取出铜导线。静置片刻，在试管底部可以观察到有白色沉淀（即 $CuSO_4$ 晶体）生成。冷却后，弃掉上层液体，往试管中加入少量水，白色沉淀溶解即可得到蓝色溶液。

3. 用酒精灯加热直形侧泡反应管内盛装品红溶液和紫色石蕊溶液的 2 个侧泡时，要十分小心，轻微地加热即可，否则容易把侧泡处的试剂加热沸腾并蒸干试剂，而导致观察不到该处试剂变颜色的实验现象。

4. 本实验用的品红溶液浓度不可太大，一般溶液浓度为 0.01% ～ 0.02% 较适宜。

2. 实验记录与分析

实验过程	实验现象	实验结论或化学方程式

参考提示

📖 思考与讨论

1. 在图 5-10 实验中如果把浓硫酸改换为稀硫酸，实验现象如何？若持续地加热下去，实验现象又将如何？试进行实验探究。

2. 在图 5-10 实验中如果把铜改换为木炭，木炭与浓硫酸能反应吗？若能反应，试推测可能的生成物和可能出现的一系列现象。若要更好地验证推测，装置和试剂应如何调整？

3. 浓硫酸与 Fe 或 Al 在通常状况下能发生反应吗？在加热条件下会发生怎样的反应？试进行实验探究。

4. 有人质疑 SO_2 的漂白性，认为 SO_2 没有漂白作用，而 SO_2 与 H_2O 反应的生成物 H_2SO_3 才有漂白作用。这种说法是否正确？试设计实验进行探究。

实验天地 5-4　硫酸根离子的检验

🔬 实验仪器与药品

主要仪器	小试管　　　　　　　　　　　　多用滴管
药品	1 mol/L 溶液：H_2SO_4、HCl，0.1 mol/L 溶液：Na_2SO_4、Na_2CO_3、$(NH_4)_2SO_4$、$BaCl_2$

1. 实验方法与操作

实验如图 5-11 所示。

① 在 4 支小试管中分别加入约 0.5 mL 稀 H_2SO_4、Na_2SO_4、Na_2CO_3 和 $(NH_4)_2SO_4$ 溶液，然后各滴入几滴 $BaCl_2$ 溶液，观察现象。

② 待沉淀物下降至试管底部，倾去上面的溶液。

③ 向小试管内的沉淀物，滴入 1 滴稀 HCl，振荡，观察发生的现象。

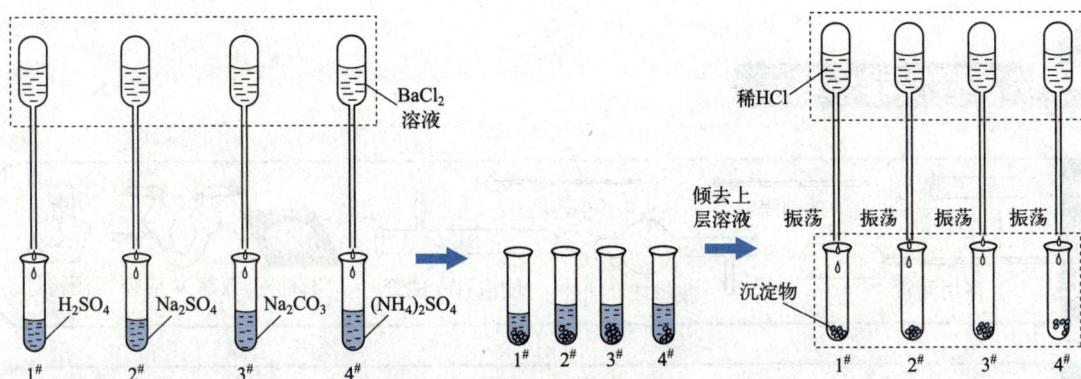

图 5-11 硫酸根离子的检验

2. 实验记录与分析

实验	实验过程	实验现象	实验结论或化学方程式
稀 H_2SO_4			
Na_2SO_4			
Na_2CO_3			
$(NH_4)_2SO_4$			

思考与讨论

1. 检验未知溶液中是否含有 SO_4^{2-}，在实验操作时为什么一定要先加盐酸后加 $BaCl_2$？应该怎样正确操作，才能够排除 Ag^+、CO_3^{2-}、SO_3^{2-} 的干扰？

2. 检验未知溶液中是否含有 SO_4^{2-}，应选用哪一种可溶性钡盐？

3. 设计检验 Na_2SO_4 溶液中混有 NaCl 的可能方案，并进行实验验证。

4. 现有 4 瓶失去标签的无色溶液，分别为 $NaCl$、Na_2SO_4、$NaNO_3$ 和 Na_2CO_3 溶液，设计可能的鉴别方案，并用实验对这些方案进行验证和评价。

5. 在检验氯离子时为什么要加入稀硝酸？在检验硫酸根离子时为什么要加入稀盐酸？

6. 现有含 H^+、Ca^{2+}、SO_4^{2-} 的 $NaCl$ 溶液，为了除去 Ca^{2+} 和 SO_4^{2-}，你的实验方案是什么？

参考提示

实验天地 5-5　不同价态的硫元素间的转化的探究

实验仪器与药品

主要仪器	小试管　玻璃棒　小药匙　石棉网　双球 V 形管　酒精灯　多用滴管　球形具支试管　侧泡具支试管
药品	Na_2S 溶液，硫粉，Na_2SO_3 溶液，浓 H_2SO_4，氯水，酸性 $KMnO_4$，铜片

实验活动与探究

1. 探究的问题

你已经初步认识了硫黄和一些含硫化合物，如 SO_2 和 H_2SO_4 等。在 H_2S、硫黄、SO_2 和 H_2SO_4 这 4 种物质中，硫元素的化合价分别为 -2、0、+4、+6。

实验室里备有：Na_2S 溶液、硫单质、Na_2SO_3 溶液和浓 H_2SO_4，提供的辅助试剂为：氯水、酸性 $KMnO_4$、铜片。根据已知的实验原理设计实验，探究这 4 种价态硫元素间的相互转化，并实施部分实验。

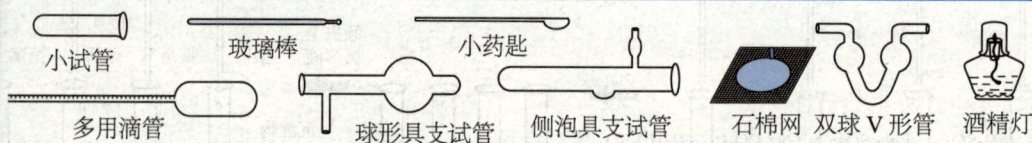

$$\overset{-2}{S} \underset{④}{\overset{①}{\rightleftharpoons}} \overset{0}{S} \underset{⑤}{\overset{②}{\rightleftharpoons}} \overset{+4}{S} \underset{⑥}{\overset{③}{\rightleftharpoons}} \overset{+6}{S}$$

2. 方法导引

探究不同价态硫元素间的相互转化，实际上是探究含有不同价态硫元素的物质间的相互转化。首先，要选择含有不同价态硫元素的物质，如硫黄、SO_2（或亚硫酸钠）和 H_2SO_4。其次，是获取这些物质。最后，实现不同价态硫元素间的相互转化，依据的主要是氧化还原反应规律，需要寻找合适的氧化剂或还原剂。

3. 实验方案和操作的设计

转化目标 （价态变化）	转化前的含硫 物质	选择的试剂 （氧化剂或还原剂）	转化后的含硫 物质	实验预期现象
$-2 \rightarrow 0$				

4. 与同学交流，修改自己的实验方案

5. 实验操作记录与对应现象记录的表格设计

6. 实验与观察
① 谨慎操作，细心观察，将现象记在上述设计的表格中；
② 将实验过程中的一些想法、问题和特别的发现记录下来。

7. 根据现象分析、归纳实验结论

实验编号	预期的转化	选择的试剂	实验现象	结论
①				
②				
③				
④				
⑤				
⑥				

8. 实验体会与交流

（1）体会与交流

_____

_____

（2）实验中的新发现

_____

_____

（3）探究反思和还须继续探究的问题

_____

_____

_____

思考与讨论

1. 根据实验事实，用图示的方法，表示不同价态硫元素之间的相互转化关系。

2. 通过实验，总结二氧化硫的化学性质及检验方法。

3. 在实验过程中，你遇到了哪些问题？是如何解决的？

4. 你还能实现其他含有不同价态硫元素的物质间的相互转化吗？请举例说明。

5. 解释为什么硫既可以与金属反应，又可以与非金属反应？

6. 浓 H_2SO_4 是常用的气体干燥剂，能否干燥 H_2S 和 SO_2？

参考提示

实践大课堂

雨水 pH 的测定

设计在本市（县）不同区域采集雨水样品测试 pH 的方案（设计时要考虑测试公平原则）。

下雨时收集一些雨水作为样品，用 pH 试纸测定雨水和自来水的酸度并记录。

连续采集并测试一段时间后，将所得 pH 列表或作图，确定所在地区雨水的平均酸度并在班上公布。

若是酸雨，请分析本地区酸雨产生的原因，提出减轻酸雨危害的建议。

实验天地 5-6　硝酸和氮氧化合物的性质

实验仪器与药品

主要仪器		
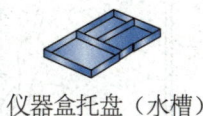 仪器盒托盘（水槽）　侧泡具支试管	小试管　　多用滴管 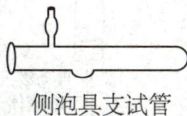	 胶塞　止水夹　小烧杯

药品	浓 HNO_3，稀 HNO_3，铜片，石蕊溶液，水

实验活动与探究

1. 实验方法与操作

（1）浓硝酸与铜的反应及 NO_2 的收集

① 在一支干燥侧泡具支试管的侧管口套上一段乳胶管，并用止水夹夹住，然后依次加入约 0.4 mL 浓硝酸和 2 块黄豆粒大小的铜片，塞上胶塞，观察现象。

② 打开止水夹，取一支多用滴管，用手挤压吸泡排出空气后将其插入侧泡具支试管的侧管口，再慢慢地放开手，如图 5-12 所示，以尽可能使多用滴管吸满 NO_2 气体。

③ 待吸泡充满气体后，拔出多用滴管并迅速将径管折弯而封住气体的出口，以暂时保存 NO_2 气体供实验（2）使用，用止水夹夹住乳胶管以防止侧泡具支试管里的 NO_2 逸出。

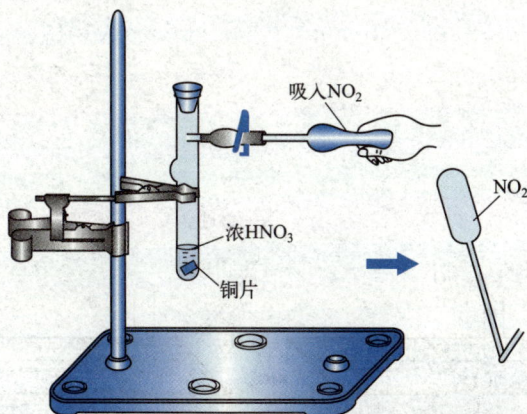

吸入 NO_2

NO_2

浓 HNO_3

铜片

警示灯

● 浓硝酸腐蚀性强，要小心使用。

● NO、NO_2 气体有毒，要避免吸入。

图 5-12　浓硝酸与铜反应及 NO_2 的收集

（2）NO₂ 的性质

实验如图 5-13 所示。

① 将图 5-12 装置收集的充满 NO₂ 气体的多用滴管插到小烧杯里的水中，轻微挤压多用滴管吸泡使其吸入少量的水，仍然保持管径浸在水中，让水自动上升至滴管的吸泡中，观察多用滴管吸泡内颜色和水位的变化情况。

② 当多用滴管吸泡中的水位不再上升时，把多用滴管提离水面，将滴管吸泡里的液体小心地挤到另一个空的小烧杯中。

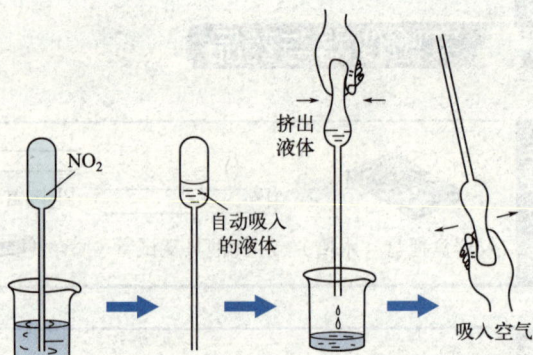

图 5-13 NO₂ 的性质

③ 当滴管吸泡里的液体刚好挤完时（注意不要把管内的气体挤出），慢慢放松手指使多用滴管即时吸入空气，观察此时多用滴管内的颜色变化现象。向小烧杯中的水溶液加 1 滴石蕊溶液，观察现象。

（3）稀硝酸与铜的反应及 NO 的收集

在侧泡具支试管中加热约 0.4 mL 的稀硝酸，然后投入 2 块黄豆粒大小的铜片，并塞上胶塞，用小试管在塑料水槽中以排水法收集产生的气体。如图 5-14 所示，观察气体的颜色，收集到的 NO 气体供实验（4）使用。

（4）NO 的性质

将图 5-14 装置收集的充满 NO 气体的小试管倒立于仪器盒托盘（作水槽）的水中，在水下往小试管里的气体中插入一支多用滴管，再慢慢通入空气，实验如图 5-15 所示，观察小试管内颜色的变化现象。然后，持续间歇地通入少量空气，观察 NO 与 O₂、H₂O 之间的反应现象。

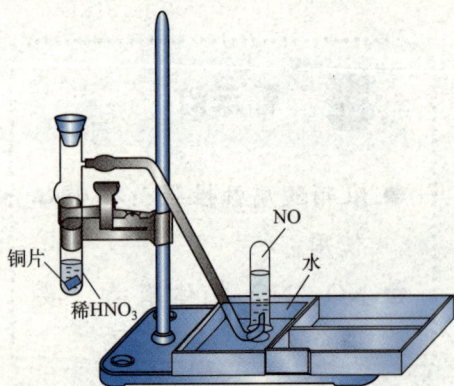

图 5-14 稀硝酸与铜反应及 NO 的收集

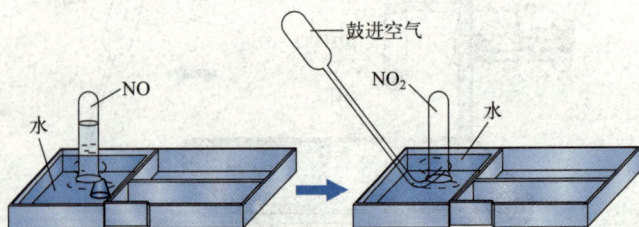

图 5-15 在 NO 中通入空气

2. 实验记录与分析

实验	实验过程	实验现象	实验结论或化学方程式
浓硝酸与铜反应及 NO_2 的收集			
NO_2 的性质			
稀硝酸与铜反应及 NO 的收集			
NO 的性质			

思考与讨论

1. 实验制取 NO_2 或 NO 气体时，能否用排水集气法收集 NO_2？能否用排空气法收集 NO？为什么？

2. 总结 HNO_3、NO、NO_2 相互转化的关系并画出关系图，从上述的实验中找出实现这些转化的相应实验方法。

参考提示

实验天地 5-7 氨的性质

实验仪器与药品

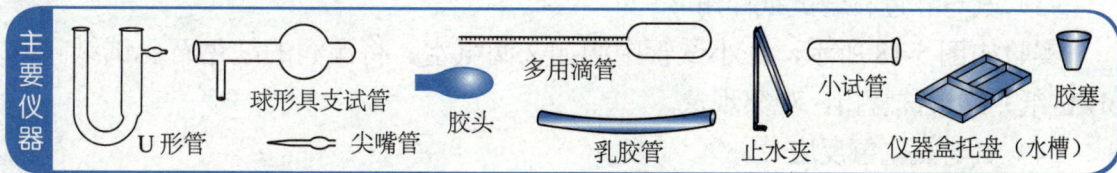

主要仪器

U 形管　球形具支试管　尖嘴管　胶头　多用滴管　乳胶管　止水夹　小试管　仪器盒托盘（水槽）　胶塞

药品　浓氨水，浓 HCl，酚酞溶液，水，红色石蕊试纸（或 pH 试纸），棉花

1. 实验方法与操作

（1）氨气的制备

① 用干燥的 U 形管作为收集氨气的容器，将套在乳胶管中的尖嘴管伸进 U 形管的细管口处，并使其密封。在球形具支试管中加入约 1 mL 浓氨水，按图 5-16 安装实验装置。

② 用酒精灯对球形具支试管微微加热，观察球形具支试管和 U 形管里的现象，用手轻轻在 U 形管支管口扇动，使极少量气体飘进鼻孔，闻一闻 U 形管中气体的气味。用湿润的红色石蕊试纸（或 pH 试纸）在 U 形管支管口检验氨气是否充满。当 U 形管充满氨气后，用止水夹夹住乳胶管，并用滴管胶头套在 U 形管的支管口上密封，再撤去球形具支试管。

（2）氨气的喷泉实验

实验如图 5-17 所示，用仪器盒托盘作水槽，加入适量的水和滴入 2 滴酚酞溶液，将乳胶管的下端浸在水中。另取一个滴管的胶头吸入约 1/3 体积的水，迅速替换原来套在 U 形管支管口上的胶头。挤压胶头使水进入 U 形管里，接着打开止水夹，观察现象。

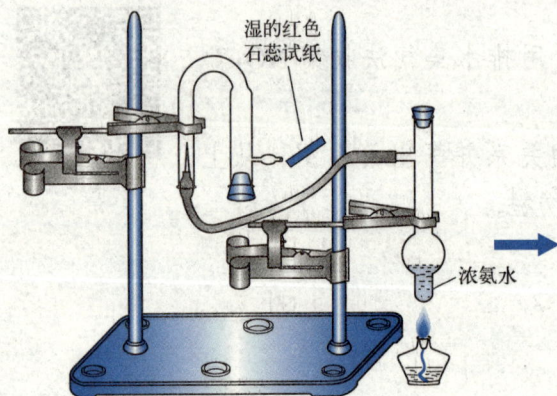

图 5-16 制取氨气

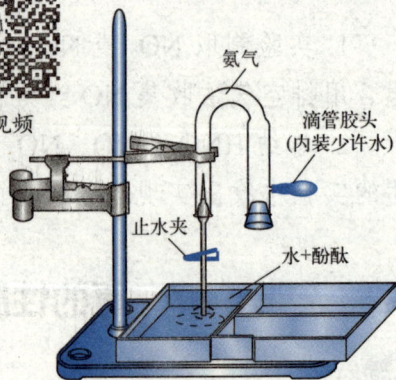

图 5-17 氨气的喷泉实验

（3）氨与红色石蕊试纸作用

实验如图 5-18 所示，在小试管中滴加 2 滴氨水，将湿润的红色石蕊试纸（或 pH 试纸）靠近试管口，观察现象。

（4）氨与氯化氢反应

方法一：实验如图 5-19 所示，在一支干燥 U 形管的左右两管均放一小团棉花，在一边棉花上滴入 3 滴浓盐酸，在另一边棉花上滴入 3 滴浓氨水，然后用胶塞塞住两管口，观察现象。

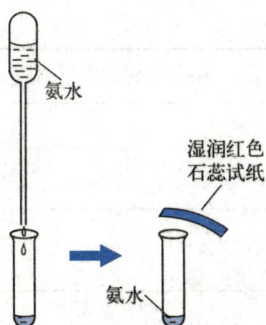

图 5-18 氨与红色石蕊试纸作用

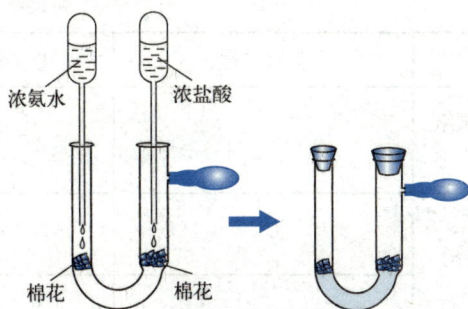

图 5-19 氨与氯化氢反应（Ⅰ）

方法二：实验如图 5-20 所示，在一支干燥直形侧泡反应管的两侧泡处，各滴入 2 滴浓盐酸和 2 滴浓氨水，然后用胶塞和滴管胶头封住两端管口，观察现象。

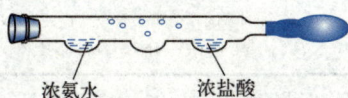

图 5-20 氨与氯化氢反应（Ⅱ）

警示灯

- 闻气体时，切勿直接吸入，应用手把气体轻轻拨向鼻子。
- 氨气为强刺激性气体，要确保实验环境通风良好。
- 浓盐酸、浓氨水的腐蚀性极强，会对皮肤造成严重灼伤，使用时要小心。

经验提示

1. 图 5-17 实验装置各连接处宁紧勿松，装置的气密性完好是喷泉实验成功的最基本要求。

2. 喷泉实验中的集气仪器必须是干燥的，气体一定要保证收集满，这是确保实验效果的关键因素。

2. 实验记录与分析

实验	实验过程	实验现象	实验结论或化学方程式
氨气的制备			
喷泉实验			

实验	实验过程	实验现象	实验结论或化学方程式
氨与石蕊试纸作用			
氨与氯化氢反应			

3. 实验综述

（1）氨的性质

物理性质	颜色	气味	状态	密度	水溶性
化学性质					

（2）氨水的性质

_____

_____

（3）氨水中的微粒

推断氨水中含有的微粒（分子或离子）	实验根据或推断
微粒①_____	
微粒②_____	
微粒③_____	
微粒④_____	

1. 在图 5-16 的实验中，收集气体的 U 形管必须干燥，如果不干燥实验效果将会怎样？如果在球形具支试管中加入 NaOH 固体可以不用酒精灯微热也能获得氨气，为什么？

2. 在图 5-17 的实验中，U 形管的支管口换上装有水的胶头的作用是什么？还有哪些方法能使该实验顺利进行？试进行实验探究。

3. 若将盛氨水的试剂瓶长时间敞口放置：①氨水的 pH 值会有什么变化？②氨水的质量有什么变化？③氨水的密度有什么变化？

4. 按图 5-21 所示装置分别做如下实验：

（1）在试管中注入某红色溶液，加热试管，溶液颜色逐渐变浅，冷却后恢复红色。则此溶液可能是_____溶液。解释加热时溶液由红色逐渐变浅的原因。

图 5-21 某气体的水溶液加热或冷却的变化

（2）在试管中注入某无色溶液，加热试管，溶液变为红色，冷却后恢复无色。则此溶液可能是_____溶液。解释加热时溶液由无色变为红色的原因。

5. 在图 5-19 所示的实验中，若分别用浓硝酸、浓硫酸代替浓盐酸，能观察到什么现象？试进行实验探究。

6. 在做实验时，常常说有"白烟"或"白雾"产生，试述"白烟""白雾"和"白色烟雾"这三种说法有什么区别。

参考提示

实验天地 5-8　氨气的实验室制法及其溶于水的性质

实验仪器与药品

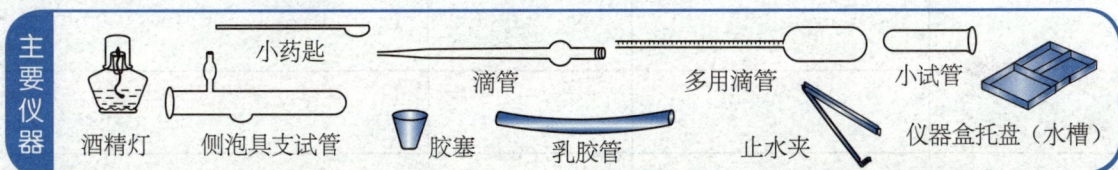

主要仪器					
酒精灯	侧泡具支试管	小药匙 　胶塞	滴管 　乳胶管	多用滴管 　止水夹	小试管 　仪器盒托盘（水槽）

药品　NH_4Cl 固体，碱石灰，酚酞溶液，水，棉花，红色石蕊试纸（或 pH 试纸）

1. 实验方法与操作

（1）氨气的实验室制法

① 取 5 小药匙 NH_4Cl 与 5 小药匙粉状的碱石灰（$NaOH$ 和 CaO）放在纸上迅速混合均匀。然后用纸槽将混合物送到干燥的具支试管的底部。取小试管用干燥棉花塞住管口，将通气导管插至近底部，实验装置如图 5-22 所示。

② 加热固体混合物，用湿润的红色石蕊试纸（或 pH 试纸）置于集气的小试管管口检验氨气是否已充满。当确认小试管内充满氨气后，慢慢抽出导气管。

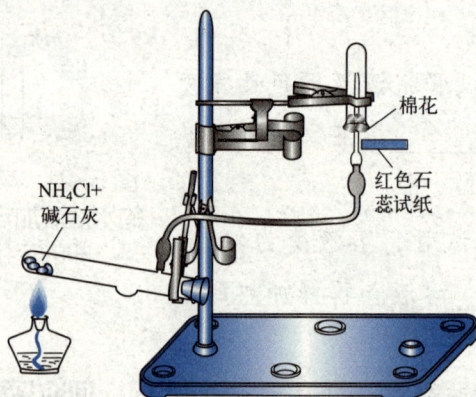

图 5-22　氨气的实验室制法

图 5-23　氨气溶于水

（2）氨气溶于水

实验如图 5-23 所示。保持小试管管口向下取出塞管口的棉花，把盛满氨气的小试管倒立于仪器盒托盘（作水槽）的水中，观察现象。然后用手指堵住试管口，将小试管连同其中的溶液从水槽中取出，向小试管内的水溶液加 1 滴酚酞溶液，观察现象。

2. 实验记录与分析

实验	实验过程	实验现象	实验结论或化学方程式
氨气的制备			
氨气溶于水			

3. 实验综述（氨气的实验室制法）

反应原理	
原料	
发生装置	
收集方法	
氨气检验方法	
防止污染的措施	

参考提示

思考与讨论

1. 检查试管里氨气是否充满，除了用湿润的红色石蕊试纸外，还可采用哪些简易方法？

2. 在图 5-22 实验中若要获得干燥的氨，还要将氨通过干燥剂。在常用的氧化钙、氯化钙、硅胶、五氧化二磷、碱石灰、浓硫酸、氢氧化钠等干燥剂中，哪些物质可作氨的干燥剂？选用这些干燥剂采用哪些相应的干燥装置？

3. 在小试管中先加入 $NaHCO_3$ 溶液，然后加入 $CaCl_2$ 溶液，能观察到什么现象？再通入氨气又能观察到什么现象？写出有关的离子方程式，试进行实验探究。

4. 实验室制取少量干燥的氨气涉及图 5-24 所示装置，请指出这些装置正确与否。

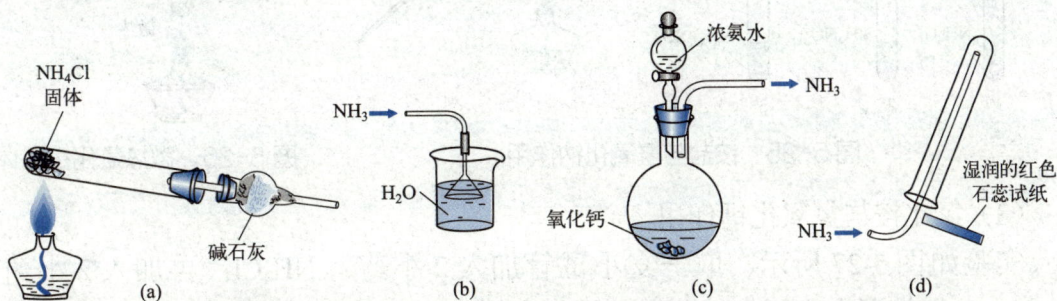

图 5-24　实验室制取氨气装置

实验天地 5-9　铵盐的性质

实验仪器与药品

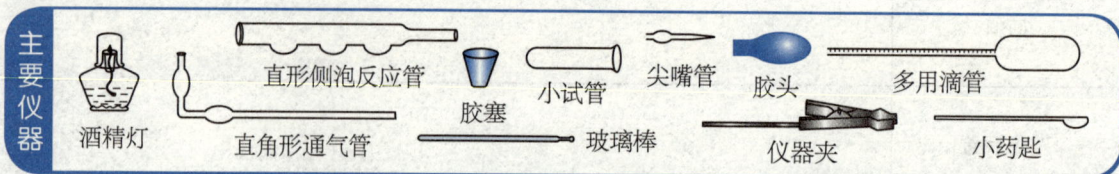

主要仪器：酒精灯　直形侧泡反应管　直角形通气管　胶塞　小试管　玻璃棒　尖嘴管　胶头　仪器夹　多用滴管　小药匙

药品：NH_4Cl 溶液，NH_4NO_3 溶液，$(NH_4)_2SO_4$ 溶液，1 mol/L NaOH 溶液，$Ca(OH)_2$ 固体，NH_4Cl 固体，红色石蕊试纸，蓝色石蕊试纸

实验活动与探究

1. 实验方法与操作

（1）铵盐与氢氧化钠作用（铵根离子的检验）

实验如图 5-25 所示，向盛有 0.5 mL NH_4Cl 溶液、NH_4NO_3 溶液、$(NH_4)_2SO_4$ 溶液的 3 支小试管中分别加入 3 滴 NaOH 溶液，在酒精灯火焰上微热，用湿润的红色石蕊试纸置于试管口上方，观察现象。

（2）铵盐的受热分解

实验如图 5-26 所示，取 3 小药匙 NH_4Cl 晶体，加入小试管中，在酒精灯火焰上微热，观察现象。冷却，观察现象。

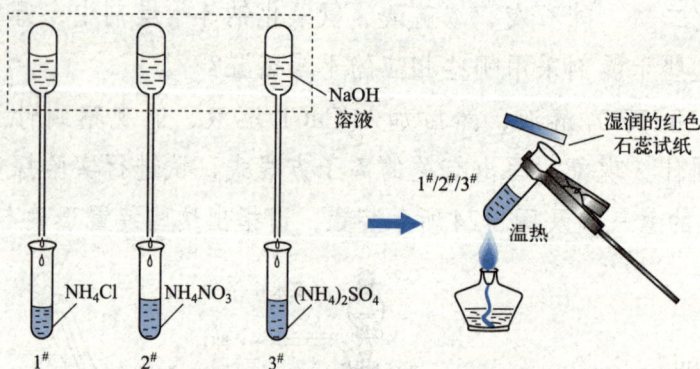

图 5-25　铵盐与氢氧化钠作用　　　　图 5-26　微热氯化铵晶体

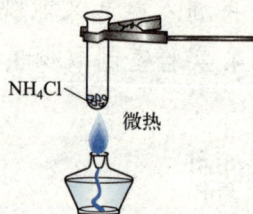

（3）氯化铵与氢氧化钙作用

实验如图 5-27 所示，取一支小试管加入 2 小药匙 NH_4Cl，再加入 2 小药匙 $Ca(OH)_2$，搅拌混合，闻气味，在酒精灯火焰上微热，用湿润的红色石蕊试纸置于

试管口上方，观察现象。

（4）氯化铵受热分解及产物的检验

① 取一支直形侧泡反应管，在一侧泡中部放少量的氯化铵晶体，在细管口处接上套有乳胶管的尖嘴管，而粗管口端连接直角通气管。然后将直形侧泡反应管倾斜固定在操作台上，装置如图 5-28 所示。

② 在直形侧泡反应管的下端放一湿润的蓝色石蕊试纸，上端放一湿润的红色石蕊试纸。

③ 小心加热，观察上、下端试纸变色的现象。

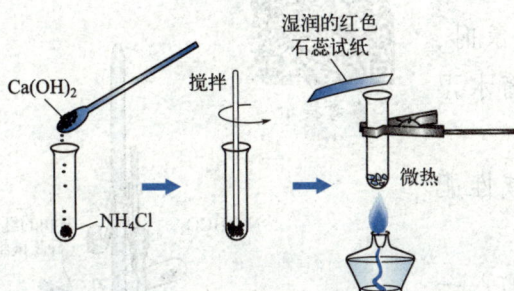

图 5-27　氯化铵与氢氧化钙作用

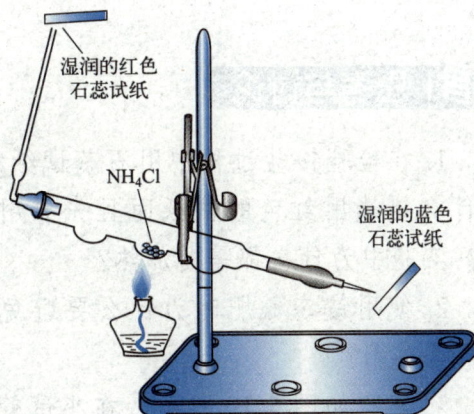

图 5-28　氯化铵受热分解及产物的检验

经验提示

1. 图 5-28 装置直形侧泡反应管倾斜角度以 25° 为宜。

2. 氨气比空气轻，氯化氢比空气重，实验时应把湿润的红色石蕊试纸放在直形侧泡反应管的上端，湿润的蓝色石蕊试纸放在直形侧泡反应管的下端。

2. 实验记录与分析

实验	实验过程	实验现象	实验结论或化学方程式
铵盐与氢氧化钠作用			
铵盐的受热分解			

实验	实验过程	实验现象	实验结论或化学方程式
氯化铵与氢氧化钙作用			
氯化铵受热分解及产物的检验			

思考与讨论

1. 在检验铵盐过程中用石蕊试纸检验氨时，为什么要选用红色的试纸而且先要用蒸馏水湿润？实验中为什么都需要加热？

2. 使用铵态氮肥时为什么要避免与碱性肥料混合施用？

3. 实验如图 5-29 所示。在小试管中加入一小药匙的 NH_4HCO_3 固体，用酒精灯加热，然后将湿润的红色石蕊试纸置于试管口。能观察到哪些现象？试进行实验探究。

4. 设计一个实验，检验 NH_4HCO_3 加热分解的产物。

参考提示

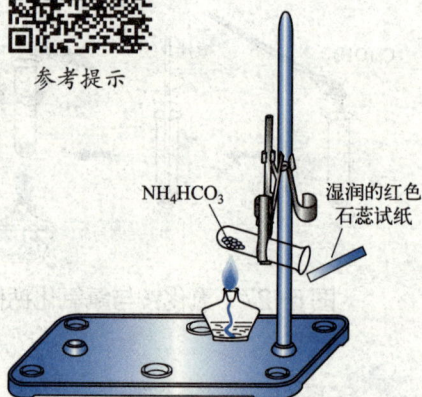

图 5-29　加热 NH_4HCO_3

实验天地 5-10　硅酸和硅酸钠

实验仪器与药品

主要仪器	酒精灯　　小试管　　滤纸　　仪器夹　　多用滴管
药品	饱和 Na_2SiO_3 溶液，2 mol/L 盐酸，酚酞溶液，水

1.实验方法与操作

（1）硅酸的制取

实验如图 5-30 所示，在小试管中加入约 0.3 mL 饱和 Na_2SiO_3 溶液，滴入 1 滴酚酞溶液，然后逐滴加入稀 HCl，边滴边振荡，直至溶液红色变浅并接近消失时停止，静置，观察现象。

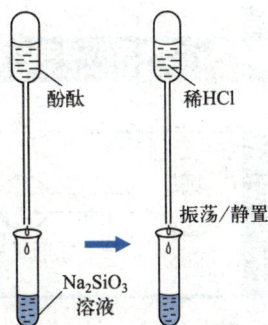

图 5-30　硅酸的制取

（2）硅酸钠的防火性

实验如图 5-31 所示。

取两小片滤纸，其中一片放进水中，另一片放进 Na_2SiO_3 饱和溶液中，待滤纸充分浸透后取出稍沥干（不再滴液），分别用仪器夹夹住置于酒精灯外焰上烘烤，观察现象。

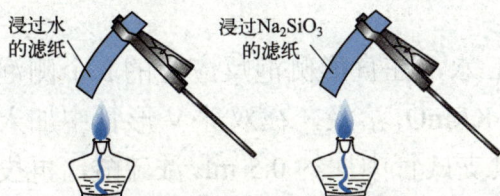

图 5-31　硅酸钠的防火性

警示灯

● 烘烤小片滤纸时要注意安全，束好长发，放好纸张等易燃物。

● 使用盐酸时要小心，如果不慎让皮肤接触到它，要用大量的清水冲洗。

2.实验记录与分析

实验	实验过程	实验现象	实验结论或化学方程式
硅酸的制取			
硅酸钠的防火性			

思考与讨论

1. 碳酸、硫酸、硅酸这三种酸的酸性强弱如何？试进行实验探究。
2. 为什么盛放碱性溶液的试剂瓶要用橡皮塞而不能用玻璃塞？

参考提示

实验天地 5-11　综合实验：二氧化硫的制取和性质

实验仪器与药品

主要仪器

酒精灯　　球形具支试管

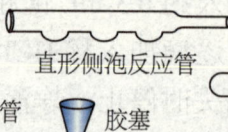
直形侧泡反应管　　胶塞

侧泡具支试管

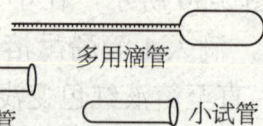
多用滴管　　小试管

双球 V 形管

药品

0.1 mol/L：$Ba(OH)_2$、$BaCl_2$、$NaHCO_3$ 溶液，2 mol/L HCl，0.05% 酸性 $KMnO_4$，铜片，浓 H_2SO_4，溴水，石蕊溶液，品红溶液，蓝色石蕊试纸，10% NaOH 溶液，水

实验活动与探究

1. 实验方法与操作

（1）二氧化硫的制取及性质

① 在一支侧泡具支试管中加入约 1.5 mL 水，在直形侧泡反应管的 3 个侧泡上分别加入 2 滴紫色石蕊溶液、品红溶液和 $KMnO_4$ 溶液，在双球 V 形管中加入 10%NaOH 溶液来吸收尾气，在干燥的球形具支试管中加约 0.5 mL 浓硫酸，再投入一小块铜片，用胶塞塞住试管口，按图 5-32 所示安装仪器。

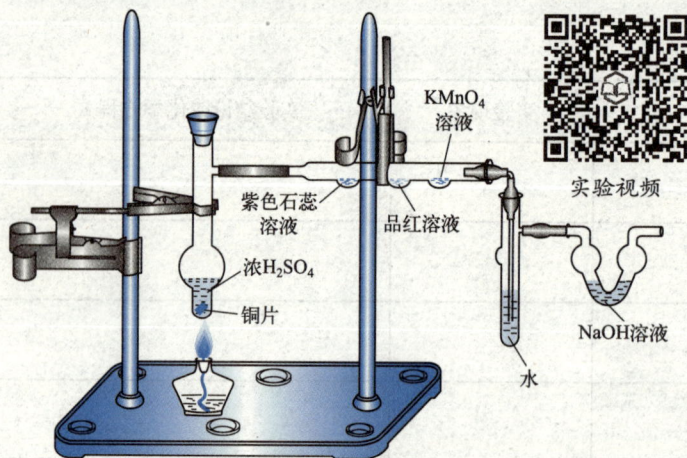

图 5-32　二氧化硫的制取及性质实验

警示灯

● 浓硫酸腐蚀性强，使用时要小心。
● 二氧化硫有毒，要防止逸出。

② 用酒精灯慢慢加热球形具支试管，注意控制火焰，避免反应过于剧烈，观察浓 H_2SO_4 与铜的反应情况以及在直形侧泡反应管里的石蕊溶液、品红溶液和 $KMnO_4$ 溶液的颜色变化现象。

③ 取一支多用滴管，先吸取约 1/3 管的水，将径管朝上用手缓缓捏挤出吸泡中空气（注意不要把水挤出）。然后按图 5-33 所示，从制备 SO_2 的球形具支试管中慢慢吸取 SO_2 气体。待吸泡充满气体后，取出多用滴管并迅速将其径管折为 180°封住管口（不让气体跑出）。充分振荡多用滴管，注意观察其吸泡处出现的现象。观察完毕，将滴管内的溶液滴 1 滴到石蕊试纸上，观察试纸的颜色变化。

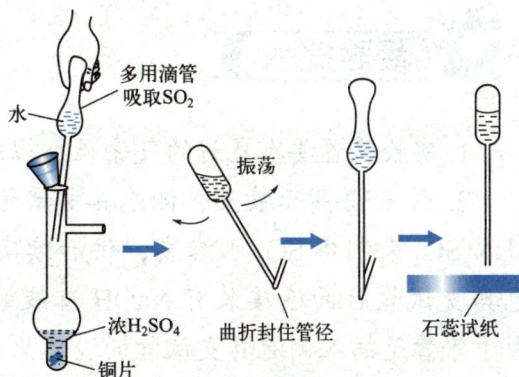

图 5-33　二氧化硫水溶性试验

④ 在图 5-32 装置里，待直形侧泡反应管中各溶液的颜色不再改变后，用酒精灯对原来盛品红溶液和紫色石蕊溶液的两侧泡处分别轻微加热，观察其颜色的变化。

⑤ 拆开装置，将装水的侧泡具支试管取出，供实验（2）使用。

（2）二氧化硫水溶液的性质

实验如图 5-34 所示。

① 在 1# 小试管中加入约 0.3 mL SO_2 水溶液，将润湿的蓝色石蕊试纸放在试管口上方片刻，观察现象。然后加入 2 滴 $NaHCO_3$ 溶液，观察现象。

② 在 2# 小试管中加入约 0.3 mL $Ba(OH)_2$ 溶液，然后逐滴加入 SO_2 水溶液，当有大量沉淀生成时，将试管中的浑浊液平分到 2 支小试管中，其中一支试管继续滴入 SO_2 水溶液，另一支试管滴入稀 HCl，观察现象。

③ 在 3# 小试管中加入约 0.3 mL SO_2 水溶液，加入 2 滴溴水，振荡，观察现象。然后加入 2 滴 $BaCl_2$ 溶液，观察现象。再向其中加入 2 滴稀 HCl，观察现象。

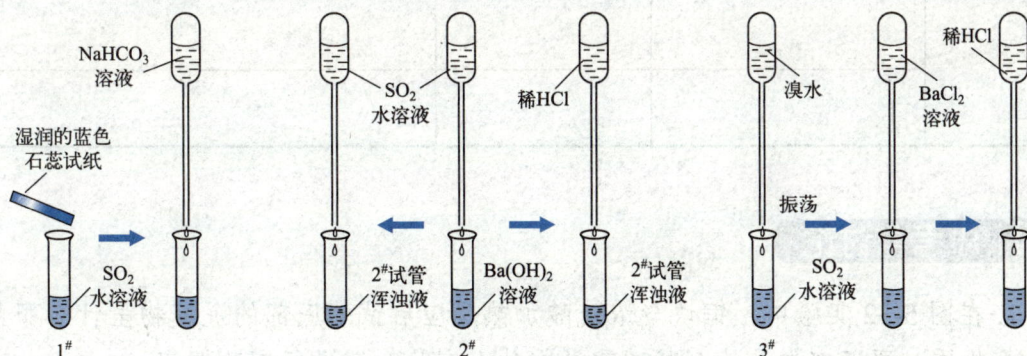

图 5-34　二氧化硫水溶液的性质

1. 实验装置要有良好的气密性，以防止 SO_2 逸出污染空气。

2. 图 5-32 所示装置，侧泡具支试管中加入约 1.5 mL 水有两个作用，其一可以引入 SO_2 来制备 SO_2 水溶液，供后续实验使用；其二可吸收大部分 SO_2 尾气，侧泡具支试管后面连接装有 NaOH 溶液的双球 V 形管作为二级吸收 SO_2 尾气装置。由于导管是插入侧泡具支试管的液体里，所以实验时要注意观察是否有倒吸的现象发生，如果有倒吸的先兆出现，应及时把导气管拔松，待消除倒吸后再连接回来，继续实验。

2.实验记录与分析

实验	实验过程	实验现象	实验结论或化学方程式
二氧化硫的制取及性质			
二氧化硫水溶液的性质			

思考与讨论

1. 在图 5-32 实验中，铜块与浓硫酸加热反应后试管底部的沉淀物呈什么颜色，是什么物质？要证实自己的判断还需补充什么实验？试进行实验探究。

2. 简述用品红试纸检验 SO_2 的操作方法。

3. 在充分溶解了 SO_2 的蒸馏水中依次加入足量的 $BaCl_2$ 溶液、氯水、稀硝酸，并在每一种试剂加入后都充分振荡，能观察到哪些现象？试进行实验探究。

4. 在充分溶解了 SO_2 的蒸馏水中持续地逐滴加入 $Ba(OH)_2$ 溶液，这个过程有何现象？发生哪些反应？若在 $Ba(OH)_2$ 溶液中持续地逐滴加入充分溶解了 SO_2 的蒸馏水，这个过程又有何现象？又发生哪些反应？试进行实验探究。

5. 什么时候用气体吸收装置？如何选择吸收剂？

参考提示

🎓 **实践大课堂**

辩论会——是否应该禁止燃放烟花爆竹

收集资料，开展社会调研。就环境保护与民族传统之间应该有一个恰当的平衡点，组织一场"是否应该禁止燃放烟花爆竹"的辩论会。

实验天地 5-12 综合实验：浓硫酸与木炭反应及产物的检验一体化

🔬 **实验仪器与药品**

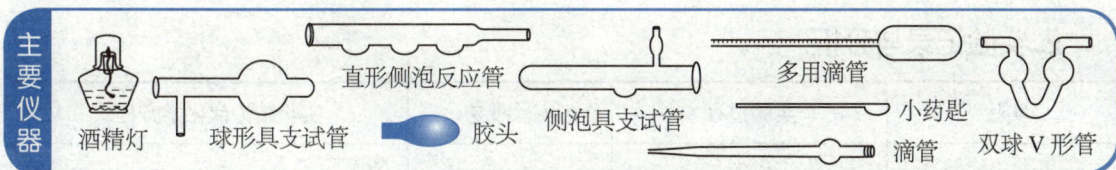

主要仪器	
酒精灯　球形具支试管　直形侧泡反应管　胶头　侧泡具支试管　多用滴管　小药匙　滴管　双球 V 形管	

药品	
浓 H_2SO_4，0.05% $KMnO_4$，品红溶液，无水 $CuSO_4$ 固体，澄清石灰水，木炭，棉花	

⚙️ **实验活动与探究**

1. 实验方法与操作

① 在球形具支试管中装入约花生米粒大小的木炭，用胶头滴管吸入约 1 mL 浓 H_2SO_4，在直形侧泡反应管的一端放置适量的无水 $CuSO_4$ 固体并将其前后用棉花堵住，在其中的一个侧泡上加入 2 滴品红溶液，在侧泡具支试管中装入约 1.0 mL 的酸性 $KMnO_4$ 溶液，在双球 V 形管装入少量澄清的石灰水，如图 5-35 所示安装实验装置。

② 挤压滴管胶头滴下浓 H_2SO_4，开始加热。观察装置中直形侧泡反应管、侧泡具支试管和双球 V 形管各处发生的一系列现象。

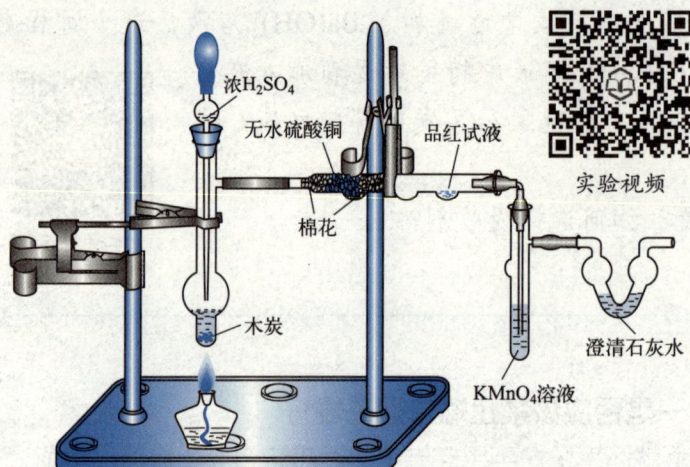

图 5-35　浓硫酸与木炭反应及产物的检验一体化实验

浓H_2SO_4
无水硫酸铜
品红试液
实验视频
棉花
木炭
澄清石灰水
$KMnO_4$溶液

警示灯

● 浓硫酸腐蚀性强，使用时要小心。
● 二氧化硫有毒，要防止逸出。

经验提示

1. 实验装置要有良好的气密性，以防止 SO_2 逸出污染空气。

2. 加热开始时，要连续不停地进行加热，注意观察是否有倒吸的现象发生，如果有倒吸的先兆出现，应及时把导气管拔松，待消除倒吸后再连接回来，继续实验。

2. 实验记录与分析

实验	实验过程	实验现象	实验结论或化学方程式
浓硫酸与木炭的反应			
直形侧泡反应管内发生的反应			
侧泡具支试管内发生的反应			
双球 V 形管内发生的反应			

1. 浓硫酸与木炭在加热条件下反应及产物检验一体化装置，如图 5-35 所示，装载的无水 $CuSO_4$ 固体、品红溶液、酸性 $KMnO_4$ 和澄清石灰水等试剂，各能够证明生成了什么反应产物？或起到什么作用？

2. 浓硫酸与木炭反应及产物检验一体化实验中，把侧泡具支试管内酸性 $KMnO_4$ 直接省掉可以吗？为什么？

3. 按照图 5-35 的实验装置进行实验，当反应完毕停止加热时，应如何操作才能避免液体倒吸的现象发生？

参考提示

实验天地 5-13 综合实验：硝酸与铜反应及 NO、NO_2 的相互转化

实验仪器与药品

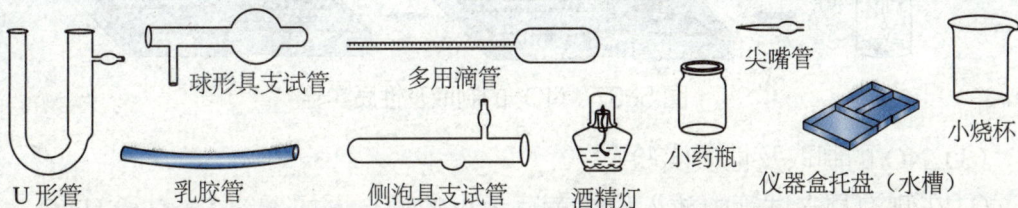

主要仪器	U 形管　乳胶管　球形具支试管　多用滴管　侧泡具支试管　酒精灯　小药瓶　尖嘴管　仪器盒托盘（水槽）　小烧杯

药品　铜片，浓 HNO_3，稀 HNO_3（1∶1），5%H_2O_2，MnO_2，10% NaOH 溶液，棉花，水

实验活动与探究

1. 实验方法与操作

（1）氧气的简易制备

实验如图 5-36 所示，取多用滴管先吸入 3/4 体积的双氧水，再吸入 MnO_2 悬浊液（MnO_2 + 水）至充满滴管。多用滴管的吸泡内即发生反应，产生的 O_2 将液体自然排出，当多用滴管收集满了 O_2（吸泡内的液体全部被排出），将径管折弯而封住

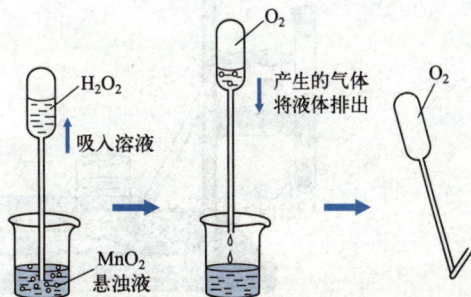

图 5-36　在多用滴管中制备氧气的简易方法

气体备用。

需收集 2 支多用滴管的 O_2，供实验（2）和实验（3）使用。

（2）NO_2 的制取及性质实验

实验如图 5-37 所示。

① 在小药瓶中放入一块绿豆大小的铜，将装有浓 HNO_3 的多用滴管插入小药瓶并用棉花塞住瓶口。逐滴滴加浓 HNO_3 与铜反应，观察现象。当有色气体充满小药瓶时，停止滴加浓 HNO_3，并抽出多用滴管。

② 将充满 NO_2 的小药瓶倒立于用仪器盒托盘作为水槽的水中，拔去小药瓶口的棉花，观察小药瓶内的现象变化。当药瓶内水位上升停止后，在水下将装有 O_2 的多用滴管插入小药瓶内，慢慢通入少量的 O_2，观察现象。当药瓶内水位变化停止后，再往小药瓶内继续通入少量 O_2，观察现象。

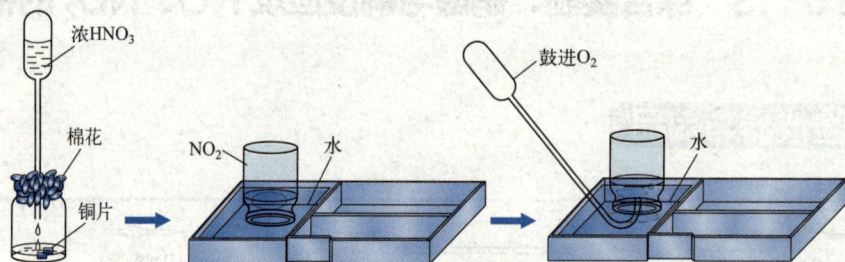

图 5-37　NO_2 的制取及性质实验

（3）NO 的制取及性质实验

① 在侧泡具支试管中放入一块黄豆大小的铜，再加入约 1 mL 稀 HNO_3，如图 5-38 安装实验装置。用排水法收集满一小药瓶的 NO，观察 NO 的颜色。

② 待小药瓶集满气体后抽出导管，小药瓶仍倒立于水槽的水中，拆下侧泡具支试管塞，滴入几滴 NaOH 溶液再塞好胶塞，吸收剩余的 NO 和 HNO_3。

③ 在水下将装有 O_2 的多用滴管插入小药瓶内，慢慢向小药瓶中通入少量的

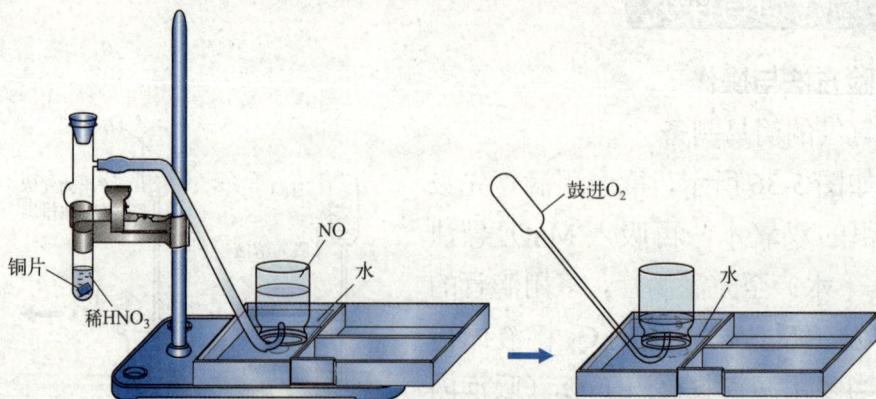

图 5-38　NO 的制取及性质实验

O_2，观察现象。然后，持续间歇地通入少量 O_2，探究 NO、O_2、H_2O 三者间的反应，并细心观察各反应的现象。

（4）浓硝酸、稀硝酸与铜反应及 NO、NO_2 的相互转化

① 在 U 形管和球形具支试管里各放入一小块铜片。向 U 形管里加入少量的水至浸过弯管部分以形成液封，用套有乳胶管的尖嘴管塞住细口端的管口（保持尖嘴管的小孔能与大气相通），按图 5-39 安装仪器。

② 向球形具支试管加入约 1 mL 浓硝酸，塞住胶塞，细心观察各处反应现象：

a. 用手抚摸球形具支试管外壁，感受温度的变化，观察球形具支试管内的反应现象；

b. 观察 U 形管的粗管端气体的颜色；

c. 随着反应的进行，观察 U 形管内铜片与水的变化现象及 U 形管的细管端气体的颜色变化。

③ 当观察到 U 形管内的铜片在水中有比较多的气泡冒出，估计产生的气体在 U 形管的细管端的浓度比较高时，用一支多用滴管压扁插入尖嘴管上方的胶管口，吸入 U 形管细管端内的气体，观察多用滴管内吸入的气体颜色变化情况。

④ 实验废气的处理：实验完毕，用多用滴管吸取 NaOH 溶液分别注入 U 形管和球形具支试管中，中和剩余的 HNO_3，吸收装置里残留的 NO_2、NO 气体，最后才拆卸实验装置。

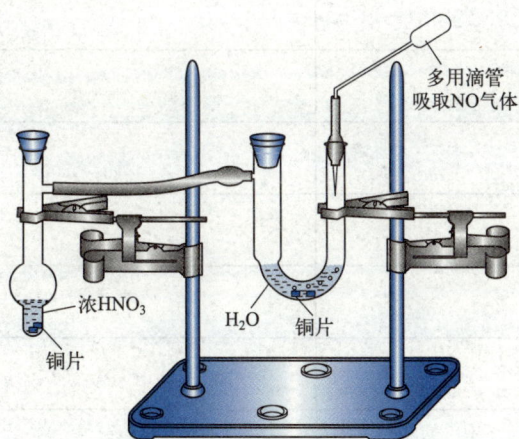

图 5-39　浓硝酸、稀硝酸与铜反应及 NO、NO_2 的相互转化一体化实验装置

警示灯

● 浓硝酸腐蚀性强，要小心取用，防止硝酸溅到衣服和皮肤。

● NO、NO_2 气体有毒，要避免吸入。

经验提示

有关实验（4）需注意：

1. 实验装置要有良好的气密性，防止氮的氧化物外逸，造成空气污染。

2. 在 U 形管细口端的管口用尖嘴管塞住并保持尖嘴管的小孔能与大气相通，其作用有两个：①不让产生的 NO 太多地溢出，使 NO 积聚在 U 形管细口端有较高的浓度，以利于下一步的反应；②通过尖嘴管的小孔能与大气相通，起到一个平衡的作用，可避免由于浓 HNO_3 与铜的反应生成大量的 NO_2 而把 U 形管里的水灌入细口端。

3. 实验中使用的浓 HNO_3 其浓度要大，以无色的浓 HNO_3 为佳。如果 HNO_3 为浅黄色，说明部分已经分解，浓度比较低，则要辅助加热才能与铜反应，放出较大量的 NO_2。

4. 铜的量可以多放一些，保证反应的量，如有过量可以在实验完毕后回收重复使用。加浓硝酸的量不要太多，要掌握"宁少勿多"的原则。如果硝酸加少了，可以随时补充，不会产生太多的影响。如果硝酸加太多，则与铜剧烈反应，有可能使部分反应液冲到 U 形管里，导致实验失败。

2. 实验记录与分析

实验过程	实验现象	实验结论或化学方程式
氧气简易制备		
NO₂ 制取及性质		
NO 制取及性质		
硝酸跟铜反应及 NO、NO₂ 的相互转化		

思考与讨论

1. 在图 5-37 和图 5-38 的两个实验中，通 O_2 的操作都是先通入少量的 O_2 观察一段时间后，再通入少量的 O_2 继续观察。为什么要采取这样的操作方式？

2. 图 5-37 和图 5-38 所示的两个实验，分别在实验结束时，有同学的小药瓶几乎充满了水，而有同学的小药瓶还有气体只进入少量的水，造成这两种结果的原因可能有哪些？

3. 本实验（4）（如图 5-39）设计的方案是在整个实验中，把前一个反应的产物作为下一个反应主体试剂的反应物，充分利用资源、循环使用、降低污染，能体现"绿色化学"的理念，请指出该实验共发生了哪些反应，并写出相关化学反应方程式。

4. 如何从操作简便、仪器简单、符合环境保护的角度出发，改进和创新 Cu 与稀 HNO_3 反应实验装置的设计？

实践大课堂

小论文——氮氧化物对环境的污染

查阅资料，了解氮氧化物对环境的影响。可与同学合作在下列课题中进行选择，有重点地进行查阅：

① 硝酸型酸雨的产生和危害；

② 光化学污染；

③ 氮氧化物对臭氧层的破坏。

将收集到的资料以"氮氧化物对环境的污染"为题，写一篇小论文。

实验天地 5-14　综合实验：喷泉实验探究

实验仪器与药品

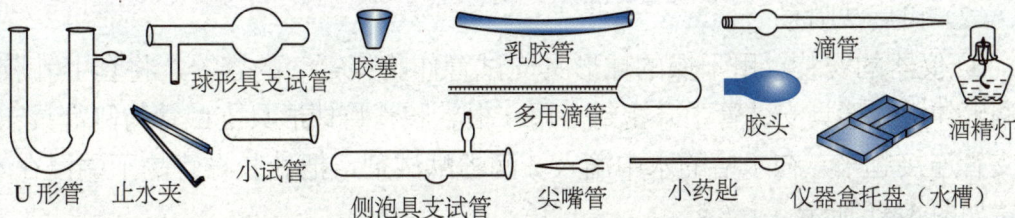

主要仪器

U 形管　止水夹　小试管　球形具支试管　胶塞　乳胶管　多用滴管　侧泡具支试管　尖嘴管　小药匙　滴管　胶头　酒精灯　仪器盒托盘（水槽）

实验活动与探究

1. 实验方法与操作

（1）吸收法喷泉

① 仪器的安装。用干燥的U形管作收集氨气的容器，将套在乳胶导管中的尖嘴管伸进U形管的细管口处，并保证其能密封且不松动，制气时用止水夹夹住乳胶管。用一个滴管胶头套在U形管的支管上并密封（不能漏气），装置如图5-40所示。

② 氨气的制备。取NH_4Cl和NaOH各约0.5 g，混合后放入小试管中，然后注入约0.3 mL浓氨水。将小试管迅速插入U形管的粗管口端，即可看见小试管内物质发生剧烈反应，并有氨气放出。当氨气充满U形管后，拉出小试管（也可以把小试管全部塞进U形管内），并迅速用胶塞堵住管口。

③ 氨溶于水形成喷泉。用仪器盒托盘作水槽，在水中滴入2滴酚酞试剂，将乳胶管的下端浸在水中。另取一个滴管的胶头吸入约1/3体积的水，迅速替换原来套在U形管支管口上的胶头，并挤压胶头使水进入U形管里，接着打开止水夹（止水夹打开的过程中，胶管不能离开水面），观察现象。

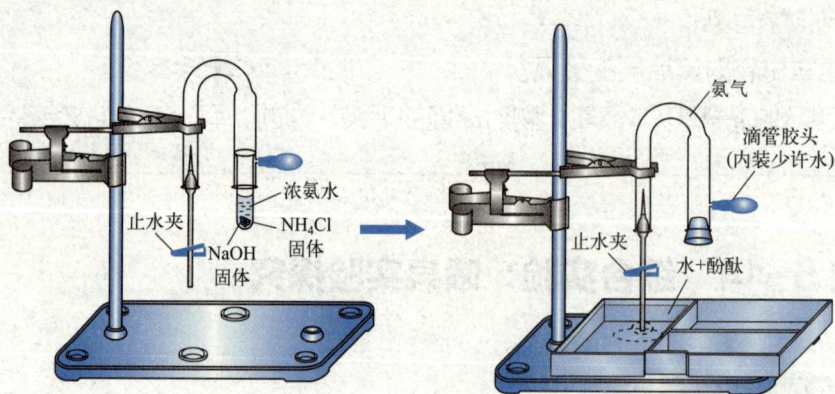

图5-40 吸收法喷泉实验装置

（2）自启法喷泉

① 仪器的安装。用干燥的球形具支试管作收集氨气的容器，将套上乳胶导管的滴管伸进球形具支试管中并密封。用一根乳胶管将球形具支试管与侧泡具支试管的支管连接起来，在水槽的水中滴入2滴酚酞试剂，把乳胶导管的下端浸在水中，装置如图5-41所示。

② 氨气的制备。取 NH₄Cl 和 NaOH 各约 0.5 g，混合后放入侧泡具支试管中，然后注入约 0.5 mL 浓氨水。即可看见侧泡具支试管内物质发生剧烈反应，并有氨气放出。当氨气充满球形具支试管后，可看到氨气通过乳胶导管有少量流出到水槽，使水槽里的水逐渐变红。

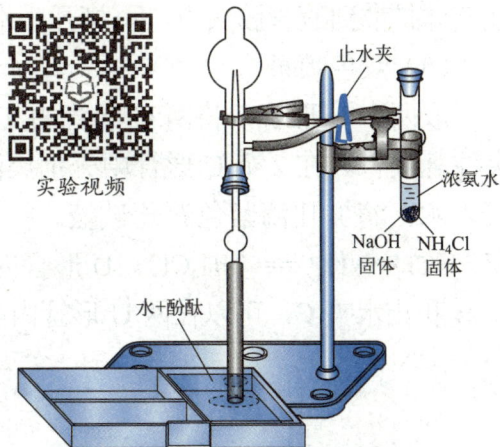

图 5-41　自启法喷泉实验装置

③ 氨溶于水形成喷泉。由于氨气溶于水，而球形具支试管内产生负压，使水沿着乳胶管逐渐上升，当水上升到滴管的球泡处时，用止水夹夹住球形具支试管支管上的乳胶管，阻止氨气的补充进入，观察现象。

（3）压迫法喷泉

① 实验如图 5-42 所示。A 处的 U 形管内是氨气。B 处的球形具支试管盛满水及滴入 1 滴酚酞试剂。用一个洗耳球在 B 处的球形具支试管的支管口吹气，使 B 管少量的水压到 U 形管内，随即拿开洗耳球，观察现象。

② 实验如图 5-43 所示。A 处 U 形管内是空气，侧管口连接滴管胶头。B 处的球形具支试管盛满水，C 处的侧泡具支试管加入 1 小药匙 MnO₂，D 处胶头滴管内吸有 H₂O₂。挤下 H₂O₂，迅速打开 A、B 间乳胶管上的止水夹，观察现象。

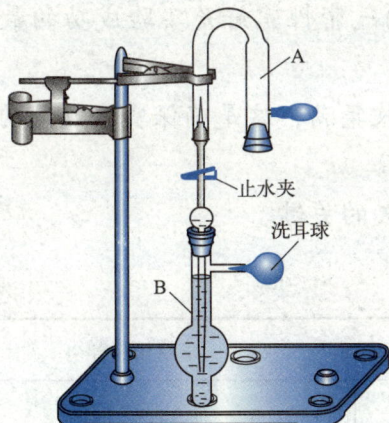

图 5-42　压迫法喷泉实验装置（Ⅰ）

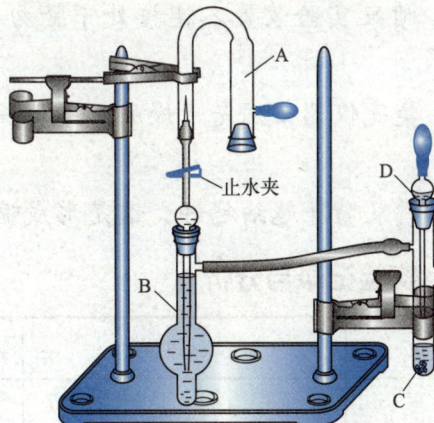

图 5-43　压迫法喷泉实验装置（Ⅱ）

（4）扩容法喷泉

在 U 形管的支管处连接滴管胶头，挤压胶头内的空气后，用止水夹夹住（即无气体），实验如图 5-44 所示。A 处的 U 形管充满氯化氢气体（或氨气），B 处水槽的水中滴有 3 滴石蕊试剂（或滴入 2 滴酚酞试剂）。启动喷泉时，先打开止水夹 D，让气体扩散到滴管胶头里，再打开止水夹 C，观察现象。

（5）双色喷泉

取两个 U 形管，将两 U 形管的支管处套上乳胶管连接起来，制气时用止水夹夹住乳胶管。在 2 个 U 形管中分别集满 NH_3 和 HCl，按图 5-45 安装仪器。水槽中装入水，滴加几滴紫色石蕊试液。打开止气夹 A，可以看到有白烟生成（发生反应：$HCl + NH_3 \rightleftharpoons NH_4Cl$）。U 形管内压强降低。关闭止水夹 A，再同时打开止水夹 B 和止水夹 C，可以在两 U 形管内同时看到美丽的蓝色和红色喷泉。

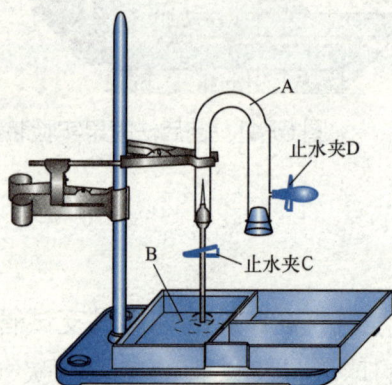

图 5-44　扩容法喷泉实验装置

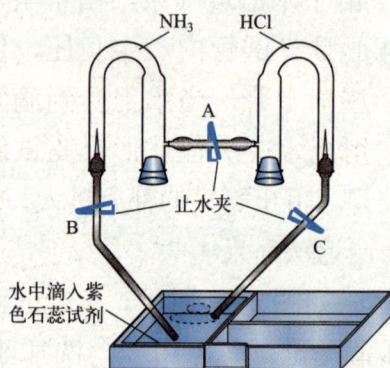

图 5-45　双色喷泉

经验提示

1. 喷泉实验装置各连接处宁紧勿松，装置的气密性完好是实验成功的最基本要求。

2. 集气仪器必须是干燥的，气体一定要保证收集满，这是确保实验效果的关键因素。

3. 喷泉嘴孔越细越好，这是形成喷泉是否持久的关键。

2. 实验记录与分析

实验	实验过程	实验现象	原理和解释
吸收法喷泉			
自启法喷泉			

实验	实验过程	实验现象	原理和解释
压迫法喷泉			
扩容法喷泉			
双色喷泉			

📖 思考与讨论

1. 在上述喷泉实验中，用于装载气体的容器（如U形管、球形具支试管）必须干燥，如果不干燥将会造成什么效果？

2. 在氨的喷泉试验中，挤入少量的水于装载气体的容器里起什么作用？如果不使用吸入少量水来引发喷泉，还能够用什么方法也能顺利产生相同的现象？如果要产生蓝色的喷泉，应该怎样做？

3. 如果不用氨气而用其他气体，也能进行喷泉实验吗？用什么样的试剂进行实验可以得到乳白色或其他颜色的喷泉？

4. 从上述喷泉实验中获取启发，按照图5-46所示装置，试设计下列喷泉实验，探讨引发喷泉的方法。

（1）A中充满SO_2，B中盛水。

（2）A中充满CO_2，B中盛NaOH溶液。

（3）A中充满NH_3，B中盛水。另取充满HCl的侧泡具支试管与A的U形管支管口相连接。

（4）A处的U形管内充满氨气，B处水槽的水中滴有2滴酚酞试剂，设法使喷泉现象发生。

（5）A处的U形管充满氯化氢气体，B处水槽的水中滴有2滴石蕊试剂，用不同于扩容法喷泉的方法使喷泉现象发生。

5. 根据以上的喷泉实验及装置，试总结喷泉实验原理。

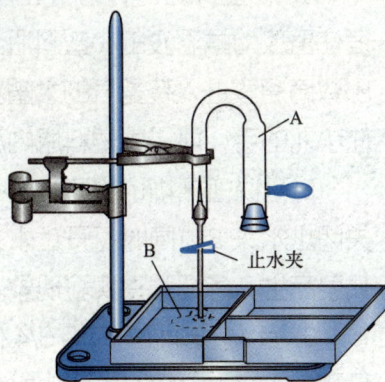

图5-46 吸收法喷泉实验装置

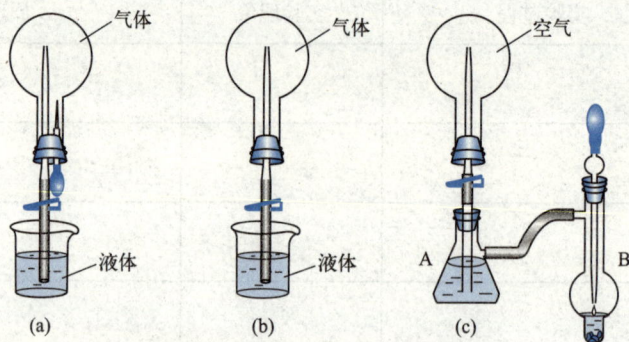

6. 图 5-47 是常见的喷泉实验装置图，请分别说出其形成喷泉的方法及原理。

气体　　　　气体　　　　空气

液体　　　　液体

参考提示

(a)　　　　　(b)　　　　　(c)

图 5-47　常见喷泉实验装置图

DIY 大制作

反复变色喷泉的制作

1. 用一个大塑料瓶（约 500 mL）作容器，采取向下排气法收集满一瓶干燥的氨气。

2. 取 2 个小塑料瓶（约 300 mL），在其瓶的上部钻一个小孔。往其中的一个小塑料瓶内加入约 250 mL 的自来水，再将 10 滴 1% 酚酞试液滴入小塑料瓶里，并振荡、混合均匀。在另一个小塑料瓶里加入约 250 mL 3% $CuSO_4$ 溶液。

3. 用带尖嘴玻璃导管的胶塞塞紧在大塑料瓶口，用带玻璃导管的胶塞塞紧在两个小塑料瓶的瓶口，然后通过三通管用乳胶管将三个塑料瓶连接起来，如图 5-48 所示，实验装置要保证有好的气密性。

4. 实验开始时，打开止水夹 A 和 B，用拇指堵住盛放酚酞溶液的小塑料瓶上部的小孔，并挤压出数滴溶液进入装氨气的大塑料瓶内，立即松开堵住小孔的手，可见大塑料瓶内产生红色喷泉。

5. 当大塑料瓶内约有 1/4 体积的红色溶液时，关闭止水夹 B，同时打开止水夹 C，立即见到蓝色喷泉产生，仔细观察实验现象。

6. 当大塑料瓶内有约 3/4 体积的混合液时，再打开止水夹 B，同时关闭止水夹 C，可见无色喷泉产生（此时瓶内的氨气基本反应完全），直到大塑料瓶内溶液近满时，喷泉才停止。

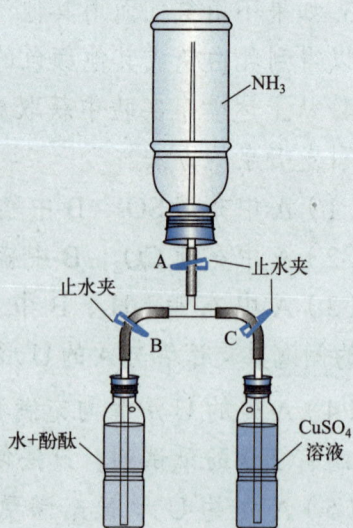

NH_3

止水夹　　A　　　　　止水夹

B　　　　C

水+酚酞　　　　　　　$CuSO_4$ 溶液

图 5-48　反复变色喷泉

 **实验仪器与药品**

| 主要仪器 |  |

主要仪器：托盘天平　烧杯　蒸发皿　漏斗　玻璃棒　多用滴管　小药匙　量筒　滤纸　酒精灯

药品：粗盐，0.1 mol/L $BaCl_2$ 溶液，20% NaOH 溶液，饱和 Na_2CO_3 溶液，6 mol/L 盐酸，水

实验活动与探究

1. 实验方法与操作

（1）溶解

实验如图 5-49 所示。用托盘天平（或电子秤）称取 5 g 粗盐，放入 100 mL 烧杯中，然后加入 20 mL 水，用玻璃棒搅拌，至粗盐全部溶解，观察所得食盐水是否浑浊。

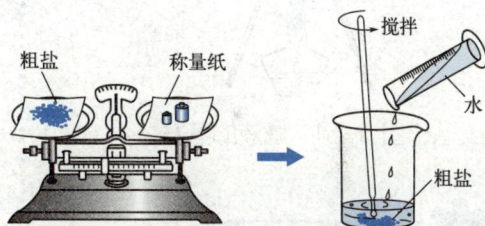

图 5-49　粗盐的溶解

（2）沉淀

① 生成 $BaSO_4$ 沉淀。向粗盐水中滴加过量的 $BaCl_2$ 溶液（2～3 mL），使 SO_4^{2-} 与 Ba^{2+} 完全反应生成 $BaSO_4$ 沉淀，将烧杯静置。

② 检验 SO_4^{2-} 是否沉淀完全。静置后，沿烧杯壁向上层清液中继续滴加 2～3 滴 $BaCl_2$ 溶液，直至 SO_4^{2-} 沉淀完全。

③ 生成 $Mg(OH)_2$ 沉淀。向粗盐水中滴加过量的 NaOH 溶液（约 0.25 mL），使 Mg^{2+} 与 OH^- 完全反应生成 $Mg(OH)_2$ 沉淀。

④ 生成 Ca_2CO_3 和 Ba_2CO_3 沉淀。向粗盐水中滴加过量的饱和 Na_2CO_3 溶液（2～3 mL），使 Ca^{2+}、Ba^{2+} 与 CO_3^{2-} 完全反应生成沉淀。

用与第②步类似的方法分别检验 Mg^{2+}、Ca^{2+} 和 Ba^{2+} 是否沉淀完全。

（3）过滤

将烧杯静置，然后过滤，除去生成的沉淀物和不溶性杂质，实验如图 5-50 所示。

（4）中和

向过滤后获得的滤液中滴加 HCl，用玻璃棒搅拌，直到没有气泡冒出，并用 pH 试纸检验，使滤液呈中性或弱酸性。

（5）蒸发

将中和后的滤液倒入蒸发皿中，把蒸发皿放在操作台的铁圈上，实验如图 5-51 所示。用酒精灯加热，同时用玻璃棒不断搅拌，以防止因局部温度过高，造成液体飞溅。当蒸发皿中出现较多固体时，停止加热，利用蒸发皿的余热使滤液蒸干。观察蒸发皿中食盐的外观，并与原来的粗盐比较。

图 5-50　过滤食盐水

图 5-51　滤液的蒸发

警示灯

● 蒸发溶液时，要注意倒入蒸发皿里的溶液以不超过蒸发皿容积的 2/3 为宜，倒入过多溶液，加热至沸腾时易迸溅。

● 停止加热后，不要立即把蒸发皿直接放在实验台面上，以免烫坏实验台面。

经验提示

1. 搅拌液体时，应手持玻璃棒并转动手腕，用微力使玻璃棒在容器中部的液体中均匀转动，使溶质与溶剂充分接触而逐渐溶解。

2. 滤纸的折叠，将圆形的滤纸对折两次，展开即呈一圆锥体，一边为三层，另一边为单层，如图 5-52 所示。将折叠好的滤纸放入玻璃漏斗中，其边沿应略低于漏斗边沿。

3. 过滤前先撕去折好滤纸外层折角的一个小角，用食指把滤纸按在漏斗内壁上，用水湿润滤纸，并使它紧贴在壁上，赶去滤纸和壁之间的气泡。

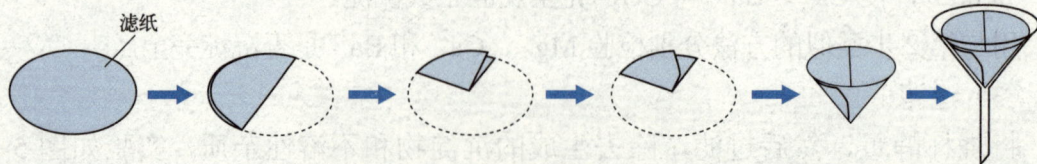

图 5-52　滤纸折叠方法示意图

2. 实验记录与分析

实验项目	实验过程	实验现象	实验结论或化学方程式
溶解			
沉淀			
过滤			
中和			
蒸发			

参考提示

思考与讨论

1. 在粗盐提纯过程的溶解、过滤、蒸发操作中都用到玻璃棒，试述玻璃棒在各操作中的作用。

2. 进行蒸发操作时，是否直接将食盐水蒸干？为什么？

3. 在实验操作（2）中为什么依次加入的试剂都要略微过量？实验操作（4）中加入盐酸的目的是什么？

4. 粗盐水中加入氯化钡溶液使 SO_4^{2-} 沉淀而除去，如何检验 SO_4^{2-} 是否沉淀完全？

5. 通过此次实验活动，你认为物质分离和提纯原则应该有哪些？

6. 海盐经溶解、过滤后仍含有可溶性杂质 Ca^{2+}、Mg^{2+}、SO_4^{2-}，为了得到纯净的 NaCl，下列试剂（均过量）的滴加顺序及操作顺序是否合理？

① $BaCl_2$ 溶液→NaOH 溶液→Na_2CO_3 溶液→过滤→稀盐酸→蒸发结晶；

② $BaCl_2$ 溶液→Na_2CO_3 溶液→NaOH 溶液→过滤→稀盐酸→蒸发结晶；

③ Na_2CO_3 溶液→NaOH 溶液→$BaCl_2$ 溶液→过滤→稀盐酸→蒸发结晶；

④ $Ba(OH)_2$ 溶液→Na_2CO_3 溶液→过滤→稀盐酸→蒸发结晶。

实验天地 5-16 实验活动 5：不同价态含硫物质的转化

实验仪器与药品

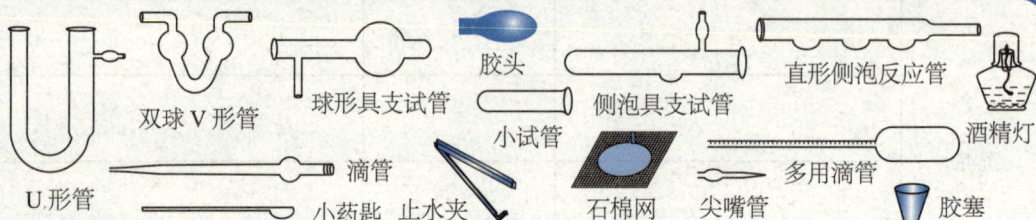

主要仪器
U 形管 双球 V 形管 球形具支试管 胶头 小试管 侧泡具支试管 直形侧泡反应管 滴管 小药匙 止水夹 石棉网 尖嘴管 多用滴管 酒精灯 胶塞

药品
1 mol/L H_2SO_4，0.1 mol/L 酸性 $KMnO_4$，0.06 mol/L Na_2S，FeS 固体，硫粉，铁粉，铜片，浓 H_2SO_4，H_2SO_3，紫色石蕊试液，品红溶液，10% NaOH

实验活动与探究

1. 实验方法与操作

（1）方法一

① 在一支侧泡具支试管中加入约 0.5g FeS，在滴管中吸入稀 H_2SO_4，紧塞在该侧泡具支试管中。在球形具支试管中加入约 0.5 mL 浓 H_2SO_4，用胶塞塞住试管口。在直形侧泡反应管的侧泡处分别加入 1～2 滴紫色石蕊试液和品红溶液。干燥的 U 形管用于收集气体，如图 5-53 连接好仪器装置（注意气密性）。

② 制 SO_2 前先用止水夹夹紧连接侧泡具支试管的胶管，加热装浓 H_2SO_4 的球形具支试管，沸腾后投入一小块铜片。细心观察直形侧泡反应管中各处的实验现象，

实验视频

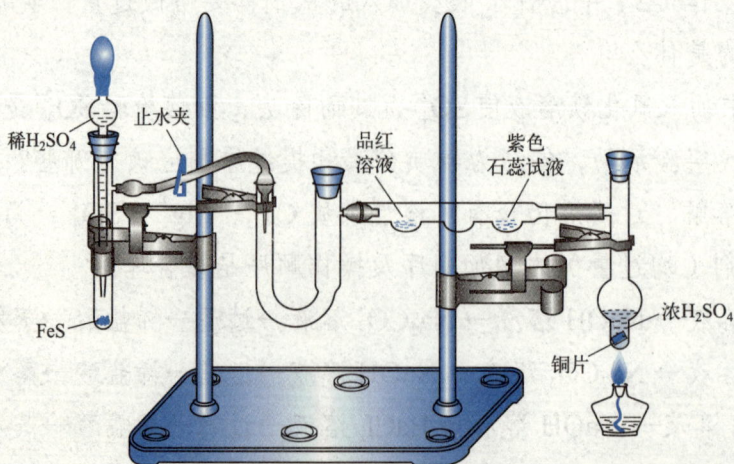

图 5-53 不同价态含硫物质的转化一体化实验装置

待紫色石蕊试液变红色，品红溶液也褪色后，用酒精灯轻微加热这两试剂处，再观察现象。

③ 挤压滴管胶头使稀 H_2SO_4 滴入侧泡具支试管中与 FeS 接触，即有 H_2S 生成，打开止水夹，使生成的 H_2S 进入 U 形管中与原存有的 SO_2 接触，观察 U 形管中发生的实验现象。

（2）方法二

① 在 2 支小试管中各加入约 0.3 mL Na_2S 溶液，向其中一支小试管边振荡边滴加 H_2SO_3 溶液；另一支小试管边振荡边滴加酸性 $KMnO_4$ 溶液，观察实验现象，实验如图 5-54 所示。

② 将约 0.5 g 硫粉和 1 g 铁粉均匀混合，放置在石棉网上，堆成条状。用酒精灯在混合粉末的一端加热，当混合物呈红热状态时，移开酒精灯，用磁铁靠近加热后放凉的化合物。观察实验现象，实验如图 5-55 所示。

③ 在侧泡具支试管中滴入约 0.4 mL 浓 H_2SO_4 和一小块铜片，在双球 V 形管中加入约 0.3 mL 品红溶液，用浸 NaOH 溶液的棉团塞在双球 V 形管口处吸收尾气。如图 5-56 连接好仪器装置，加热侧泡具支试管，观察实验现象。

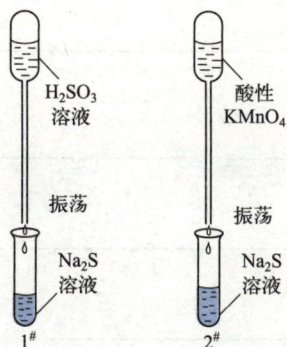

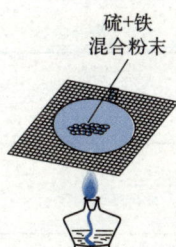

图 5-54 Na_2S 与 $H_2SO_3/KMnO_4$ 反应   图 5-55 硫粉与铁粉反应   图 5-56 铜与硫酸反应

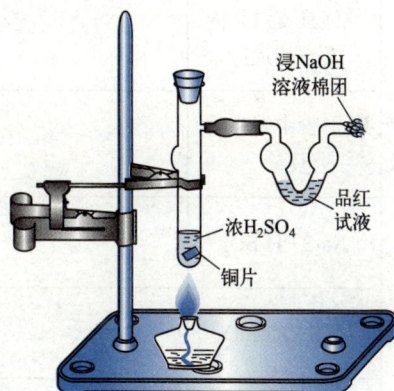

经验提示

1. 图 5-53 实验装置要有良好的气密性，以防止 SO_2、H_2S 逸出污染空气。

2. 在制取 H_2S 的实验中，不能用强氧化性的酸，如硝酸、浓硫酸来代替盐酸或稀硫酸，因为生成的 H_2S 具有强还原性。且所用的硫化亚铁最好是新烧制的，若用存放较久的硫化亚铁，可先用浓盐酸浸泡一下。

3. 用酒精灯加热直形侧泡反应管内盛装品红溶液和紫色石蕊试液的 2 个侧泡时，

要十分小心，轻微地加热即可，否则容易把侧泡处的试剂加热沸腾并蒸干，而导致观察不到该处试剂变颜色的实验现象。

4. 实验完毕，可打开 U 形管中的橡胶塞，迅速加入 10% NaOH 溶液，再塞好，稍振荡，使多余的气体被 NaOH 吸收，再进行仪器的拆卸和洗涤，以减少对空气的污染。其反应式为：

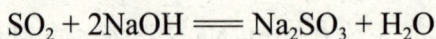

$$H_2S + 2NaOH \xlongequal{} Na_2S + 2H_2O$$
$$SO_2 + 2NaOH \xlongequal{} Na_2SO_3 + H_2O$$

2. 实验记录与分析

	实验	实验过程	实验现象	实验结论或化学方程式
方法一	球形具支试管内发生的反应			
	直形侧泡反应管内的反应			
	侧泡具支试管内发生的反应			
	U 形管中发生的反应			
方法二	$Na_2S + H_2SO_3$			
	$Na_2S + KMnO_4$			
	硫粉 + 铁粉			
	$H_2SO_4 + Cu$			

💡 思考与讨论

1. 上述方法一的实验中，含硫物质中硫元素的价态发生了怎样的变化？请写出其相关反应方程式。

2. 上述方法二的实验中，含硫物质中硫元素的价态发生了怎样的变化？请写出其相关反应方程式。

3. 铁粉与硫粉在空气中化合燃烧时, 可能发生哪些化学反应?

4. 某兴趣小组利用图 5-57 所示实验装置探究二氧化硫的性质。

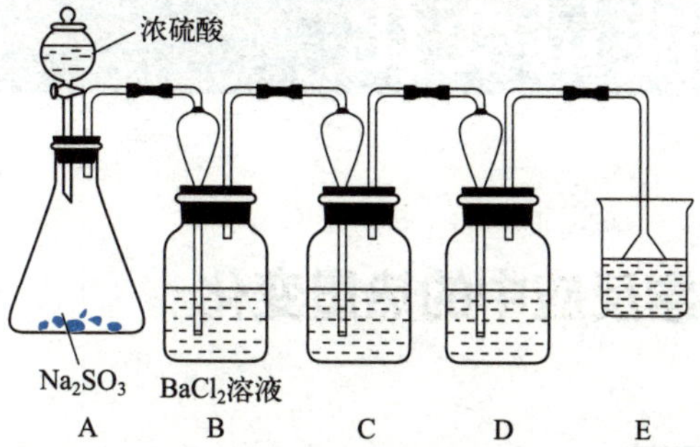

图 5-57　二氧化硫性质探究实验

根据要求回答下列问题:

（1）装置 A 中反应的化学方程式为＿＿＿＿＿＿＿＿＿＿＿＿＿＿＿＿＿＿＿＿＿＿＿。

（2）利用装置 C 可以证明二氧化硫具有漂白性, C 中盛放的溶液是＿＿＿＿＿＿; 若要证明其漂白作用是可逆的, 还需要的操作是＿＿＿＿＿＿＿＿＿＿＿＿＿＿＿＿＿。

（3）通过观察 D 中现象, 即可证明二氧化硫具有氧化性, D 中盛放的溶液可以是＿＿＿＿＿＿＿。

a. 氯化钠溶液　　　　　　　　　　b. 酸性高锰酸钾溶液

c. 氯化铁溶液　　　　　　　　　　d. 硫化钠溶液

（4）研究小组发现 B 中有白色沉淀生成, 若往 B 中加入过量稀盐酸, 沉淀不溶解, 沉淀物的化学式是:＿＿＿＿＿＿＿。

5. SO_2 的漂白本质和 Cl_2 具有漂白性有何区别? 试设计实验来证明其本质的区别。

参考提示

第 6 专题
化学反应与能量变化

实验天地 6-1　化学反应中的热量变化

 实验仪器与药品

主要仪器　研钵　小试管　小药匙　多用滴管

药品　镁条，氢氧化钡晶体，氯化铵晶体，6 mol/L HCl，2 mol/L HCl，2 mol/L NaOH，酚酞溶液

实验活动与探究

1. 实验方法与操作

（1）氢氧化钡晶体与氯化铵晶体反应中的热量变化

实验如图 6-1 所示，将氢氧化钡晶体和氯化铵晶体分别研磨成粉末，各取 3 小药匙加入同一小试管中，搅拌，观察现象，用手触摸试管外壁判断温度的变化。

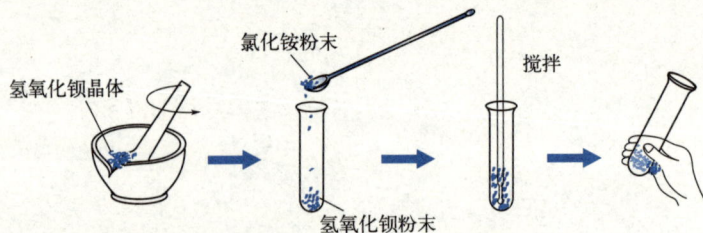

氢氧化钡晶体　氯化铵粉末　搅拌　氢氧化钡粉末

图 6-1　氢氧化钡晶体与氯化铵晶体反应中的热量变化

（2）镁条与盐酸反应中的热量变化

实验如图 6-2 所示，取一小段镁条用砂纸打磨光亮，放入小试管中，加入 0.5 mL 6 mol/L HCl。观察现象。用手触摸试管外壁判断温度的变化。

（3）氢氧化钠与盐酸反应中的热量变化

实验如图 6-3 所示，在小试管中加入 0.5 mL 2 mol/L NaOH 溶液，加 1 滴酚酞溶液，然后逐滴加入 2 mol/L HCl 溶液至颜色褪去，观察现象。用手触摸试管外壁判断温度的变化。

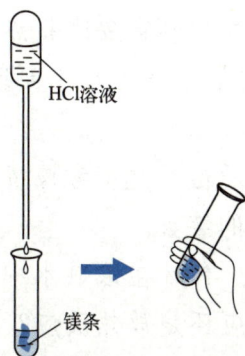

图 6-2　镁条与盐酸反应中的热量变化　　图 6-3　氢氧化钠与盐酸反应中的热量变化

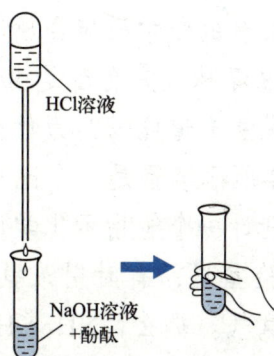

警示灯

● 用砂纸擦净镁条表面时要小心，以免被尖锐的镁条边缘割伤。
● 酸、碱都有腐蚀性，使用时必须十分小心，要防止溅到皮肤、眼睛或衣服上。

2. 实验记录与分析

实验	实验过程	实验现象	实验结论或化学方程式
Ba(OH)$_2$ 晶体与 NH$_4$Cl 晶体反应中的热量变化			
镁条与 HCl 反应中的热量变化			
NaOH 与 HCl 反应中的热量变化			

1. 生石灰与水反应是吸热反应还是放热反应？铝与氢氧化钠溶液反应是吸热反应还是放热反应？试进行实验探究。

2. 为什么有的化学反应会放出热量，而有的化学反应却需要吸收热量呢？

3. 有人说森林火灾有时是由于森林中覆盖在地面上厚厚的积叶自身起火所致。你认为这种说法有道理吗？为什么？

4. 图 6-4 所示装置是一个比较灵敏的温度变化指示器。试参考该装置，采用微型实验仪器设计一个能指示化学反应过程中热量变化的装置。

5. 在实验室里，有时用浓氨水加热来获取氨气，有时在浓氨水中加入 NaOH 固体来获取氨气。那么，$NH_3 \cdot H_2O$ 的分解是吸热反应还是放热反应？反过来 NH_3 与 H_2O 反应是吸热反应还是放热反应？加入 NaOH 固体能起什么作用？为什么？

6. 把下列物质分别加入装有水的锥形瓶里，立即塞紧带 U 形管的塞子，已知 U 形管内预先装有少量水（为使水容易观察，预先染成红色），如图 6-5 所示，结果 U 形管左边液面升高，则加入的物质可能是（　　　）。

A. NaOH 固体　　　B. 浓 H_2SO_4　　　C. NH_4NO_3 晶体　　　D. Na_2O_2 固体

参考提示

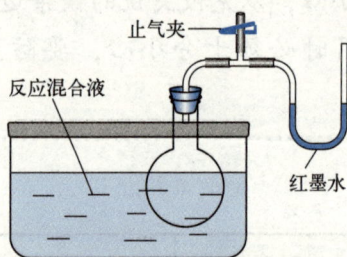

图 6-4　温度变化指示器

图 6-5　温度变化指示装置

实验天地 6-2　化学能转变为电能

 **实验仪器与药品**

主要仪器：U 形管　耳塞　导电夹　发光二极管　导线　砂纸　多用滴管

药品：2 mol/L H_2SO_4，锌片（60 mm×5 mm），铜片（60 mm×5 mm），镁条（60 mm×5 mm）

1. 实验方法与操作

（1）氧化还原反应与电能

实验如图 6-6 所示，将装置固定在操作台上。在 U 形管中加入硫酸溶液，铜片的导线接头为 a、锌片的导线接头为 b。

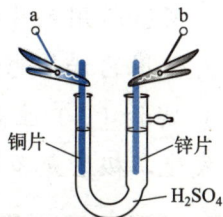

图 6-6　氧化还原反应与电能

① 把锌片、铜片分别单独插入稀硫酸中，观察现象。

② 把锌片、铜片同时插入稀硫酸中，观察现象。

③ 取一段导线将两端分别与 a、b 点连接起来，然后把锌片、铜片同时插入稀硫酸中，观察现象。

（2）Cu-Zn 原电池

实验如图 6-7 所示，将装置固定在操作台上。在 U 形管中加入硫酸溶液，U 形管两端分别插进铜片和锌片作电极，将这两极引出的导线与耳机的两极点触摩擦，听耳机是否发出响声（或将两极连接灵敏电流计）。

（3）Cu-Mg 原电池

实验如图 6-8 所示，将装置固定在操作台上。在 U 形管中加入硫酸溶液，U 形管两端分别插进铜片和镁条作电极，将这两极引出的导线与发光二极管的两极相连接，观察现象。

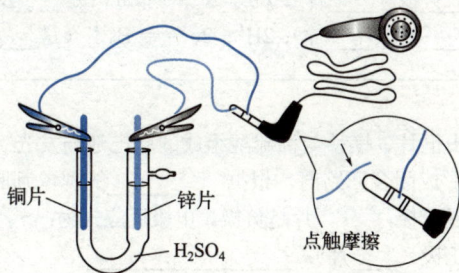

图 6-7　Cu-Zn 原电池

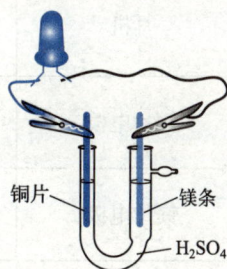

图 6-8　Cu-Mg 原电池

警示灯

● 用砂纸擦净金属表面时要小心，以免被尖锐的金属边缘割伤。

● 硫酸有腐蚀性，使用时必须十分小心，要防止溅到皮肤、眼睛或衣服上。

1. 实验所用铜片或锌片要用砂纸把表面的氧化膜擦去，以免影响实验效果。

2. 使用的锌片越纯越好，这样可以减少锌片上的气泡。

3. 实验（3）注意判断原电池正、负极，要与发光二极管的正、负极相对应，否则发光二极管是不能发光的。

2. 实验记录与分析

实验	实验过程	实验现象	实验结论、电极反应式
氧化还原反应与电能	锌片、铜片分别插入稀硫酸		
	锌片、铜片同时插入稀硫酸		
	用导线连接锌片和铜片，然后同时插入稀硫酸中		
Cu-Zn原电池	铜片电极		由铜片、锌片与稀硫酸组成的原电池与耳机相连接形成闭合回路时，_____片被氧化成_____离子进入溶液，而电子则由_____片通过_____流经耳机，再流至_____片，溶液中 H^+ 从_____片上得电子被还原成氢原子而生成氢气分子逸出。电极反应式为： _____极（____片）：$Zn - 2e^- \Longrightarrow Zn^{2+}$（是____反应） _____极（____片）：$2H^+ + 2e^- \Longrightarrow H_2 \uparrow$（是____反应）
	锌片电极		
	耳机		
Cu-Mg原电池	铜片电极		由铜片、镁片与稀硫酸组成的原电池与发光二极管相接形成闭合回路时，根据_____的现象判断_____片是正极，_____片是负极。电极反应式为： 正极（____片）：_____ 负极（____片）：_____
	镁片电极		
	发光二极管		

思考与讨论

1. 在原电池里，将氧化反应与还原反应分开进行的目的是什么？

2. 在原电池与用电器组成的闭合回路中，电子、离子是怎样移动的？电子、离子的移动和电流的方向之间有怎样的联系？

3. 怎样判断原电池的正极和负极？

4. 图 6-9 所示装置能形成原电池的是?

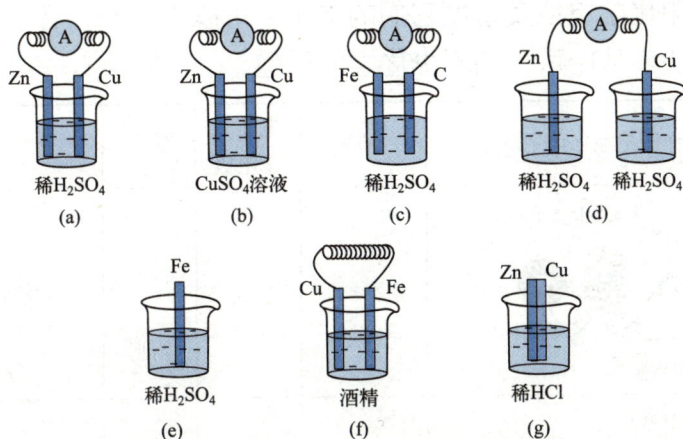

图 6-9　实验装置

参考提示

实验天地 6-3　用生活物品制作原电池的探究

实验仪器与药品

| 主要仪器 | 电流表 | 耳塞 | 发光二极管 | 导线 | 声光生日贺卡 | 砂纸 | 导电夹 |

| 药品 | 镁片，铁片，锌片，铜片，铅笔芯，石墨棒（7 号干电池芯），番茄，各种水果或土豆，NaCl 溶液 |

实验活动与探究

1. 讨论生活中可以用来做原电池实验的物品

① 能作电极的材料：_____。

② 能提供电解质溶液的物品：_____。

③ 能作用电器的物品：_____。

④ 能获得更大电流的方法：_____
_____。

⑤ 能获得更高电压的方法：_____
_____。

2. 用生活物品制作原电池的探究

制作一些简单化学电池及量度它们的电压。可以小电珠、音乐卡或耳机等代替万用电表进行实验，从中可找到不少化学的乐趣。

用生活中的物品制作原电池（可用图示）	电压	电池的正电极	电池的负电极	电子在外电路流动的方向
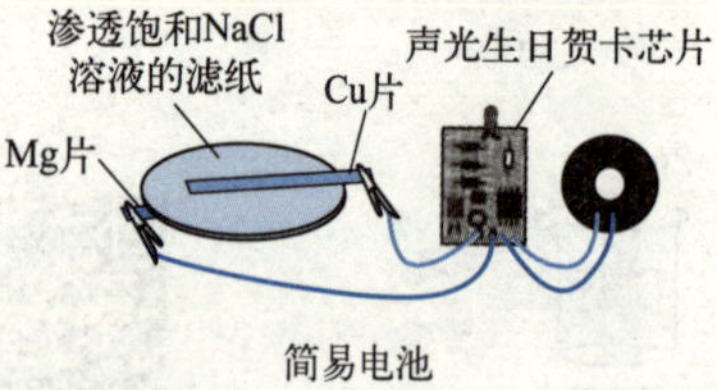 渗透饱和NaCl溶液的滤纸　Cu片　Mg片　声光生日贺卡芯片 简易电池				
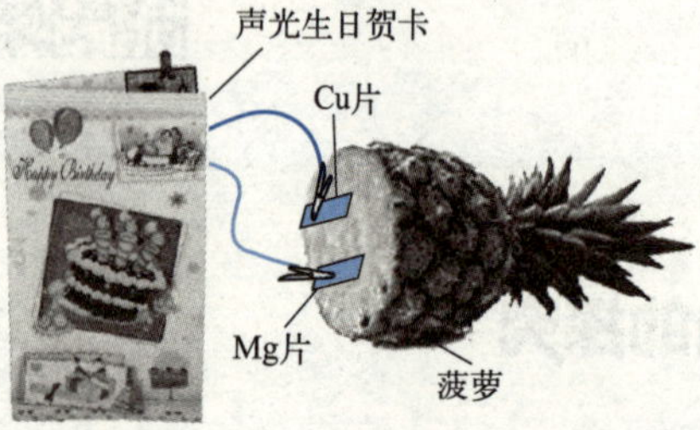 声光生日贺卡　Cu片　Mg片　菠萝 菠萝电池				
 铜片　锌片 水果电池				

3. 实验综述

_____

_____

_____

4. 实验体会和交流

① 体会与交流：

_____

_____

② 实验中的新发现：

_____

_____

③ 实验反思和继续实验的想法：

_____

_____

_____

📖 思考与讨论

1. 制作的水果电池，水果的作用是什么？
2. 构成原电池的要素有什么？
3. 探究影响电流效果的因素

参考提示

（1）探究电极材料对电流效果的影响

电极材料	电极间距 /cm	水果	电流表 /μA，偏转角度（填"大"或"小"）	实验结论
铁、铜	1	苹果		
镁、铜	1	苹果		

（2）探究不同水果对电流效果的影响

电极材料	电极间距 /cm	水果	电流表 /μA，偏转角度	实验结论
锌、铜	1	苹果		
锌、铜	1	柠檬		

（3）探究电极间距对电流效果的影响

电极材料	电极间距 /cm	水果	电流表 /μA，偏转角度	实验结论
锌、铜	1	柠檬		
锌、铜	2	柠檬		

实验天地 6-4　原电池和金属活动性顺序

 **实验仪器与药品**

主要仪器

电压表　　滤纸　　剪刀　　多用滴管　　操作台板

药品

1 mol/L 溶液：CuSO₄、FeSO₄、MgSO₄、ZnSO₄，饱和 KCl 溶液，铜片，铁片，锌片，镁片

实验活动与探究

1. 实验方法与操作

① 取一张直径为 9 cm 的圆形滤纸，通过圆心按互相垂直的方向剪成 4 小块，互不接触地平放于操作台面上。

② 在上述 4 小块滤纸上分别滴加 1 mol/L 硫酸铜溶液、1 mol/L 硫酸亚铁溶液、1 mol/L 硫酸锌溶液和 1 mol/L 硫酸镁溶液，使滤纸湿润，再在 4 小块滤纸上，分别放置一块与盐溶液金属离子相对应的铜、铁、锌和镁金属片。

③ 用饱和氯化钾溶液将一张直径约为 3 cm 的圆形滤纸湿润，小心地放在操作台面的 4 小块滤纸中央的上方，压住 4 小块滤纸的尖角。这里氯化钾溶液沟通 4 种盐溶液，起盐桥的作用，实验如图 6-10 所示。

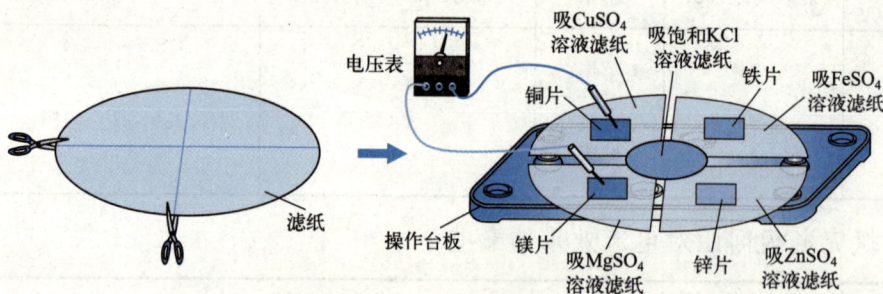

图 6-10　测试金属活动性顺序

④ 用电压表的红黑两根表棒分别接触不同的每对金属片，判断电极的正、负性，推断出金属活泼性的强弱，并与金属活动性顺序作比较。

1. 溶液的浓度会影响电极电位（电势），应尽可能使各种盐溶液的浓度一致。

2. 金属的纯度对实验结果也有影响，要选用纯度高和表面无杂质的金属。

3. 当表棒接触金属片时，如果电压表的指针反方向偏转，应立即使表棒跟金属脱离接触，以免损坏电压表。

2. 实验记录与分析

电极材料		实验现象	实验结论、电极反应式
电压表正极	电压表负极		
锌片	铜片		
铜片	锌片		
锌片	铁片		
铁片	锌片		
锌片	镁片		
镁片	锌片		
镁片	铜片		
铜片	镁片		
镁片	铁片		
铁片	镁片		
铁片	铜片		
铜片	铁片		
实验结论		4种金属的活泼性顺序：	

信息在线

1. 当金属片插入它的盐溶液时，金属片和溶液的界面上发生金属中的离子进入溶液里，溶液里的离子沉积到金属片上的变化。当这两种变化达到平衡状态时，金属和溶液之间产生一定的电位。活动性不同的金属，给出离子的能力不同，在盐溶液的浓度和温度相同时，建立这种平衡状态后的电位就各不相同。

2. 金属越活泼，电位越低，反之则越高。如果要比较两种金属的活泼性，只要把这两种金属分别插入对应的盐溶液中，在两溶液间插入盐桥即构成原电池，然后用电压表判断正极、负极。显然，作为正极的金属电位较高，它的金属活泼性较弱，负极的金属活泼性较强。

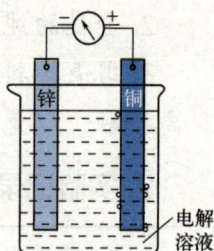

图 6-11 Cu-Zn 原电池

思考与讨论

1. 如图 6-11 所示组成的原电池，请写出电解质溶液为稀 H_2SO_4 及 $CuSO_4$ 溶液时，原电池的电极反应式。

2. 把 A、B、C、D 四块金属泡在稀硫酸中，用导线两两相连可以组成各种原电池，若 A、B 相连时，A 为负极；C、D 相连时，D 上有气泡逸出；A、C 相连时，A 极减轻；B、D 相连时，B 为正极，请将这四种金属的活泼性顺序由大到小排列出来。

参考提示

实验天地 6-5 影响化学反应速率的因素

实验仪器与药品

主要仪器

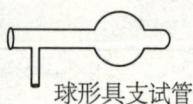
球形具支试管

小药匙

胶头

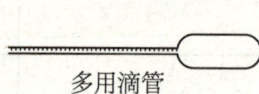
多用滴管

通孔连接塞

滴管

塑料水杯

药品

4% H_2O_2，12% H_2O_2，1 mol/L $FeCl_3$，MnO_2，1 mol/L HCl，0.1 mol/L HCl，40℃热水，水，块状石灰石，粉状石灰石

实验活动与探究

1. 实验方法与操作

（1）温度对 H_2O_2 分解速率的影响

实验如图 6-12 所示，在 2 支小试管中均加入约 0.5 mL 12% 的 H_2O_2 溶液，将其中一支小试管置于 40℃ 的热水中加热，将另一支小试管置于室温中，观察并比较两支试管中气泡出现的快慢。

（2）催化剂对 H_2O_2 分解速率的影响

实验如图 6-13 所示，在 2 支小试管中均加入约 0.5 mL 4% 的 H_2O_2 溶液，向其中一支小试管加入芝麻般大小的 MnO_2，另一支小试管不加 MnO_2，观察并比较两支试管中气泡出现的快慢。

 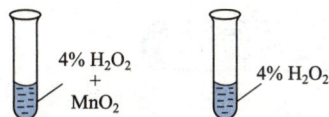

图 6-12　温度对 H_2O_2 分解速率的影响　　　图 6-13　催化剂对 H_2O_2 分解速率的影响

（3）浓度对 H_2O_2 分解速率的影响

在 2 支球形具支试管中各加入 6 滴 1 mol/L $FeCl_3$ 溶液，再取 2 支滴管，分别吸取 0.5 mL 4% 的 H_2O_2 溶液和 0.5 mL 12% 的 H_2O_2 溶液，按图 6-14 安装仪器，在球形具支试管的支管口塞紧小纸团，检查系统的气密性。然后同时从滴管中挤出 H_2O_2 溶液，观察并比较两小纸团被弹射出去的快慢。

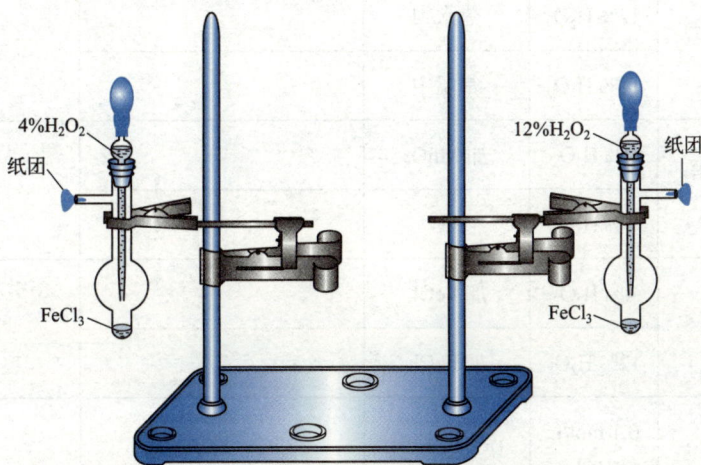

图 6-14　浓度对 H_2O_2 分解速率的影响

（4）不同浓度盐酸与石灰石反应速率的影响

实验如图 6-15 所示，在 2 支小试管中各加入一块大小相同的石灰石，然后向其中一支小试管加入约 0.5 mL 1mol/L HCl，向另一支小试管加入约 0.5 mL 0.1mol/L HCl。观察并比较两支小试管中气泡产生的快慢。

（5）粉碎度不同石灰石与盐酸反应速率的影响

实验如图 6-16 所示，在一支小试管中加入一小块块状石灰石，另一支小试管

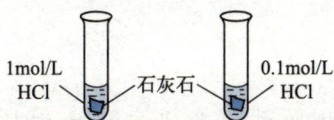 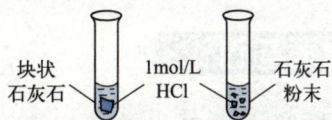

图 6-15　不同浓度盐酸与石灰石反　　　图 6-16　粉碎度不同石灰石与盐酸
　　　　　应速率的影响　　　　　　　　　　　　　反应速率的影响

中加入与块状石灰石相同质量的石灰石粉末，然后同时加入约 0.5 mL 1 mol/L HCl，观察并比较两支小试管中气泡产生的快慢。

经验提示

1. 催化剂对 H_2O_2 分解速率的影响实验中，H_2O_2 溶液的浓度不要太大，以 3% ~ 4% 为宜，以免反应过分剧烈而不安全。

2. 催化剂用量要少。所用的试管必须清洁，防止杂质起催化作用。

3. 作为对比性实验，要尽量做到同时且等量地加料。

2. 实验记录与分析

实验	反应物	条件	实验现象	实验结论
温度对 H_2O_2 分解速率的影响	12% H_2O_2	热水中		
	12% H_2O_2	常温中		
催化剂对 H_2O_2 分解速率的影响	4% H_2O_2	加 MnO_2		
	4% H_2O_2	—		
浓度对 H_2O_2 分解速率的影响	4% H_2O_2	加 $FeCl_3$		
	12% H_2O_2	加 $FeCl_3$		
浓度对盐酸与石灰石反应速率的影响	0.1 mol/L HCl	块状石灰石		
	1 mol/L HCl	块状石灰石		
粉碎度对石灰石与盐酸反应速率的影响	1 mol/L HCl	块状石灰石		
	1 mol/L HCl	石灰石粉末		

思考与讨论

1. 在探究温度对化学反应速率的影响及反应物浓度对化学反应速率的影响时，要注意控制什么因素才使实验具有可比性？

2. 在化学实验中，往往把一些固体物质溶于水配成溶液后再进行反应。这样处理有什么作用？

3. 用电冰箱储存食物能起到一定的保鲜作用，试解释原因。

参考提示

DIY 大制作

橙汁变可乐，可乐变橙汁

1. 在一个塑料杯中预先放入约 0.5 mL 35% H_2O_2，在另一个塑料杯中加入约 100 mL 1% $K_2Cr_2O_7$。

2. 将装在塑料杯中的橙色 $K_2Cr_2O_7$ 溶液缓慢地倒入原放置 H_2O_2 的塑料杯里，轻轻摇动使两溶液混合均匀。此时塑料杯中溶液的颜色将由橘黄（像橙汁）立即变为暗褐色（像可乐），稍后可观察到有气泡渐渐地从溶液中冒出来，如同打开的可乐倒入杯里。

3. 几分钟后，杯中的气泡（O_2）逐渐消失，溶液的颜色由暗褐色（像可乐）恢复为橘黄（像橙汁）。

原理：

以重铬酸钾当催化剂，与双氧水反应时，会产生氧气及暗褐色的中间产物，经过几分钟后，暗褐色的中间产物会消失，表示双氧水的分解反应停止了。

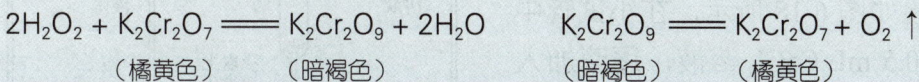

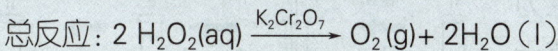

$$2H_2O_2 + K_2Cr_2O_7 === K_2Cr_2O_9 + 2H_2O \qquad K_2Cr_2O_9 === K_2Cr_2O_7 + O_2 \uparrow$$
（橘黄色） （暗褐色） （暗褐色） （橘黄色）

总反应：$2 H_2O_2(aq) \xrightarrow{K_2Cr_2O_7} O_2(g) + 2H_2O(l)$

实验天地 6-6 化学反应的限度

实验仪器与药品

主要仪器	塑料滴管	小试管

药品：0.1mol/L 溶液：KI、$FeCl_3$，1 mol/L 溶液：KSCN、Na_2SO_4、$CaCl_2$、Na_2CO_3、CCl_4

1. 实验方法与操作

（1）$FeCl_3$ 溶液与 KI 溶液反应的限度

实验如图 6-17 所示，在小试管中加入约 0.5 mL KI 溶液，再滴加 2 滴 $FeCl_3$ 溶液，充分振荡，观察现象。然后加入约 0.2 mL CCl_4，振荡，静置，观察现象。取上层溶液于另一支小试管中，逐滴加入 KSCN 溶液，观察现象。

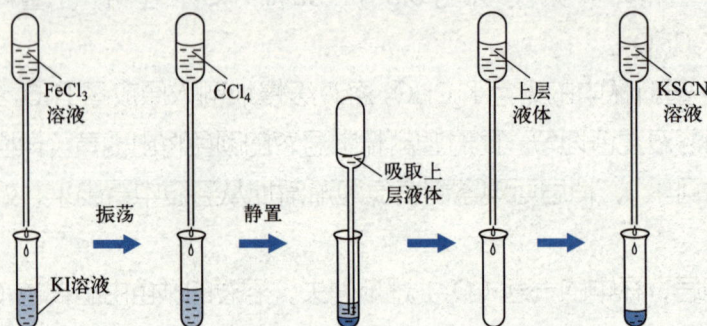

图 6-17　$FeCl_3$ 溶液与 KI 溶液反应的限度

（2）$CaCl_2$ 溶液与 Na_2SO_4 溶液反应的限度

实验如图 6-18 所示，在小试管中加入约 0.5 mL $CaCl_2$ 溶液，逐滴加入 Na_2SO_4 溶液，直至不再有沉淀产生为止，静置，观察现象。取上层清液于另一支小试管中，逐滴加入 Na_2CO_3 溶液，观察现象。

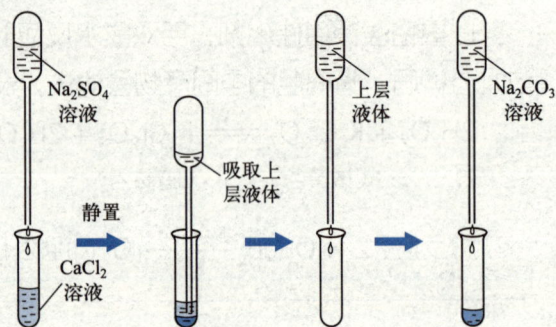

图 6-18　$CaCl_2$ 溶液与 Na_2SO_4 溶液反应的限度

2. 实验记录与分析

实验	实验过程	实验现象	实验结论或化学方程式
$FeCl_3$ 溶液与 KI 溶液反应的限度			
$CaCl_2$ 溶液与 Na_2SO_4 溶液反应的限度			

1. 在通常状况下，氯气与水能反应完全吗？在氯气与水充分反应的溶液里有哪些化学成分？为什么？试进行实验探究。

2. 在一密闭容器中进行反应：$2SO_2(g) + O_2(g) \rightleftharpoons 2SO_3(g)$

已知反应过程中某一时刻 SO_2、O_2、SO_3 的浓度分别为 0.2 mol/L、0.1 mol/L、0.2 mol/L。当反应达到平衡时，下列哪一种数据可能存在？

A. SO_2 为 0.4 mol/L，O_2 为 0.2 mol/L　　　B. SO_2 为 0.25 mol/L

C. SO_3 为 0.4 mol/L　　　　　　　　　　　　D. SO_2、SO_3 均为 0.15 mol/L

3. 用酸性 $KMnO_4$ 和 $H_2C_2O_4$（草酸）反应研究影响反应速率的因素。一实验小组欲通过测定单位时间内生成 CO_2 的速率，探究某种影响化学反应速率的因素，设计 A、B 两实验方案：

A 实验方案，20 mL 0.1 mol/L $H_2C_2O_4$ 溶液与 30 mL 0.01 mol/L $KMnO_4$ 溶液反应；

B 实验方案，20 mL 0.2 mol/L $H_2C_2O_4$ 溶液与 30 mL 0.01 mol/L $KMnO_4$ 溶液反应。

$KMnO_4$ 溶液已酸化，用注射器针筒分别收集反应中产生的 CO_2 气体。

（1）请写出该反应的离子方程式（已知 $H_2C_2O_4$ 是二元弱酸）。

（2）该实验探究的是什么因素对化学反应速率的影响？相同时间内针筒中所得 CO_2 的体积，A、B 两实验哪个方案更多？

（3）除通过测定一定时间内 CO_2 的体积来比较反应速率，试举出通过另一种测定方法来比较化学反应速率例子。

参考提示

实验天地 6-7　综合实验：氢氧燃料电池

![实验仪器与药品]

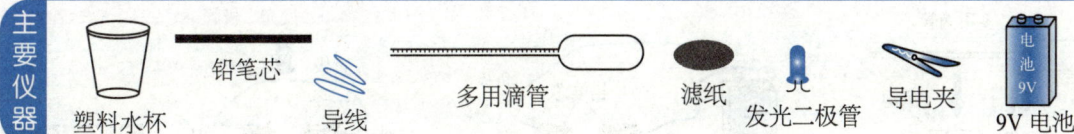

主要仪器						
塑料水杯	铅笔芯　导线	多用滴管	滤纸	发光二极管	导电夹	9V 电池

药品	饱和 K_2SO_4 溶液，$NaHCO_3$ 溶液

1. 实验方法与操作

（1）简易氢氧燃料电池（一）

① 电解 $NaHCO_3$ 溶液。在一张滤纸中相隔一定距离放置两支作电极的铅笔芯，再把滤纸折叠起来，滴加 $NaHCO_3$ 溶液湿润，然后将一个 9V 电池的正、负极用导线分别与两铅笔芯连接，开始电解 $NaHCO_3$ 溶液。

② 氢氧燃料电池。当电解约 8 min 时，停止电解，撤去电源，电解产生的氢气和氧气吸附在铅笔芯周围的滤纸上，将原来接电池正极的导线与发光二极管的正极相连，接电池负极的导线则与发光二极管的负极相连，如图 6-19 所示，观察二极管的发光情况。

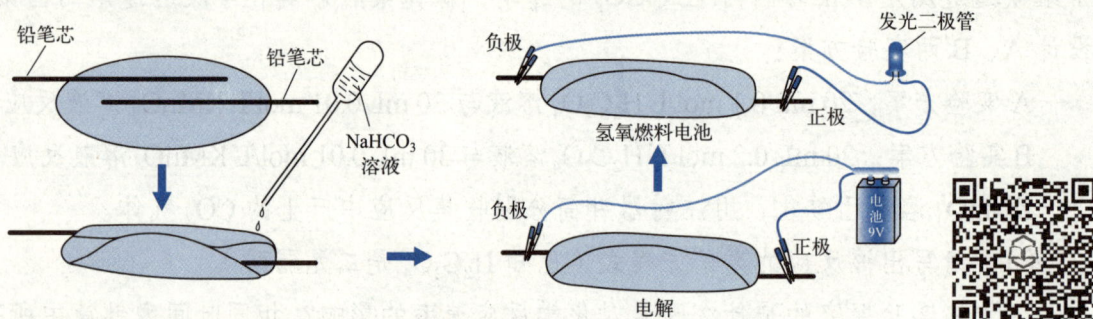

图 6-19　简易氢氧燃料电池（一）

实验视频

（2）简易氢氧燃料电池（二）

① 电解 K_2SO_4 溶液。取一个约 80 mL 的小塑料水杯，盛上 2/3 体积的饱和 K_2SO_4 溶液。取两支笔芯作电极，分别穿过两个剪去径管的塑料多用滴管的吸泡，装满饱和 K_2SO_4 溶液，倒扣在小塑料水杯中，用导线分别将两电极与 9V 电池的正、负极相连接，开始电解，观察现象。

② 氢氧燃料电池。电解几分钟，当多用滴管吸泡内产生有较多的气体，形成一定的气室时，停止电解，撤去电源。然后将原来接电池正极的导线与发光二极管的正极相连，接电池负极的导线则与发光二极管的负极相连，实验如图 6-20 所示，

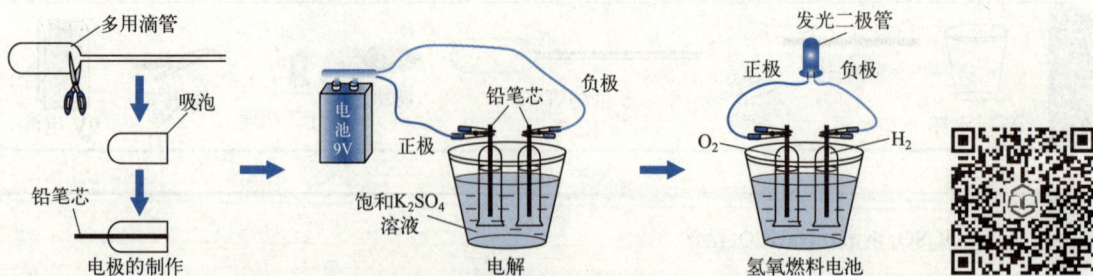

图 6-20　简易氢氧燃料电池（二）

实验视频

观察二极管的发光情况。

2. 实验记录与分析

实验	实验过程	实验现象	实验结论、电极反应式
电解			
氢氧燃料电池			

思考与讨论

1. 试设计一个与图 6-19 和图 6-20 装置不同的简易氢氧燃料电池。

2. 试分析锌锰电池、铅蓄电池、镍镉电池和氢氧燃料电池在工作时，哪种电池是 O_2 在正极得电子的？

3. 选用 NaOH 溶液作为氢氧燃料电池的电解液，请写出该氢氧燃料电池在电解水时，电能转变成化学能，两极发生的反应。当拆去电源，让它放电使化学能转变成电能，两极发生的反应。

参考提示

DIY 大制作

简易氢氧燃料电池的制作

材料：约 250 mL 塑料瓶、2 支铅笔、9V 电池、发光二极管（3 mm）、电源线、10% $NaHCO_3$ 溶液。

用铅笔作为电极，按 9V 电池的正负极相同距离固定在瓶盖上。以 $NaHCO_3$ 溶液作电解液，按图 6-21 组装装置。

电解约 3 min 后，拿开电池，然后将先前与电源正极相连的铅笔与发光二极管的正极相连，另一铅笔则与发光二极管的负极相连，观察二极管的发光情况。

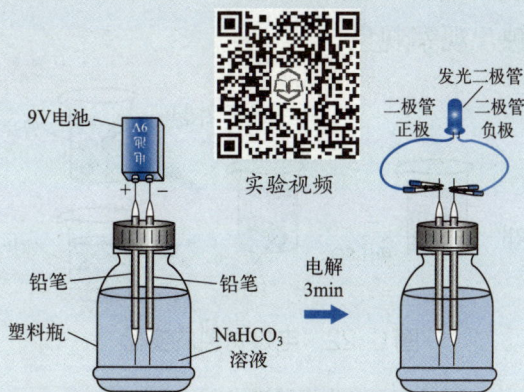

实验视频

9V电池
铅笔   铅笔
塑料瓶 $NaHCO_3$ 溶液

电解
3min

发光二极管
二极管正极   二极管负极

图 6-21　简易氢氧燃料电池

实验仪器与药品

主要仪器

烧杯　电流表　导线　镊子　滤纸　砂纸　发光二极管　导电夹

药品

锌片，铜片，石墨棒（7 号干电池芯），2 mol/L H_2SO_4，饱和 NaCl 溶液

实验活动与探究

1. 实验方法与操作

（1）电极材料的实验

① 用导线将电流表分别与锌片、铜片相连接，然后将锌片与铜片接触，观察电流表指针是否发生偏转；用石墨棒（7 号干电池芯）代替铜片进行上述实验。解释所观察到的现象。

② 实验如图 6-22 所示。

将铜片、锌片分别单独放置在盛有稀 H_2SO_4 的烧杯中，观察现象；

将铜片和锌片一同放在盛有稀 H_2SO_4 的烧杯里，且使铜片和锌片相接触，观察现象；

取出铜片，插入石墨棒，并使石墨棒和锌片接触，观察现象。

警示灯

● 用砂纸擦净金属表面时要小心，以免被尖锐的金属边缘割伤。

● 硫酸的腐蚀性强，使用时要小心。

石墨棒　锌片

铜片　稀H_2SO_4　锌片　铜片　锌片

图 6-22　电极材料的实验

（2）探究不同电极组成的原电池

如图 6-23 连接实验仪器，烧杯中盛有稀 H_2SO_4 溶液。

① 用锌片和铜片作为 A、B 两电极，分别插入烧杯的稀硫酸中，观察现象；

② 用锌片和石墨棒作为 A、B 两电极，分别插入烧杯的稀硫酸中，观察现象；

③ 用铜片和石墨棒作为 A、B 两电极，分别插入烧杯的稀硫酸中，观察现象。

（3）锌铜原电池

在 2 个烧杯中分别盛有饱和 NaCl 溶液，将锌片和铜片分别插入两烧杯的溶液中，两烧杯间用一卷状滤纸条连通，如图 6-24 所示。将铜片和锌片分别与电流计的正负极相连接，观察指针偏转情况，如将两极同时取出插入，再观察指针偏转情况。

图 6-23　不同金属组成的原电池　　图 6-24　锌 - 铜原电池

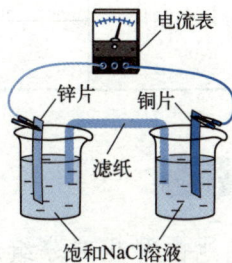

经验提示

1. 实验所用铜片或锌片的表面必须处理干净。先用细砂纸擦光亮去除氧化膜，必要时可用稀硝酸浸洗，再用蒸馏水冲洗干净。

2. 实验所使用的锌片越纯越好，以免影响实验效果，减少锌片上的气泡。

3. 实验（2）、实验（3）在观察电流表指针偏转时，要注意指针偏转方向，并根据指针偏转方向去判断电流方向。

2. 实验记录与分析

实验	电极材料	实验现象	实验结论、电极反应式
（1）电极材料的实验①	锌片、铜片		
	锌片、石墨棒		
（1）电极材料的实验②	锌片		
	铜片		
	锌片、铜片		
	锌片、石墨棒		

实验	电极材料	实验现象	实验结论、电极反应式
（2）探究不同电极组成的原电池	锌片、铜片		
	锌片、石墨棒		
	铜片、石墨棒		
（3）锌铜原电池	锌片、铜片		

参考提示

思考与讨论

1. 请说明原电池由哪几部分组成？各起什么作用？

2. 写出图 6-23 原电池的电极反应式和电池反应方程式。

3. 试根据 $Cu + 2Fe^{3+} \rightleftharpoons 2Fe^{2+} + Cu^{2+}$ 设计出一个原电池装置，并写出电极反应式。

4. 分析图 6-25 所示装置，写出电极反应及总反应，标出电子及阴阳离子移动方向。

5. 锂离子电池、太阳能集热器、燃气灶、硅太阳能电池这些设备工作时，哪些设备是将化学能转化为电能的？

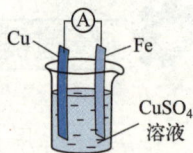

图 6-25　Cu-Fe 原电池

实验天地 6-9　实验活动 7：化学反应速率的影响因素

实验仪器与药品

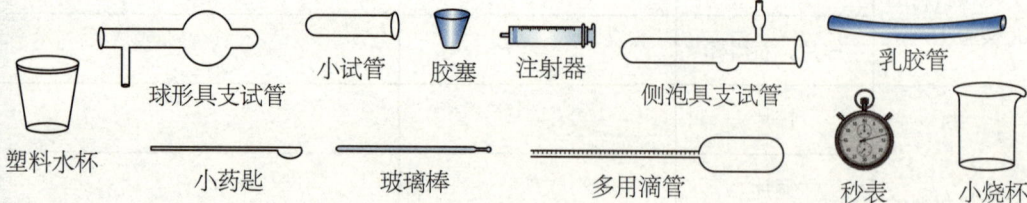

主要仪器：塑料水杯、球形具支试管、小试管、胶塞、注射器、侧泡具支试管、乳胶管、小药匙、玻璃棒、多用滴管、秒表、小烧杯

药品：0.2 mol/L：$Na_2S_2O_3$ 溶液、草酸溶液，0.1 mol/L 草酸溶液，10% H_2O_2，1 mol/L HCl，2 mol/L HCl，0.01 mol/L 高锰酸钾溶液，MnO_2 固体，KI 固体，80℃热水，冰水，块状石灰石，粉末状石灰石，蒸馏水

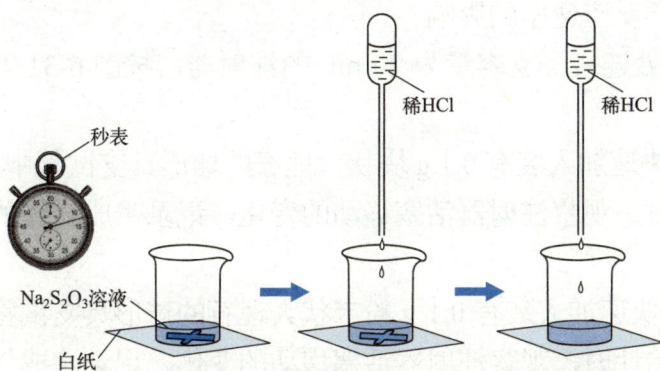

实验活动与探究

1. 实验方法与操作

（1）反应物的浓度对化学反应速率的影响

方法一：$Na_2S_2O_3$ 与 HCl 反应。

① 在一张白纸上，用黑色笔画一个粗体"十"的符号。

② 把小烧杯放在白纸上，完全覆盖十字符号，从小烧杯上方应能清楚看到纸上的十字符号。

③ 按照表 6-1 的试剂用量分别做 6 组实验，每组实验向小烧杯里加入的是同一种物质时，都要使用同一支多用滴管。先滴加 0.2 mol/L $Na_2S_2O_3$ 溶液，再滴加蒸馏水，摇匀。

④ 当滴入 2 mol/L HCl 时，按下秒表开始计时，连续快速滴入并搅拌。

⑤ 观察小烧杯中的溶液出现浑浊，使十字符号逐渐变得模糊，当从烧杯的上方看不见十字符号时，停止计时。实验如图 6-26 所示。

表 6-1　六组不同浓度 $Na_2S_2O_3$ 与 HCl 反应

项目	1	2	3	4	5	6
0.2 mol/L $Na_2S_2O_3$ 滴加量 / 滴	25	15	10	5	3	1
蒸馏水滴加量 / 滴	0	10	15	20	22	24
2 mol/L HCl 滴加量 / 滴	5	5	5	5	5	5

方法二：高锰酸钾溶液与草酸反应。

取标有 1#、2# 的两支小试管，各加入 0.5 mL 的 0.01 mol/L $KMnO_4$ 溶液。然后分别向 1# 试管逐滴加入 0.1 mol/L 的草酸溶液；向 2# 试管逐滴加入 0.2 mol/L 的草酸溶液（两组实验滴加草酸溶液时尽量控制在同一速度），记录小试管内溶液褪色所用时间。如图 6-27 所示。

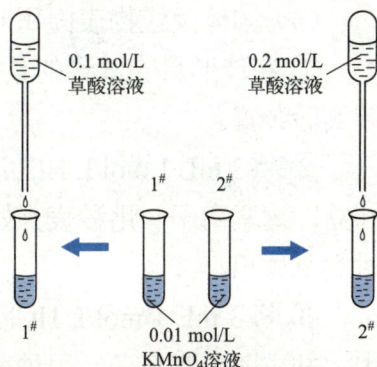

图 6-26　浓度对化学反应速率的影响实验示意图

图 6-27　高锰酸钾溶液与草酸反应

（2）温度对化学反应速率的影响

① 将 4 支小试管分成两组，每组的 2 支小试管都分别盛有 0.3 mL 0.2 mol/L Na₂S₂O₃ 溶液和 0.3 mL 2 mol/L HCl 溶液。将 3# 组的 2 支小试管放入盛有约 80℃ 热水的塑料水杯中，如图 6-28 所示；4# 组的 2 支小试管放入盛有冰水的塑料水杯中，如图 6-29 所示。

② 在水浴中放置几分钟后（保证反应试剂基本达到相应水浴的温度），同时将两组的热的 HCl 与热的 Na₂S₂O₃ 溶液迅速混合；冷的 HCl 与冷的 Na₂S₂O₃ 溶液迅速混合，比较两组小试管中溶液出现浑浊的快慢。

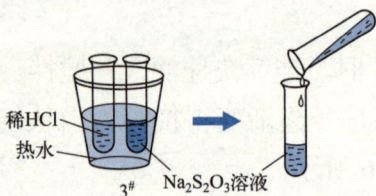

图 6-28　高温对反应速率的影响　　图 6-29　低温对反应速率的影响

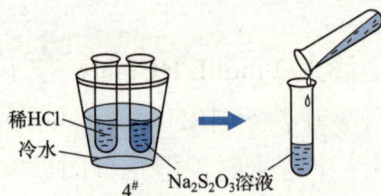

（3）催化剂对化学反应速率的影响

① 在球形具支试管的具支口处连接一支容量为 20 mL 的注射器，按图 6-30 安装实验装置。

② 将 3 mL 10% H_2O_2 溶液快速加入装有 0.1 g MnO_2 固体的球形具支试管中，并立即塞紧塞子。用秒表开始计时，观察注射器活塞移动的变化，记录生成气体的时间及体积。

③ 将 3 mL 10% H_2O_2 溶液快速加入装有 0.1 g KI 固体的球形具支试管中，并立即塞紧塞子。用秒表开始计时，观察注射器活塞移动的变化，记录生成气体的时间及体积。

（4）固体反应物表面积对化学反应速率的影响

① 在球形具支试管的具支口处连接一支容量为 20 mL 的注射器，按图 6-31 安装实验装置。

② 将 3 mL 1 mol/L HCl 溶液快速加入装有 0.1 g 块状大理石的球形具支试管中，并立即塞紧塞子。用秒表开始计时，观察注射器活塞移动的变化，记录生成气体的时间及体积。

③ 将 3 mL 1 mol/L HCl 溶液快速加入装有 0.1 g 粉末状大理石的球形具支试管中，并立即塞紧塞子。用秒表开始计时，观察注射器活塞移动的变化，记录生成气体的时间及体积。

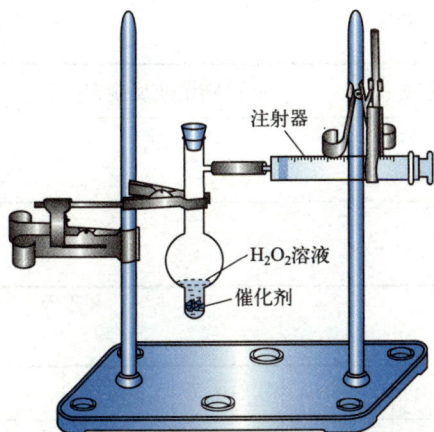

图 6-30　H_2O_2 催化分解速率测量装置

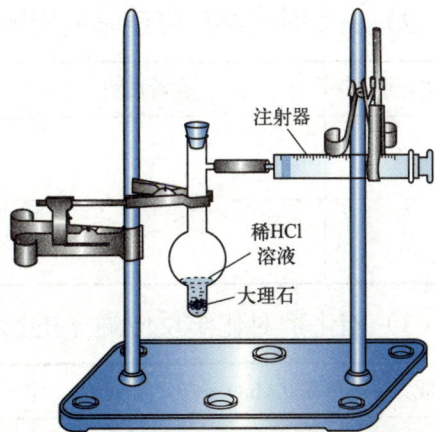

图 6-31　大理石与盐酸反应速率测量装置

🔧 **经验提示**

1. 进行反应速率比较实验时，对照组实验的反应试剂、催化剂等用量要保持一致，控制变量要准确，秒表计时开始和结束要尽量保持相同。

2. 在进行实验（2）的操作中，反应物混合时速度要快，建议由两个同学一起同时来完成热和冷两种不同温度的反应速率测定实验，易于比较并能够保证实验的准确性。

3. 进行实验（3）和实验（4）时，要保持装置的气密性，避免气体外逸而影响实验的准确性。

2. 实验记录与分析

（1）反应物的浓度对化学反应速率的影响

方法一：六组不同浓度 $Na_2S_2O_3$ 与 HCl 反应现象记录。

0.2 mol/L $Na_2S_2O_3$ 滴加量 / 滴	25	15	10	5	3	1
蒸馏水滴加量 / 滴	0	10	15	20	22	24
2 mol/L HCl 滴加量 / 滴	5	5	5	5	5	5
反应时间 /s						
实验结论或反应方程式						

方法二：$KMnO_4$ 与草酸反应现象记录。

试剂量	1# : 0.1 mol/L 草酸溶液	2# : 0.2 mol/L 草酸溶液
褪色时间		

（2）温度对化学反应速率的影响

实验组	实验过程	实验现象	实验结论或反应方程式
3#			
4#			

（3）催化剂对化学反应速率的影响

生成气体的体积（MnO_2 催化剂）/mL	0	3	6	10	15	20
反应时间（MnO_2 催化剂）/s						
生成气体的体积（KI 催化剂）/mL	0	3	6	10	15	20
反应时间（KI 催化剂）/s						

（4）固体反应物表面积对化学反应速率的影响

生成气体的体积（块状大理石）/mL	0	5	10	15	20
反应时间（块状大理石）/s					
生成气体的体积（粉末状大理石）/mL	0	5	10	15	20
反应时间（粉末状大理石）/s					

思考与讨论

1. 根据所得结果，讨论硫代硫酸钠溶液的浓度如何影响它与稀硫酸反应的速率。

参考提示

2. 举出上述实验可能出现的误差和可改进的地方。

3. 你还能想出用其他试剂设计的探究温度对速率影响的实验方案来证明本实验的观点吗？

4. 据所得结果，讨论碳酸钙的表面积如何影响它与稀盐酸反应的速率。

5. 绘画适当的曲线图展示实验（1）、实验（3）和实验（4）收集得的数据（图6-32、图6-33、图6-34）。

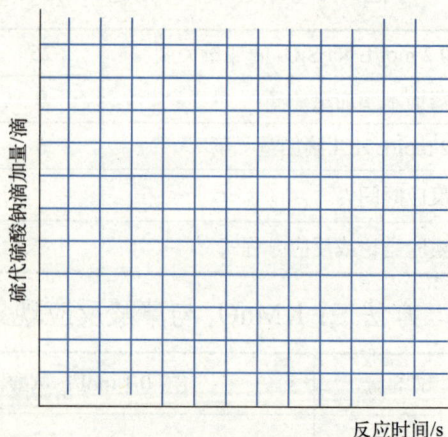

图6-32 实验（1）：不同浓度 $Na_2S_2O_3$ 与 H_2SO_4 反应曲线图

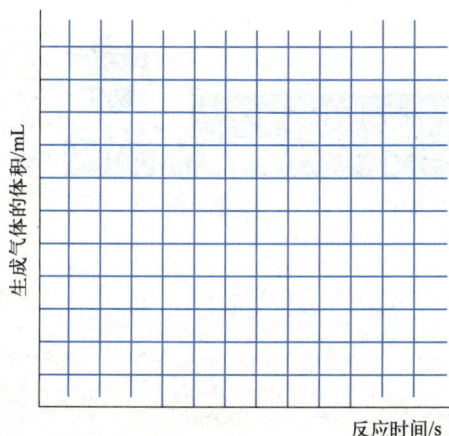

图 6-33　实验（3）：不同催化剂与 H_2O_2 反应曲线图

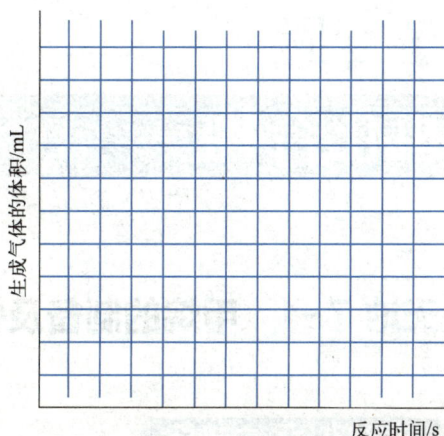

图 6-34　实验（4）：不同形态大理石与 HCl 反应曲线图

🔬 DIY 大制作

"大象牙膏"实验

　　预先将约 100 mL 饱和碘化钾溶液加入一个 500 mL 容量的矿泉水瓶中，然后把 80 mL 30% 过氧化氢和 70 mL 洗洁精的混合溶液迅速倒入矿泉水瓶中，实验如图 6-35 所示，观察泡沫喷射现象。

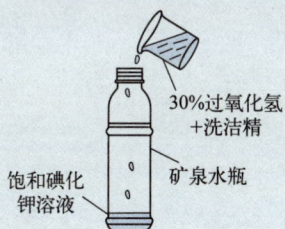

图 6-35　"大象牙膏"实验

有机化合物

实验天地 7-1　甲烷的制备及性质

实验仪器与药品

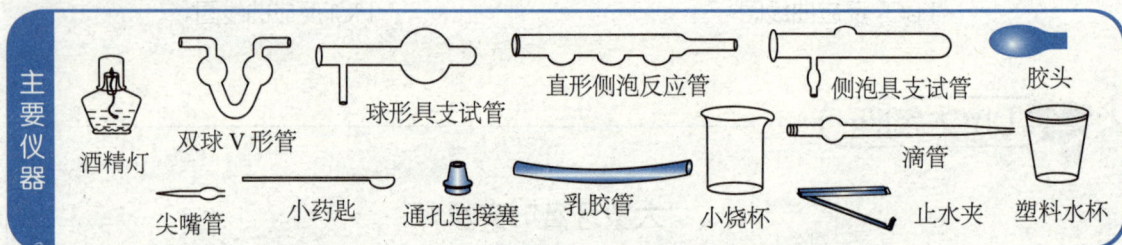

主要仪器	酒精灯　双球 V 形管　球形具支试管　直形侧泡反应管　侧泡具支试管　胶头　尖嘴管　小药匙　通孔连接塞　乳胶管　小烧杯　滴管　止水夹　塑料水杯
药品	无水乙酸钠，碱石灰，NaOH 固体，0.05% 酸性 $KMnO_4$，1% Br_2/CCl_4 溶液，$KMnO_4$ 固体，浓 HCl，饱和食盐水，铜箔（或铝箔），澄清石灰水

实验活动与探究

1. 实验方法与操作

（1）甲烷的制取和性质

① 取约 0.3 g 碱石灰在干燥研钵中研细，再投入 1 粒 NaOH，并迅速用已研细的碱石灰覆盖着研磨成粉末。然后取约 0.5 g 无水乙酸钠粉末与之混合均匀，装入一个用铜箔（或铝箔）做成的铜槽（或铝槽）里，接着小心将其放进侧泡具支试管底部且紧贴管壁。在双球 V 形管中加入少量水用作洗气，在直形侧泡反应管的侧泡上依次加入酸性 $KMnO_4$ 溶液和 Br_2/CCl_4 溶液各 2 滴，把尖嘴管套在直形侧泡反应管末端，侧泡具支试管口略向下倾斜，如图 7-1 安装实验装置。

② 先用小火徐徐均匀地加热装反应混合物的整支侧泡具支试管，然后再强热装反应混合物的部位。观察直形侧泡反应管内 $KMnO_4$ 溶液和 Br_2/CCl_4 溶液的颜色变化现象。

③ 当看到有较多的气体产生时，用明火在尖嘴管处点燃气体，观察火焰的颜色。

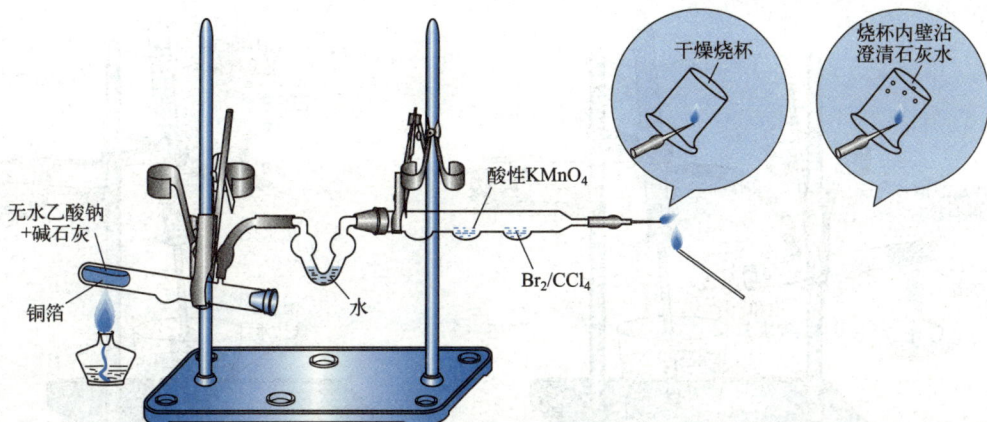

图 7-1　甲烷的制取和性质

④ 将一个冷而干燥的小烧杯罩在甲烷火焰的上方，观察现象。再将一个内壁附有澄清石灰水的小烧杯罩在甲烷火焰的上方，观察现象。

（2）甲烷氯代反应

① 在球形具支试管中加入约 0.2 g KMnO₄ 固体，在胶头滴管中吸入约 0.4 mL 浓 HCl，侧泡具支试管内充满饱和食盐水，并倒放在装有饱和食盐水的塑料杯水槽中。如图 7-2 安装实验装置，挤压滴管胶头逐滴加入浓 HCl 与 KMnO₄ 反应，排水法收集约 3/4 试管的 Cl_2。

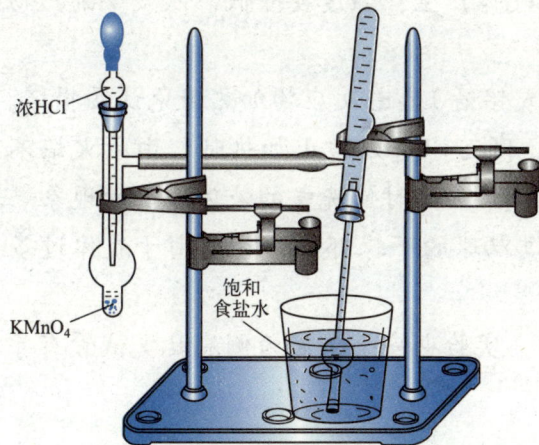

图 7-2　排水法收集氯气

警示灯

● NaOH 有强腐蚀性，准备过程中最好戴防护手套和防护目镜。

● 加热时要注意安全，束好长发，放好纸张等易燃物。反应温度比较高，小心不要被烫着。

● 盐酸腐蚀性强，会对皮肤造成严重灼伤，使用时要小心。

② 之后换成为甲烷储气装置，如图 7-3 所示。在已收集有 3/4 体积 Cl_2 的侧泡具支试管中，接着用排水法收集 CH_4 气体至满试管（水槽中导气管口开始冒气泡，说明气体已收集满）。

③ 拆除甲烷制备装置，在具支口的乳胶管上用止水夹夹住，将装氯气与甲烷混合气的侧泡具支试管，放在强光照射的地方，如图 7-4 所示。光照几分钟后观察侧泡具支试管内壁出现的现象和水位变化的情况。

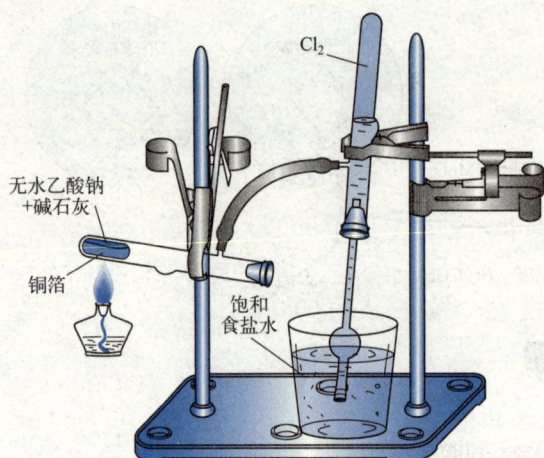

图 7-3　排水法收集甲烷

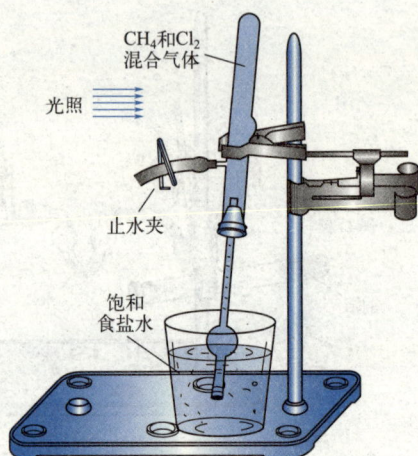

图 7-4　甲烷与氯气的反应

 经验提示

1. 无水乙酸钠很易吸潮，制取甲烷成败的关键是无水乙酸钠和碱石灰必须预先加以灼烧脱水处理。

2. 甲烷制备反应的温度较高，有副反应发生，用水洗气可除去产生的部分杂质气体。加热反应混合物温度开始要高，一旦气体产生，温度要降低，以减少副产物的生成。

3. 强热时 NaOH 会腐蚀玻璃，用铜箔（或铝箔）盛着反应物加热避免试管损坏。

4. 本实验使用双球 V 形管作洗气装置，既可以有效防止加热时，由于火焰不稳定，造成水倒流进试管使其破裂，又可以防止加热时使洗气的液体冲出的现象。

5. 双球 V 形管装载的洗气液体不能超过双球的下缘部位，否则由于液体过多而不能起到防倒吸和防冲料的效果。

6. 本氯化实验放在强光直接照射的地方，实验也安全，因为侧泡具支试管有导管与外部环境连通，不会产生爆炸。

2. 实验记录与分析

实验	实验过程	实验现象	实验结论或反应方程式
甲烷的制取和性质			

实验	实验过程	实验现象	实验结论或反应方程式
甲烷与氯气的反应			
甲烷的物理性质	颜色		

信息在线

1. 制取无水乙酸钠的方法。将市售的乙酸钠固体置于蒸发皿中加热，边加热边搅拌，固体经过结块、熔化、稍变黑色、产生多量气泡、不再出现气泡等过程。将熔融物冷却，趁热研细并立即密封贮存备用。

2. 从天然气或沼气中获取甲烷。天然气或沼气的化学组成及其理化特性因地而异，主要成分是甲烷，还含有少量乙烷、丁烷、戊烷、二氧化碳、硫化氢和微量的惰性气体等。可以用气球从家庭燃料灶收集天然气或沼气，经碱液和浓硫酸洗涤后代替甲烷进行实验。

3. 用丁烷气代替甲烷做烷烃性质实验。常见打火机用的燃料是丁烷。取多用滴管先挤去其中的空气，然后从打火机喷气口吸取丁烷气体，参照实验（1）的方法代替甲烷进行实验。

4. 微波炉制备甲烷的实验的方法：

分别取约 0.3 g 无水乙酸钠固体和 2 粒 NaOH 固体，混合均匀加入侧泡具支试管中，塞紧胶塞，用乳胶管将侧泡具支试管的支管口与注射器的注射口连接起来，如图 7-5 所示。将侧泡具支试管放置在一个小瓶子内固定，然后把整套装置放在一个密闭的塑料袋中，再置于微波炉里。将微波炉设置在 400W，加热 2 ~ 3 min。不间断地查看反应情况，当收集到大约 20 mL CH_4 气体时，将塑料袋从微波炉里面拿出，将制备得到的 CH_4 气体用于甲烷的各项实验。

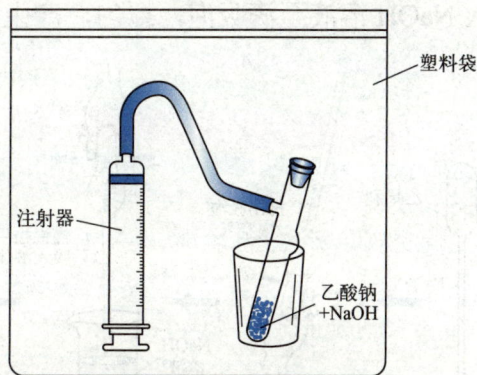

图 7-5　在微波炉中制备 CH_4 装置图

1. 什么叫作取代反应？它与置换反应有什么区别？
2. 怎样检验甲烷、一氧化碳和氢气三种无色气体？试进行实验探究。

实验天地 7-2　乙烯的制备及性质

实验仪器与药品

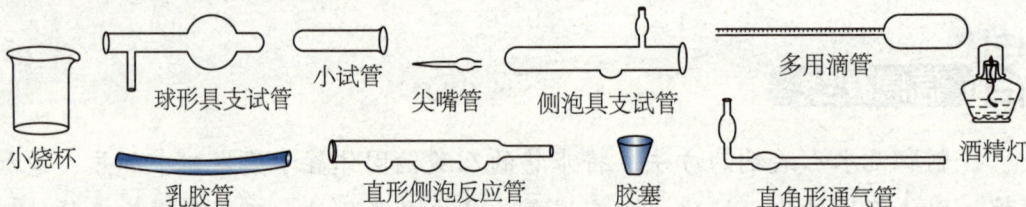

主要仪器：小烧杯　球形具支试管　小试管　尖嘴管　侧泡具支试管　多用滴管　乳胶管　直形侧泡反应管　胶塞　直角形通气管　酒精灯

药品：40% 乙烯利，25% NaOH 溶液，1% Br_2/CCl_4 溶液，0.1% 酸性 $KMnO_4$ 溶液，浓硫酸，95% 乙醇，磷酸，棉花，沸石（碎瓷片）

实验活动与探究

1. 实验方法与操作

（1）乙烯的简易制备及性质实验

① 在一支多用滴管先吸入约 1/3 体积的乙烯利溶液，将径管朝上用手缓缓捏挤出吸泡中的空气（注意不要把乙烯利挤出）。再插入盛装 NaOH 溶液的容器中，吸入 NaOH 溶液至满吸泡，摇匀，产生的乙烯气体将混合液排出，操作如图 7-6 所示，

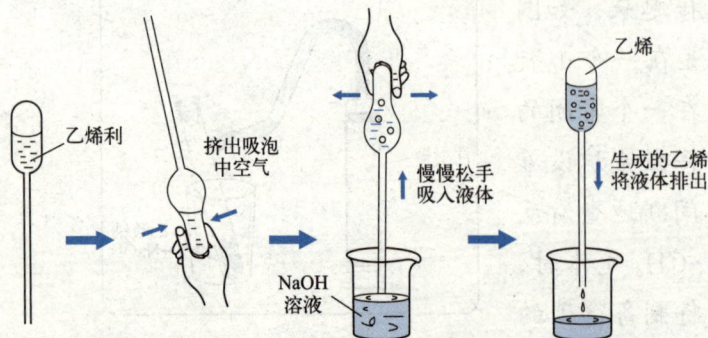

乙烯利　挤出吸泡中空气　慢慢松手吸入液体　乙烯　生成的乙烯将液体排出　NaOH 溶液

图 7-6　乙烯的简易制备

警示灯

● NaOH 浓溶液、乙烯利浓溶液腐蚀性强，实验时要小心操作。

共收集 3 支多用滴管的乙烯气体备用。

② 实验如图 7-7 所示，将一支多用滴管中的乙烯气体加入装有约 0.2 mL 酸性 $KMnO_4$ 溶液的小试管中，然后迅速用胶塞塞住试管口，振荡，观察现象。

③ 实验如图 7-8 所示，将一支多用滴管中的乙烯气体加入装有约 0.2 mL Br_2/CCl_4 溶液的小试管中，然后迅速用胶塞塞住试管口，振荡，观察现象。

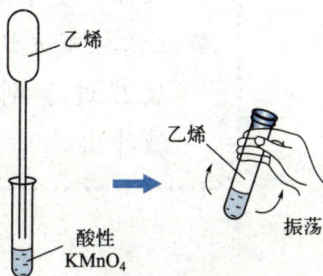

图 7-7　乙烯与高锰酸钾溶液作用　　　　图 7-8　乙烯与溴的四氯化碳溶液作用

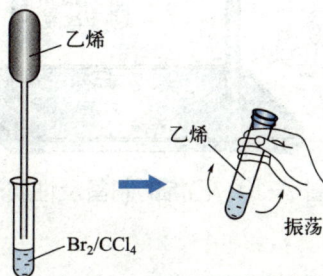

④ 在尖嘴管泡内填充少许蓬松的湿棉花，然后将尖嘴管套在一支装满乙烯气体的多用滴管上，实验装置如图 7-9 所示。点燃酒精灯，慢慢地挤压多用滴管的吸泡使其中的乙烯气体持续平稳地从酒精灯火焰上方喷出，观察火焰的颜色。

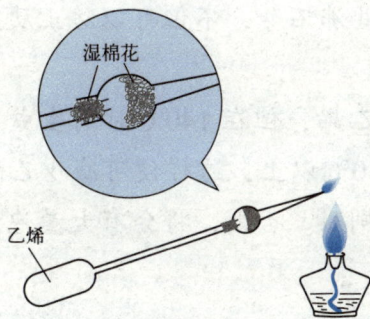

图 7-9　乙烯的燃烧

警示灯

● 尖嘴管口不要向着人及可燃物，以免失火伤人。

（2）乙烯的制备及性质一体化实验

① 在球形具支试管中加入约 0.6 mL 乙醇和 0.2 mL 磷酸，然后边摇动边慢慢滴加约 1 mL 浓硫酸，再加入一小粒沸石（碎瓷片）。在侧泡具支试管中加入约 1.5 mL NaOH 溶液，在直形侧泡反应管的侧泡上分别加入 2 滴 Br_2/CCl_4 溶液、酸性 $KMnO_4$ 溶液，在直形侧泡反应管末端连接尖嘴管，如图 7-10 连接仪器装置。

② 加热反应混合液，使温度迅速升至约 170℃。观察球形具支试管、侧泡具支试管和直形侧泡反应管各处的现象。

③ 在尖嘴管的管口处点燃气体，观察火焰颜色及燃烧情况。

实验视频

乙醇+硫酸
+磷酸

沸石

Br₂/CCl₄ 酸性
KMnO₄

NaOH
溶液

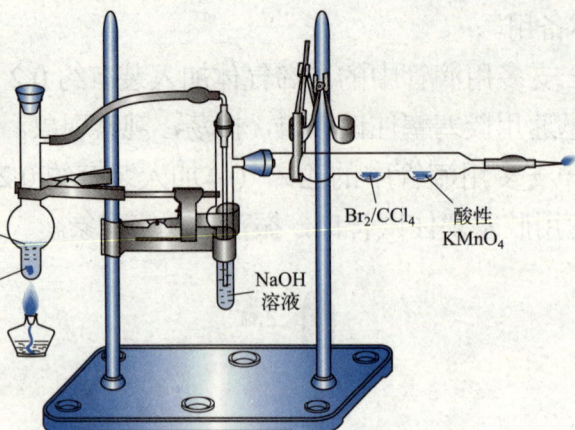

图 7-10 乙烯的制备及性质一体化实验

经验提示

1. 混合浓硫酸和乙醇时，应将浓硫酸慢慢滴入乙醇中，且是边滴边摇动（必要时可浸在冷水中冷却），不能先加浓硫酸后加乙醇。

2. 具支试管内必须加入的沸石、碎瓷片、砂子或其他惰性固体是硫酸氢乙酯分解成乙烯的催化剂。因此，在反应器里加一些沸石等，不但可以防止反应混合物在受热时产生暴沸现象，而且可以起催化作用。

3. 硫酸氢乙酯与乙醇在170℃分解生成乙烯，但在140℃时则生成乙醚，故实验加热初期就要先用强热使温度迅速达到160℃以上，这样便可减少乙醚生成的机会。但当乙烯开始生成时，则加热不宜过于剧烈。否则，将会有大量泡沫产生，使实验难以顺利进行。

2. 实验记录与分析

实验	实验过程	实验现象	实验结论或反应方程式
乙烯的简易制备			
乙烯的性质			

实验	实验过程	实验现象	实验结论或反应方程式
乙烯的制备及性质一体化实验			

信息在线

1. 乙醇与浓硫酸反应制取乙烯，浓硫酸主要作催化剂，但浓硫酸同时又具有脱水性和氧化性，从而发生一系列的副反应。在反应温度较高时它可使乙醇等有机物氧化最后生成 C、CO 和 CO_2，而本身被还原为 SO_2 混杂在乙烯中。SO_2 能使溴水或高锰酸钾溶液褪色，因此要通过氢氧化钠溶液或碱石灰再处理，可以除去其中的 CO_2 和 SO_2，剩下的 CO 对乙烯的性质实验无多大妨碍。

2. 乙醇与浓硫酸作用，首先生成硫酸氢乙酯，反应放热，故必要时可浸在冷水中冷却片刻。边加边摇可防止乙醇的碳化。

$$CH_3CH_2OH + HOSO_2OH \longrightarrow CH_3CH_2OSO_2OH + H_2O$$

3. 在乙醇与浓硫酸混合液中加入一定量的浓磷酸能有效地抑制乙醇的碳化（防止反应液变黑）。

思考与讨论

1. 在图 7-10 实验中，侧泡具支试管里的 NaOH 溶液起什么作用？

2. 在图 7-10 实验中若只用乙醇与浓硫酸反应而不加磷酸来制取乙烯，反应混合液容易变黑色。其中会发生哪些副反应？所制得的乙烯气体会有哪些杂质气体？应采取什么措施来获得干燥纯净的乙烯气体？

3. 为什么乙烯能使酸性高锰酸钾溶液褪色，而甲烷却不能使酸性高锰酸钾溶液褪色？乙烯跟溴的反应与甲烷跟氯气的反应类型相同吗？

4. 如何鉴别乙烷、乙烯和二氧化碳三种气体？

5. 如何除去乙烷中的乙烯？有同学提出用酸性高锰酸钾溶液来除去乙烯，请分析是否正确。

参考提示

家庭小实验——烷烃、烯烃的探究

① 打着液化气打火机，观察火焰；点燃一根蜡烛，将蜡烛火焰与打火机火焰进行比较，看看有什么不同？并解释其中原因。

② 从摩托车或汽车油箱中取出少量汽油，检验这些汽油属于裂化汽油还是直馏汽油。（提示：裂化汽油含有烯烃，直馏汽油不含烯烃。）

③ 取少量的石油液化气，检验其中是否含有乙烯等不饱和烃。

实验天地 7-3 乙炔的制备及性质

实验仪器与药品

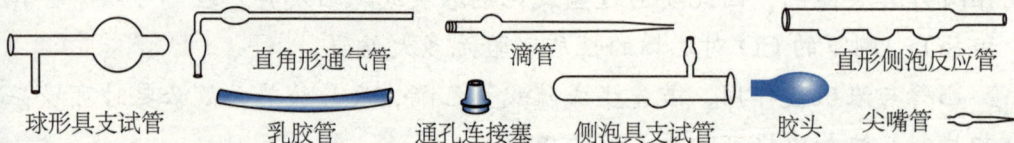

主要仪器：球形具支试管 直角形通气管 乳胶管 滴管 通孔连接塞 侧泡具支试管 胶头 直形侧泡反应管 尖嘴管

药品：电石（碳化钙），1% Br_2/CCl_4 溶液，0.1% 酸性 $KMnO_4$ 溶液，饱和硫酸铜溶液，饱和食盐水

实验活动与探究

1. 实验方法与操作

① 取体积约为花生粒大小的电石加入球形具支试管中，在胶头滴管中吸入饱和食盐水，在侧泡具支试管中加入约 2 mL 饱和硫酸铜溶液，在直形侧泡反应管的侧泡处分别加入 2 滴酸性 $KMnO_4$ 溶液和 Br_2/CCl_4 溶液，按图 7-11 安装仪器。

② 挤压胶头控制少量、分批地滴加饱和食盐水，从而能够平稳、均匀地产生乙炔气流。观察在球形具支试管、侧泡具支试管和直形侧泡反应管中所发生的一系列现象。

③ 在尖嘴管口点燃乙炔，观察乙炔燃烧的实验现象，并与乙烯燃烧的实验现象对照。

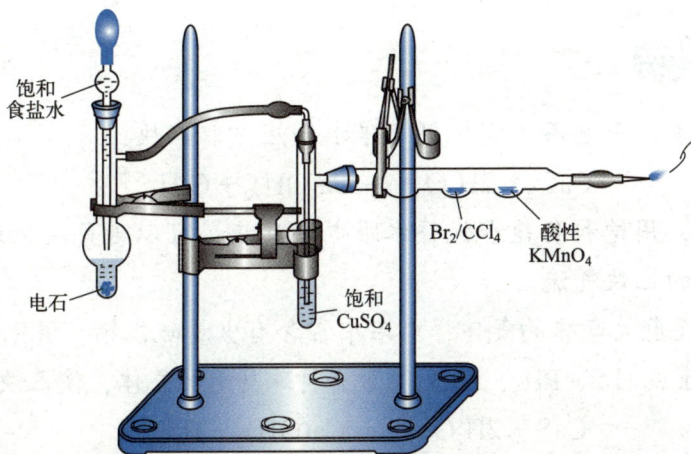

图 7-11 乙炔的制备及性质一体化实验装置

实验视频

⚙ 经验提示

1. 实验制备时，电石投放量应宁少勿多，防止实验完成后，还有过量的电石继续反应，产生大量的气体污染环境。如果由于电石投放较少，导致产生的乙炔气体量减少，可随时补充加入电石。

2. 制取乙炔时要用约为花生大小的电石颗粒，使它跟水的接触面积不要太大，防止反应太猛烈而产生大量泡沫，堵塞导管或从导管喷出。

3. 点燃乙炔的实验观察完毕，应及时把明火熄灭，否则由于乙炔燃烧产生较多的黑烟（炭黑）会到处飘浮，污染环境。

2. 实验记录与分析

实验	实验过程	实验现象	实验结论或反应方程式
乙炔的制备			
乙炔的性质			

1. 在实验室里，用电石（碳化钙）跟水反应制取乙炔：

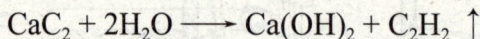

$$CaC_2 + 2H_2O \longrightarrow Ca(OH)_2 + C_2H_2 \uparrow$$

2. 实验证明，用饱和食盐水代替水跟电石反应，可以避免反应过于剧烈，从而得到平稳而均匀的乙炔气流。

3. 纯乙炔为无色无臭味的气体，电石中常含有少量硫化钙、磷化钙、砷化钙等杂质，跟水作用时生成 H_2S、PH_3、AsH_3 等带有特殊臭味的气体，使乙炔微带恶臭气味：

$$CaS + 2H_2O \Longleftrightarrow Ca(OH)_2 + H_2S \uparrow$$
$$Ca_3P_2 + 6H_2O \Longleftrightarrow 3Ca(OH)_2 + 2PH_3 \uparrow$$
$$Ca_3As_2 + 6H_2O \Longleftrightarrow 3Ca(OH)_2 + 2AsH_3 \uparrow$$

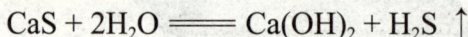

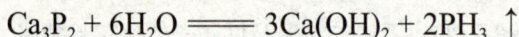

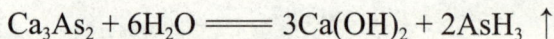

可将乙炔气体通过装有硫酸铜溶液或碱溶液的洗气瓶，除去这些气体杂质。

4. 尽管碳化钙与水反应是固体与液体不加热的反应，但不能用启普发生器制取乙炔。

思考与讨论

1. 乙炔和足量溴水反应后生成什么物质？写出反应的化学方程式。

2. 在一定条件和催化剂存在下，乙烯可以与水发生下列反应：

$$CH_2 = CH_2 + H_2O \longrightarrow CH_3CH_2OH$$

乙炔可以与氯化氢发生下列反应，得到合成聚氯乙烯塑料的原料——氯乙烯：

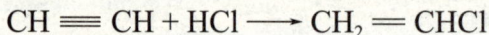

$$CH \equiv CH + HCl \longrightarrow CH_2 = CHCl$$

上述两个反应与乙烯和溴水的加成反应相比，有什么相同和不同之处？它们是否属于加成反应？

3. 甲烷、乙烯和乙炔燃烧的焰色有什么不同？为什么？

参考提示

实验天地 7-4 苯的性质

实验仪器与药品

主要仪器	酒精灯	小试管	滴管	多用滴管

药品　苯，1% 溴水，0.1% 酸性 KMnO₄，水

实验活动与探究

1. 实验方法与操作

（1）苯的物理性质

实验如图 7-12 所示，取一支小试管加入约 0.2 mL 苯，观察苯的颜色与状态，小心闻苯的气味。再加入约 0.3 mL 水，振荡，静置，观察现象。

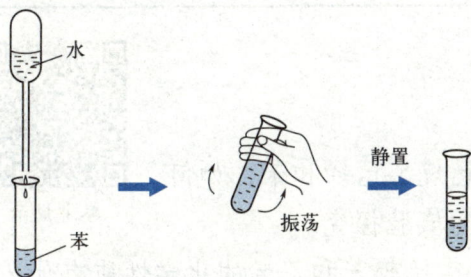

图 7-12　在苯中加入水

> **警示灯**
>
> ● 苯有毒，易挥发，取用时应避免吸入苯蒸气。
> ● 嗅试气体时，切勿直接吸入，应用手把气体轻轻拨向鼻子。

（2）苯的化学性质

① 实验如图 7-13 所示，用滴管蘸取一些苯，在酒精灯上点燃，观察燃烧的现象。

② 实验如图 7-14 所示，取 1 支小试管加入约 0.3 mL 溴水，再加入约 0.2 mL 苯，振荡，静置，观察现象。

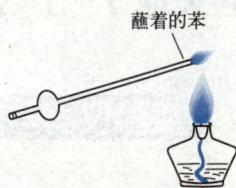

图 7-13　苯的燃烧

③ 实验如图 7-15 所示，取 1 支小试管加入约 0.3 mL 酸性 KMnO₄ 溶液，再加入约 0.2 mL 苯，振荡，静置，观察现象。

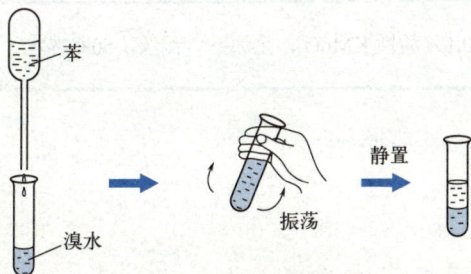

图 7-14　在溴水中加入苯

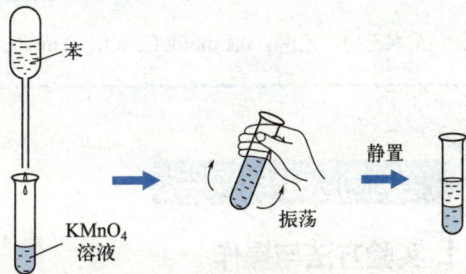

图 7-15　在酸性高锰酸钾溶液中加入苯

2. 实验记录与分析

实验	实验过程	实验现象	实验结论或反应方程式
苯的物理性质			
苯的化学性质			

思考与讨论

1. 有三瓶无色油状液体，它们分别是己烷、己烯和苯，如何用实验的方法将它们一一鉴别出来？试进行实验探究。

参考提示

2. 从与酸性 $KMnO_4$ 溶液或溴水的反应，比较苯和乙烯的化学性质有什么不同。

实验天地 7-5　乙醇的性质

实验仪器与药品

| 主要仪器 | 酒精灯 | 球形具支试管 | 镊子 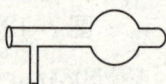 | 仪器夹  小刀 | 滤纸 | 多用滴管  尖嘴管 | 胶头 | 塑料水杯 |

药品：无水乙醇，乙醇，0.1 mol/L $CuSO_4$，2 mol/L NaOH，0.1% 酸性 $KMnO_4$，金属钠，铜丝，50℃热水

实验活动与探究

1. 实验方法与操作

（1）乙醇与钠反应

取一支干燥的球形具支试管，加入无水乙醇至球泡的中部，具支口处用滴管的

胶头堵住，投入一块米粒体积大小的金属钠，然后迅速在球形具支试管口上连接一个尖嘴管，如图 7-16 所示。先用小试管收集气体并检验其纯度，然后点燃气体，观察球形具支试管内及气体燃烧的现象。

（2）乙醇与高锰酸钾反应

实验如图 7-17 所示，在小试管中先加入约 0.2 mL 乙醇，再加入 2 滴酸性 $KMnO_4$ 溶液，充分振荡，观察现象。

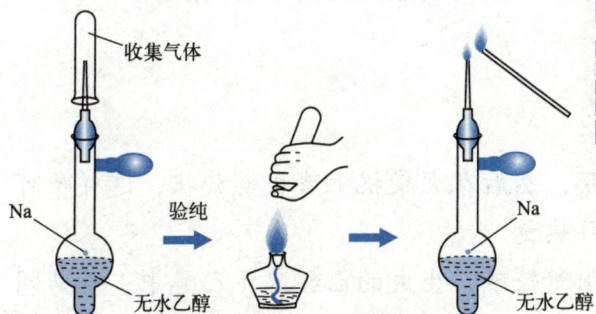

图 7-16　乙醇与钠反应

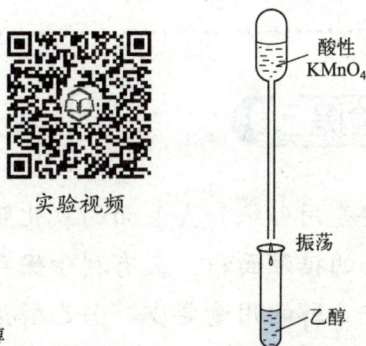

图 7-17　乙醇与高锰酸钾反应

（3）乙醇的催化氧化及氧化产物的检验

① 实验如图 7-18 所示，在塑料水杯中加约 30 mL 50℃的热水。取一支小试管加入约 0.3 mL 无水乙醇，浸于热水中。取一束铜丝将一端绕成紧密的螺旋状，放在酒精灯的外焰上灼烧至红热，然后迅速插入乙醇中，这样反复多次操作，观察铜丝表面的颜色变化，比较反应前后小试管中液体的气味。

② 实验如图 7-19 所示，取一支小试管，先加入约 0.4 mL NaOH 溶液，然后滴入 1 滴 $CuSO_4$ 溶液，振荡，即得到新制的 $Cu(OH)_2$ 溶液。再往 $Cu(OH)_2$ 溶液中加入步骤①获得的乙醇与灼热铜丝作用后的反应溶液约 0.2 mL，振荡，加热，观察现象。

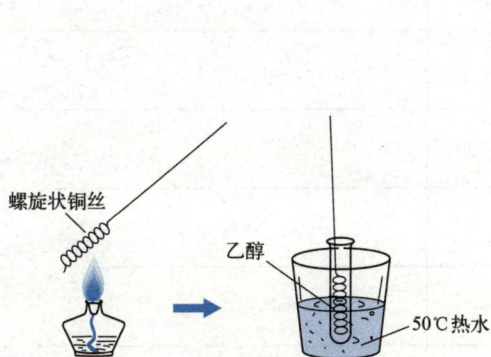

图 7-18　乙醇与灼热的铜丝作用

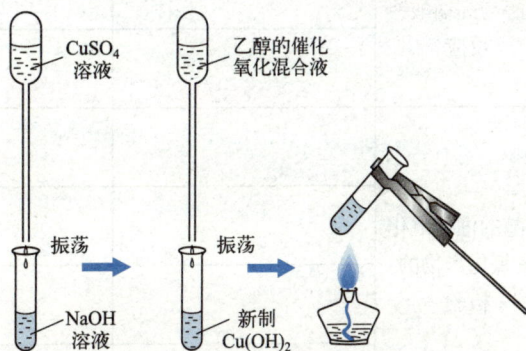

图 7-19　乙醇催化氧化产物的检验

经验提示

1. 铜丝要先用砂纸打去表面的氧化膜，然后在火柴棍上弯成螺旋状，这样既可以增大反应物的接触面积，又有利于保存热量。

2. 实验中乙醇的用量要少。若乙醇用量较多，生成的乙醛溶于乙醇中，不易闻到乙醛的气味。

3. 对反应物加热时要使反应物升温至沸腾状态，温度太低，不易生成红色物质——氧化亚铜。

2. 实验记录与分析

实验	实验过程	实验现象	实验结论或反应方程式
乙醇与钠反应			
乙醇与高锰酸钾反应			
乙醇的催化氧化及氧化产物的检验			

1. 乙醛是无色、有刺激性气味的液体，结构简式为 CH_3CHO 或 $CH_3\overset{\overset{\textstyle O}{\|}}{C}{-}H$，它是一种重要的化工原料。

2. 在有机化学反应中，常常把增加 O 原子或减少 H 原子称为氧化反应。乙醇在铜或银的催化下去氢，被氧化生成了乙醛，所以该反应称为乙醇的催化氧化——氧化反应。

思考与讨论

1. 为什么水跟钠反应与乙醇跟钠反应的剧烈程度不同？试从物质的电离角度来解释。

2. 在乙醇中羟基与乙基相连，在水中羟基与氢原子相连，连接羟基的原子或基团对羟基上氢原子的活泼性有何影响？乙醇分子中连接在碳原子上的氢会被置换吗？以实验事实来说明。

3. 根据图 7-18 所示的乙醇和氧气催化反应，结合实验现象，请回答下列问题：

（1）铜丝起什么作用？为什么要将铜丝弯成螺旋状？

（2）将铜丝置于酒精灯火焰的不同部位上加热时，铜丝表面会呈现出不同的颜色，为什么？

（3）实验中铜丝是否参与反应？写出相关的化学方程式。

参考提示

DIY 大制作

自制固体酒精

方案一：

原料：95% 酒精、乙酸钙固体、石蜡（可用白色蜡烛代替）。

操作：先在装有 2 g 乙酸钙固体的容器中，逐滴滴入水，边滴边搅拌，直到固体几乎全部溶解为止（当溶液出现白色微粒时可以判断已达到饱和，如果乙酸钙溶液不饱和可能得不到固体酒精），即制得乙酸钙饱和溶液，备用。

向装有 40 mL 95% 酒精的容器中，慢慢倒入乙酸钙饱和溶液，并用玻璃棒不断搅拌。当溶液开始出现浑浊时，滴入几滴熔化的石蜡，继续搅拌，静置，当酒精变为像果冻一样的胶体状态时，将容器倒过来，用手轻轻拍打容器底部，将容器内的固体酒精倒出。

方案二：

原料：95% 酒精、硬脂酸、石蜡、氢氧化钠。

操作：在一个容器（A 瓶）中加 18 mL 的酒精，1 g 硬脂酸及 0.3 g 石蜡，混合均匀。在热水浴中不断搅拌加热溶解，冷却后得到白色固状物。另取一容器（B 瓶）加入 12 mL 酒精和 0.15 g 氢氧化钠固体，搅拌至固体全部溶解。

把 A、B 瓶子都放在 60℃热水浴中加热，至 A 瓶的硬脂酸混合物完全溶解后，将 B 瓶溶液在不断搅拌下慢慢加入 A 瓶里，即得到固体酒精。

实验天地 7-6　乙酸的性质

实验仪器与药品

主要仪器

酒精灯　直角形通气管　小试管　滴管　乳胶管　多用滴管　胶头　侧泡具支试管

药品

0.1 mol/L 乙酸，0.1 mol/L Na_2CO_3，饱和 Na_2CO_3，无水乙醇，冰乙酸，浓硫酸，紫色石蕊溶液，酚酞溶液，沸石（碎瓷片），95% 乙醇

实验活动与探究

1. 实验方法与操作

（1）乙酸的酸性实验

实验如图 7-20 所示。

取 2 支小试管各加入约 0.3 mL 稀乙酸，然后在 1# 小试管中滴加 2 滴紫色石蕊溶液；在 2# 小试管中滴加约 0.1 mL Na_2CO_3 溶液，观察现象。

（2）乙酸的酯化反应

① 在侧泡具支试管中先加入约 0.6 mL 乙醇和 0.4 mL 冰乙酸，然后边摇边慢慢加入约 0.2 mL 浓硫酸，并放进一小块沸石（碎瓷片）。再取一支小试管中加入约 0.5 mL 饱和 Na_2CO_3 溶液，按图 7-21 连接好装置。

② 用酒精灯小火均匀地加热侧泡具支试管，让产生的蒸气缓缓经过导管冷凝到小试管中（注意不要将导管插到小试管的液面下，避免发生倒吸），当小试管中

收集到明显的液层时停止加热。

③ 取下小试管，静置，闻气味，观察现象。

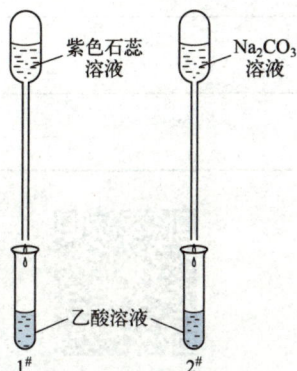

图7-20 乙酸的酸性实验

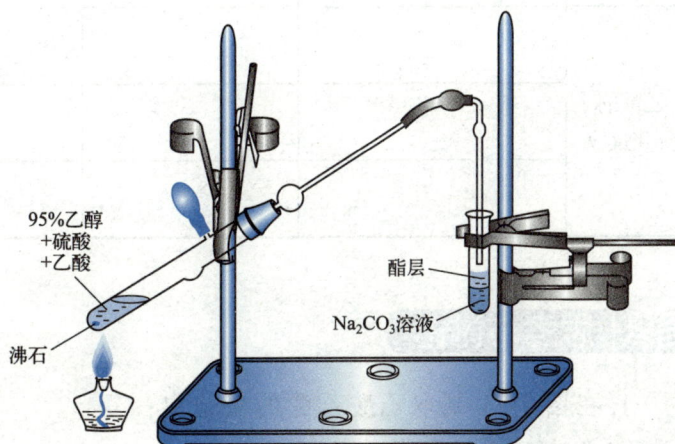

图7-21 乙酸的酯化反应

警示灯

● 浓硫酸的腐蚀性强，使用时要小心。
● 加热时要注意安全，束好长发，放好纸张等易燃物。反应温度比较高，小心不要被烫着。
● 不要加热太剧烈，以防液体冲出容器。

经验提示

1. 由于侧泡具支试管的管径比较小，进行加热操作时，要特别注意，不要加热太剧烈。如果有液体往上冲的迹象，就要稍稍移开一下酒精灯，稍后再继续加热。

2. 直角形通气管不要伸入小试管的液面下，应置于饱和 Na_2CO_3 溶液的上方处，防止受热不均匀，造成 Na_2CO_3 液体倒吸现象的发生。

2. 实验记录与分析

实验	实验过程	实验现象	实验结论或反应方程式
乙酸的酸性			

续表

实验	实验过程	实验现象	实验结论或反应方程式
乙酸的酯化反应			

📖 **思考与讨论**

参考提示

1. 在图 7-21 制取乙酸乙酯的实验中：

（1）浓 H_2SO_4 起什么作用？

（2）插在侧泡具支试管上的玻璃滴管和小试管上方的直角形通气管在实验中起什么作用？直角形通气管为什么不插进溶液中？

（3）饱和 Na_2CO_3 溶液在实验中起什么作用？ Na_2CO_3 溶液能用 NaOH 溶液代替吗？

2. 由于微型仪器的体积和管径都比较小，在进行加热操作时，要特别注意，防止冲料。你认为用什么方法可以比较好地解决对微型仪器进行控制加热的问题？

实验天地 7-7　乙酸乙酯水解的探究

🔬 **实验仪器与药品**

主要仪器　　塑料水杯　　小试管　　多用滴管

药品　　4 mol/L H_2SO_4，30% NaOH 溶液，蒸馏水，乙酸乙酯，70℃热水

🔍 **实验活动与探究**

1. 实验方法与操作

① 在小烧杯内盛约 2 mL 乙酸乙酯，将一支笔杆为红色的铅笔伸入乙酸乙酯

内，浸泡几分钟，使铅笔杆表面的红漆将乙酸乙酯染成浅红色。

② 取 3 支小试管，在 1# 小试管加入 1 mL 蒸馏水；在 2# 小试管加入 1 mL 稀 H_2SO_4；在 3# 小试管里加入 1 mL NaOH 溶液。

③ 在上述 3 支小试管中分别各加入 8 滴染为红色的乙酸乙酯，振荡使混合均匀。

④ 在塑料水杯中加入约 40 mL 70℃ 热水，将三支小试管同时放在热水中进行水浴加热几分钟，实验如图 7-22 所示，观察比较各试管中红色酯层剩余体积的多少。

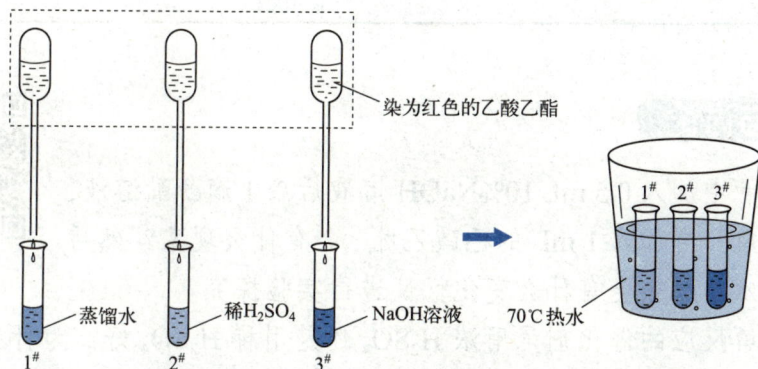

图 7-22　乙酸乙酯的水解

警示灯

● 氢氧化钠、硫酸有强烈的腐蚀性，使用时要注意！
● 小心热水烫着。

经验提示

1. 水浴温度不宜过高，要控制水解温度在 70 ~ 75℃ 之间（因乙酸乙酯的沸点为 77.1℃），若温度太低，反应太慢。

2. 水浴加热 5 ~ 10 min，加热过程中，每隔 1 ~ 2 min，可同时取出三支小试管并用力振荡 3 ~ 5 次，再放入水浴中继续加热。通过振荡可增大反应物间的接触面积，使不同反应的差异得以充分体现，实验现象差异更为明显。

3. 对比性实验在条件选择时，应尽量使其加热的时间、温度、振荡次数相同。

4. 乙酸乙酯是一种常见的有机溶剂，选用红杆铅笔外表面的红漆将乙酸乙酯染红，材料易取，染色速度快。染色后的乙酸乙酯在酸、碱和中性的溶液里水解，颜色均不发生变化。并且水解后的水层仍是澄清透明的，未水解完的酯层仍保持原来的颜色，便于观察水与酯的分层现象。

2.实验记录与分析

实验过程	实验现象	实验结论或反应方程式
乙酸乙酯与蒸馏水共热		
乙酸乙酯与稀硫酸共热		
乙酸乙酯与 NaOH 溶液共热		

💡 **思考与讨论**

参考提示

1. 在小试管中加入 0.5 mL 10%NaOH 溶液后滴 1 滴酚酞溶液，会出现什么现象？再加入 1 mL 的乙酸乙酯，会有什么现象？然后将试管置于热水中加热会有什么变化？试进行实验探究。

2. 酯的水解反应的催化剂是用浓 H_2SO_4 还是用稀 H_2SO_4 好？为什么？

3. 热的纯碱溶液可以洗涤餐具上的油污，为什么？

实验天地 7-8　糖类物质的性质

🔬 **实验仪器与药品**

主要仪器	
酒精灯　　多用滴管　　仪器夹　　小药匙　　小试管　　塑料水杯	

药品：葡萄糖（固体），蔗糖，淀粉，脱脂棉，10% 葡萄糖溶液，2% $AgNO_3$，2% 氨水，10% NaOH，5% $CuSO_4$，水，50℃热水

✳ **实验活动与探究**

1.实验方法与操作

（1）糖类物质的溶解性

① 取葡萄糖、蔗糖、淀粉、纤维素（脱脂棉）样品，观察它们的颜色、状态。

② 实验如图 7-23 所示，各取上述 1 小药匙或少量样品分别加入 4 支小试管中，然后各加约 0.3 mL 水，振荡，观察现象。

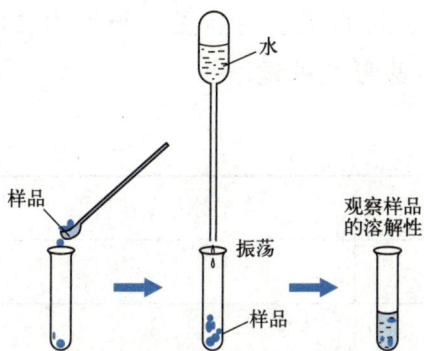

图 7-23　糖类物质的溶解性

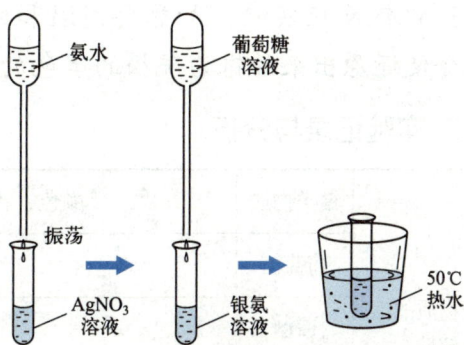

图 7-24　银氨溶液的配制和葡萄糖的银镜反应

（2）葡萄糖的银镜反应

① 取 1 支洁净的小试管加入约 0.3 mL AgNO₃ 溶液，然后慢慢逐滴加入稀氨水，边滴边振荡，直至生成的沉淀恰好完全溶解为止，即得到澄清的银氨溶液。

② 向盛有新配制银氨溶液的小试管中加入 2 滴 10% 葡萄糖溶液，振荡，然后置于 50℃ 热水中进行水浴加热，实验如图 7-24 所示，观察现象。

（3）葡萄糖与氢氧化铜的反应

① 在 1 支洁净的小试管中加入约 0.3 mL NaOH 溶液，再加入 1 滴 CuSO₄ 溶液，振荡，即得到新配制的 Cu(OH)₂ 溶液。

② 向盛有新配制 Cu(OH)₂ 的小试管中加入 2 滴 10% 葡萄糖溶液，振荡均匀，然后加热至煮沸，实验如图 7-25 所示，观察发生的现象。

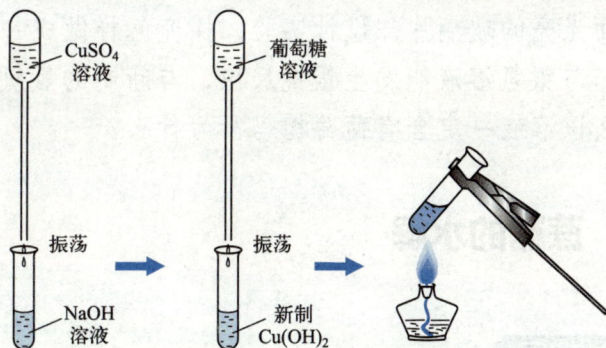

图 7-25　葡萄糖溶液与新制的氢氧化铜反应

🔧 经验提示

1. 银镜反应的实验所用的试管必须洁净，否则实验不容易成功或现象不明显。

2. 小试管的洗涤：在一支小试管中加入 0.5 mL 饱和 Na₂CO₃ 溶液，用酒精灯加热煮沸一会，然后弃去 Na₂CO₃ 洗液，再用水清洗。

3. 银镜反应实验，加热要用温和的水浴，受热的试管要静置。如果加热时振荡，会使还原出来的银为疏松的黑色的沉淀，不易形成银镜。

2. 实验记录与分析

糖类物质的溶解性	糖类物质	颜色、状态	在水中的溶解性
	葡萄糖		
	蔗糖		
	淀粉		
	纤维素		

实验	实验过程	实验现象	实验结论或反应方程式
银镜反应			
葡萄糖与氢氧化铜的反应			

思考与讨论

1. 找一小块表面光亮的玻璃片，设计实验，探究怎样做成一块好的小镜子。

2. 某无色溶液，与银氨溶液能发生银镜反应，与新制的氢氧化铜悬浊液能生成砖红色的沉淀。那么该溶液一定含有葡萄糖吗？为什么？

实验天地 7-9 蔗糖的水解

参考提示

实验仪器与药品

主要仪器	球形具支试管 小试管 仪器夹 多用滴管 酒精灯

药品	5% 蔗糖溶液，1 mol/L H_2SO_4，10% NaOH 溶液，5% $CuSO_4$ 溶液，pH 试纸

1. 实验方法与操作

（1）蔗糖的水解

实验如图 7-26 所示，在球形具支试管中加入约 2 mL 蔗糖溶液，再加约 2 滴硫酸溶液，振荡溶解。加热煮沸约 4 min，冷却后将蔗糖水解混合液倒出小试管，滴加 10%NaOH 溶液调节至中性（用 pH 试纸检验），观察现象。

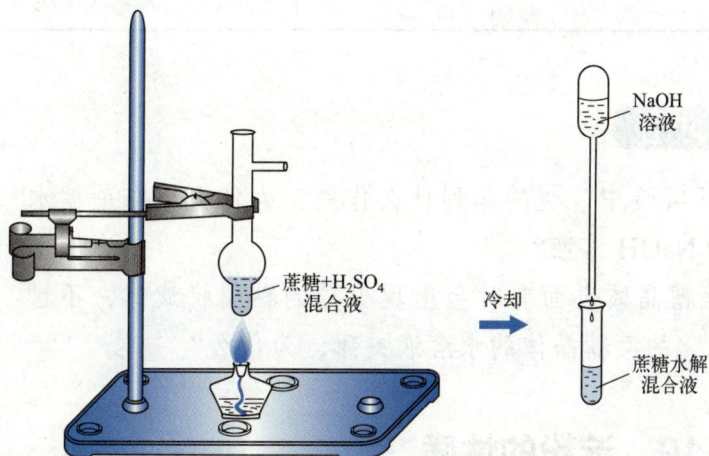

图 7-26　蔗糖的水解反应

（2）蔗糖水解产物的检验

在 1 支洁净的小试管中加入约 0.3 mL NaOH 溶液，再加入 1 滴 $CuSO_4$ 溶液，振荡，即得到 $Cu(OH)_2$ 悬浊液。在装新配制 $Cu(OH)_2$ 溶液的小试管中滴入 5 滴已调为中性的蔗糖水解混合液，振荡均匀，加热煮沸，实验如图 7-27 所示，观察发生的现象。

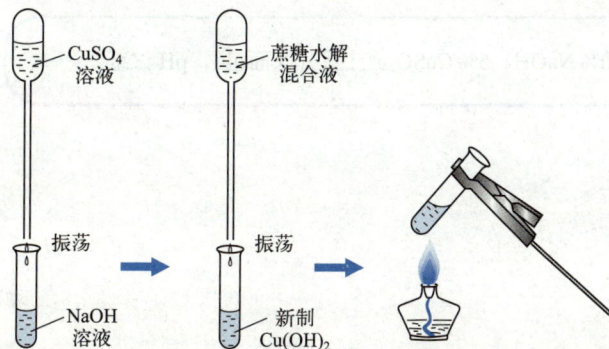

图 7-27　蔗糖水解产物的检验

警示灯

● 实验中用到的酸、碱试剂腐蚀性强，使用时要小心。
● 加热时要注意安全，束好长发，放好纸张等易燃物，小心不要被烫着。

2. 实验记录与分析

实验	实验过程	实验现象	实验结论或反应方程式
蔗糖的 水解			
水解产物 的检验			

思考与讨论

1. 在图 7-26 实验中，硫酸起到什么作用？为什么要在蔗糖水解混合液中滴加 NaOH 溶液？

2. 久置的蔗糖晶体表面有时会出现少量的黏稠状液体，不过其水溶液比没变化的蔗糖晶体的水溶液更甜，为什么？

参考提示

实验天地 7-10　淀粉的性质

实验仪器与药品

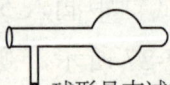

主要仪器：球形具支试管　小试管　仪器夹　多用滴管　酒精灯

药品：1% 淀粉溶液，碘溶液，1 mol/L H_2SO_4，10% NaOH，5% $CuSO_4$，土豆片（面包），pH 试纸

实验活动与探究

1. 实验方法与操作

（1）淀粉与碘的反应

取 1 支小试管加入约 0.3 mL 淀粉溶液，再加入 2 滴碘溶液，观察现象；另取一小块土豆片（或面包），在上面加 1～2 滴碘溶液，观察现象，实验如图 7-28 所示。

（2）淀粉的水解

实验如图 7-29 所示，在球形具支试管中加入约 0.5 mL 淀粉溶液，再加约 0.5 mL 硫酸，加热煮沸 4 min。待溶液冷却后，将淀粉水解混合液分装在 2 支小试管中，在一支小试管中滴加 2 滴碘溶液，观察现象。在另一支小试管中用 NaOH 溶液将淀粉水解混合液调节至中性（用 pH 试纸检验），观察现象。保留并用于实验（3）淀粉水解产物的检验实验。

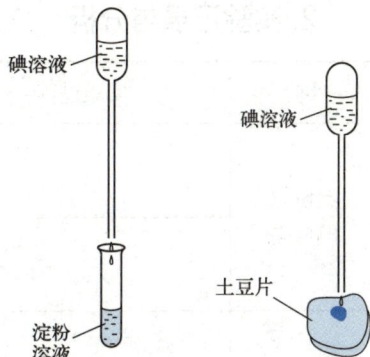

图 7-28 淀粉与碘反应

（3）淀粉水解产物的检验

在 1 支洁净的小试管中加入约 0.3 mL NaOH 溶液，再加 1 滴 CuSO$_4$ 溶液，振荡，即得到 Cu(OH)$_2$ 悬浊液。在装新配制 Cu(OH)$_2$ 溶液的小试管中滴入 5 滴已调为中性的淀粉水解混合液，振荡均匀，加热煮沸，实验如图 7-30 所示，观察发生的现象。

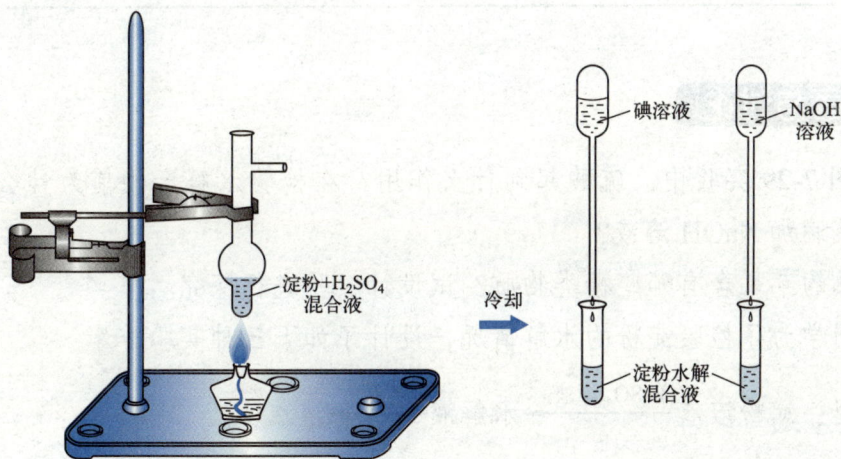

图 7-29 淀粉的水解

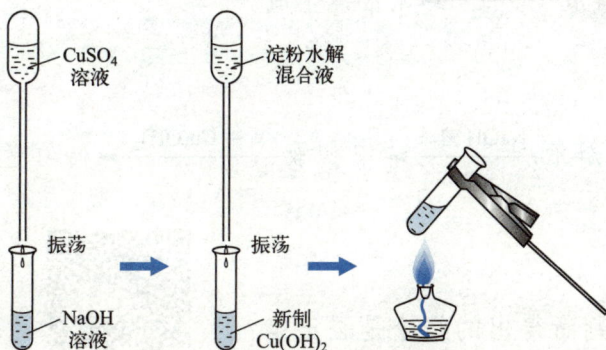

图 7-30 淀粉水解产物的检验

警示灯

● 实验中用到的酸、碱试剂腐蚀性强，使用时要小心。
● 加热时要注意安全，束好长发，放好纸张等易燃物，小心不要被烫着。

2. 实验记录与分析

实验	实验过程	实验现象	实验结论或反应方程式
淀粉与碘反应			
淀粉的水解			
水解产物的检验			

思考与讨论

1. 在图 7-29 实验中，硫酸起到什么作用？在检验水解产物前为什么要向淀粉水解混合液滴加 NaOH 溶液？

2. 成熟的苹果含有哪些糖类物质？试设计实验进行探究。

3. 某同学为了检验淀粉的水解情况，设计了如下三种实验方案：

方案甲：淀粉溶液 $\xrightarrow{H_2SO_4溶液}$ 水解液 $\xrightarrow{碘水}$ 溶液变蓝

结论为：淀粉未水解。

方案乙：淀粉溶液 $\xrightarrow{H_2SO_4溶液}$ 水解液 $\xrightarrow[\triangle]{银氨溶液}$ 无银镜生成

结论为：淀粉未水解。

方案丙：淀粉溶液 $\xrightarrow{H_2SO_4溶液}$ 水解液 $\xrightarrow{NaOH溶液}$ 中和液 $\xrightarrow[\triangle]{新制\ Cu(OH)_2}$ 砖红色沉淀

结论为：淀粉已完全水解。

请根据以上的设计操作、现象，判断得出的结论是否正确？不正确的请说明原因。

参考提示

实验天地 7-11　蛋白质的性质

实验仪器与药品

主要仪器

酒精灯　　小试管　　仪器夹　　多用滴管

药品　鸡蛋清溶液，饱和（NH₄）₂SO₄溶液，5% CuSO₄溶液，乙酸铅溶液，40%甲醛溶液，浓硝酸，蒸馏水，棉线，毛线（或头发）

实验活动与探究

1. 实验方法与操作

（1）蛋白质的灼烧

分别取一小段棉线和毛线（或头发）点燃，比较燃烧的现象和产生的气味。

（2）蛋白质的盐析

如图 7-31 所示，向盛有约 0.3 mL 鸡蛋清溶液的小试管里，缓慢地加入 3 滴饱和 (NH₄)₂SO₄ 溶液，振荡，观察现象。然后再向小试管加入约 1 mL 水，充分振荡，观察沉淀是否溶解。

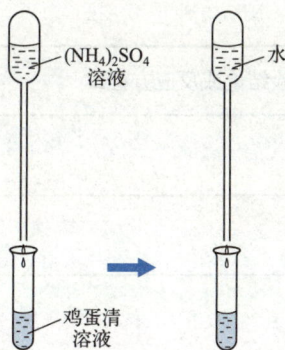

(NH₄)₂SO₄ 溶液　　水　　　　　　　　　　　　浓HNO₃

鸡蛋清溶液　　　　　　　　　　　　　　　　鸡蛋清溶液

图 7-31　蛋白质的盐析

警示灯

● 硝酸腐蚀性强，使用时要小心。

● 加热时要注意安全，放好纸张等易燃物，小心不要被烫着。

微热

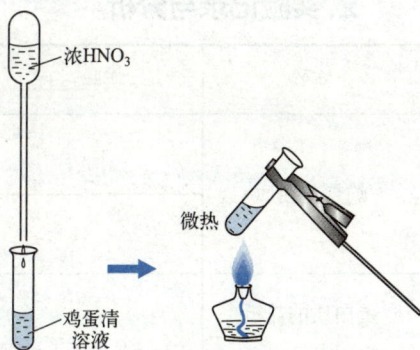

图 7-32　蛋白质的颜色反应

（3）蛋白质的颜色反应

实验如图 7-32 所示，在盛有 0.3 mL 鸡蛋清溶液的小试管里，滴入 2 滴浓硝酸，微热，观察现象。再加蒸馏水，观察现象。

（4）蛋白质的变性

取 4 支小试管分别加入约 0.3 mL 鸡蛋清溶液进行如下实验，如图 7-33 所示。

将 1# 小试管加热，2# 小试管加 3 滴乙酸铅，3# 小试管加 3 滴 $CuSO_4$ 溶液，4# 小试管加 3 滴甲醛溶液，观察现象。然后再在上述 4 支小试管中加入少量的蒸馏水，振荡，观察现象。

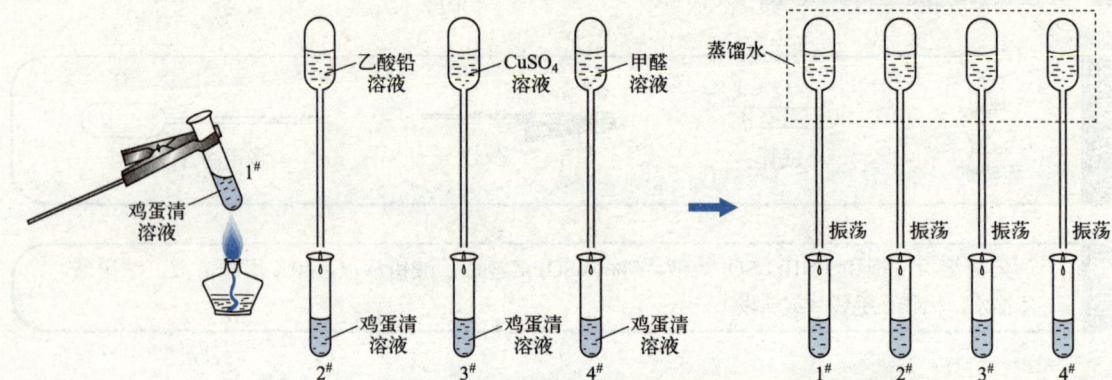

图 7-33　蛋白质的变性实验

经验提示

1. 鸡蛋清溶液的配制：一个鸡蛋白加 50 mL 蒸馏水搅拌均匀，用三层纱布过滤后即得蛋白质溶液。

2. 蛋白质溶液中不可加入过多的乙酸铅溶液和 $CuSO_4$ 溶液，否则沉淀又会溶解。

3. 蛋白质的盐析成功的关键在于 $(NH_4)_2SO_4$ 必须是饱和溶液。

2. 实验记录与分析

实验	实验过程	实验现象	实验结论或反应方程式
灼烧蛋白质			
蛋白质的盐析			
蛋白质的颜色反应			
蛋白质的变性			

📖 **思考与讨论**

1. 在小试管中加入鸡蛋清溶液，然后滴加浓乙酸，会发生什么变化？再加蒸馏水，有什么变化？为什么乙酸蒸气可以用来预防流行性感冒？进行实验探究。

2. 唾液中含有促使糖类或蛋白质水解需要的酶，如果在唾液中加入浓硝酸，会有什么现象？试进行实验探究。

3. 怎样鉴别真丝和人造丝？试进行实验探究。

4. 平常在做实验时会发现，皮肤遇到浓硝酸时会变黄，试解释之。

5. 护士在给病人打针之前通常要在皮肤上擦酒精，请用化学原理加以解释。

实验天地 7-12　综合实验：烷烃的化学性质探究

🔬 **实验仪器与药品**

主要仪器		
小烧杯	小试管	多用滴管

药品　己烷，1% Br_2/CCl_4 溶液，铝箔

实验活动与探究

1. 实验方法与操作

（1）燃烧

在小烧杯内加入 3～4 滴己烷，然后用燃烧的木条点燃己烷，如图 7-34 所示。记录观察结果。

图 7-34　己烷的燃烧

（2）与溴的反应

在 2 支小试管内，各加入约 1 mL 己烷，再分别滴入 2 滴 Br_2/CCl_4 溶液，把两

支小试管并排放在试管架上，并将其中一支试管用铝箔包裹（以阻挡光线照射），放在强光下光照 10 ~ 20 min，如图 7-35 所示，观察两者颜色变化。

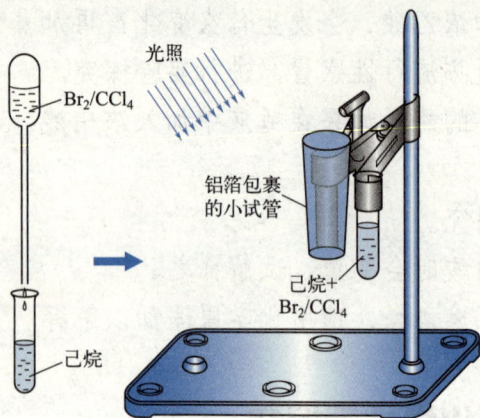

图 7-35 己烷与溴的反应

2. 实验记录与分析

实验		实验过程	实验现象	实验结论或反应方程式
燃烧				
与溴的反应	强光照射			
	黑暗			

信息在线

在受热（约 300℃）或紫外线下（例如来自阳光），烷烃会与卤素反应。在反应中，烷烃分子中的氢原子被卤素原子取代，生成卤化氢和其他化合物。

例如，甲烷和氯气的混合物会在阳光下产生剧烈的反应，生成多种化合物。在反应中，甲烷分子的其中一个或一个以上氢原子会被氯原子取代，这类反应称为取代反应。

思考与讨论

1. 己烷在什么情况下会与溴发生反应？这个反应属于哪一类型？
2. 写出己烷燃烧时涉及的反应的化学方程式。
3. 正己烷与氯反应，如果只生成一氯取代物，试推测会生成多少种的一氯取代物？写出其结构简式。

参考提示

实验天地 7-13　综合实验：肥皂的制备及其性质的探究

实验仪器与药品

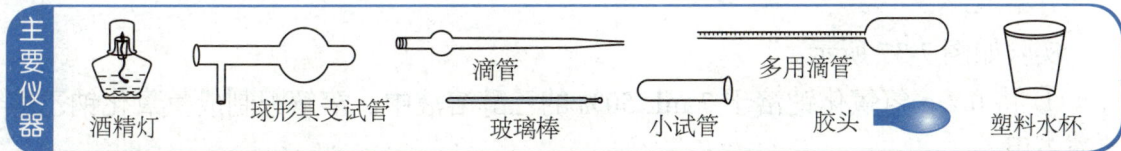

主要仪器						
酒精灯	球形具支试管	滴管 玻璃棒	小试管	多用滴管 胶头	塑料水杯	

药品：猪油，40% NaOH 溶液，蒸馏水，硬水，染了色的油，饱和食盐水，95% 乙醇，沸石（碎瓷片），50% 乙醇，固体氢氧化钠

实验活动与探究

1. 实验方法与操作

（1）肥皂的制备

方案一：

① 在球形具支试管中加入约 1 g 新鲜动物油（牛油或猪油）和 3 mL 95% 乙醇，微热使脂肪完全溶解。再加入约 2 mL 40% NaOH 溶液及加入一块沸石（碎瓷片），再塞上插有一支滴管（充当回流冷凝管）的胶塞，如图 7-36 装置好仪器。

② 小心加热至沸腾并不停振荡，几分钟后，液体溶为一体（脂肪完全溶解变成黄棕色黏稠状）。用玻璃棒蘸取少许油脂的水解液滴入装有热水的小试管中，振荡，检验油脂是否完全水解。若无油滴浮在液面说明油脂完全反应，否则要继续加

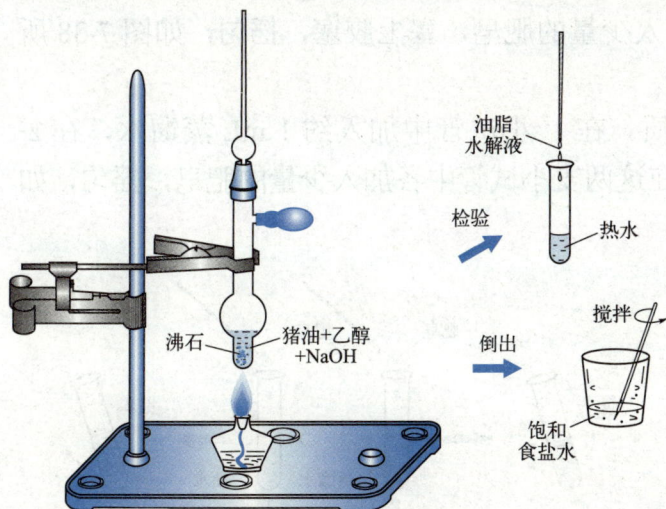

图 7-36　皂化反应原理实验（Ⅰ）

警示灯

● 氢氧化钠腐蚀性极强，可严重灼伤皮肤，使用时必须十分小心，防止眼睛、皮肤、衣服沾上。

● 未经水彻底清洗的肥皂含氢氧化钠，故应避免皮肤接触刚制得的肥皂。

热使之反应完全。

③ 油脂完全水解后，稍冷，将油脂的水解液倒入装有 10 mL 饱和食盐水的塑料水杯中，搅拌后，肥皂浮在上层。

④ 取少量所制肥皂，用水冲去表面碱液，用它洗手，观察形成泡沫情况。

方案二：

实验如图 7-37 所示。

① 将 0.2 g 氢氧化钠溶于 7 mL 50% 的乙醇溶液中，溶解配制成氢氧化钠乙醇溶液备用。

② 在球形具支试管中放入 1.0 g 猪油，再加入约 5 mL 氢氧化钠乙醇溶液。用约 95℃水浴加热，不断搅拌，20 min 后结束加热。

③ 移出球形具支试管，稍冷，将油脂的水解液倒入装有 10 mL 饱和食盐水的塑料水杯中，迅速搅拌以使肥皂产物粉碎成小块。

④ 滤去反应液取出肥皂，用冷水洗涤肥皂两次。用少许制备的肥皂洗手，观察形成泡沫情况。

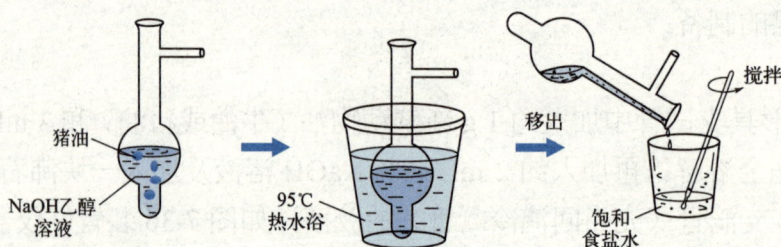

图 7-37　皂化反应原理实验（Ⅱ）

（2）测试制得的肥皂的性质

① 乳化作用。在一支小试管中加入约 1 mL 水，再加入 5 滴染了色的油，塞上胶塞，摇匀，观察现象。然后再加入少量的肥皂，塞上胶塞，摇匀，如图 7-38 所示，观察现象。

② 肥皂在软水和硬水中的性质。在 1# 小试管中加入约 1 mL 蒸馏水，在 2# 小试管中加入约 1 mL 硬水。然后在这两支小试管中各加入少量的肥皂，摇匀，如图 7-39 所示，观察现象。

图 7-38　肥皂的乳化作用

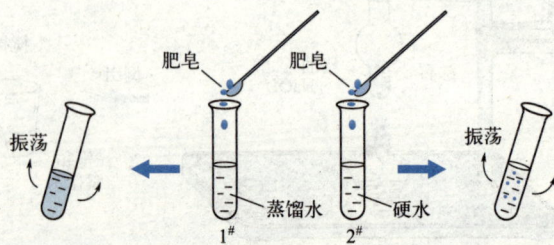

图 7-39　在软水和硬水中的肥皂

经验提示

1. 注意控制加热温度，使微微沸腾即可，以免乙醇的损失。

2. 制得的肥皂质量如何，决定油脂的皂化是否完全。实验过程中要进行油脂的皂化完全的检验。如果皂化不完全，就会有油脂析出，这时就要继续加热，直到皂化为止。

2. 实验记录与分析

实验	实验过程	实验现象	实验结论或反应方程式
肥皂的制备	猪油 + 乙醇 +NaOH 加热		
	反应物倒入饱和食盐水中		
	用制得的肥皂洗手		
肥皂的性质	水 + 油 + 肥皂		
	软水 + 肥皂		
	硬水 + 肥皂		

信息在线

1. 油脂都是含碳、氢、氧三种元素的有机化合物。植物油脂通常呈液态，动物油脂通常呈固态。常见的一种油脂——硬脂酸甘油酯的结构简式是 $(C_{17}H_{35}COO)_3C_3H_5$。牛、羊的脂肪中含有硬脂酸甘油酯。油脂是热能最高的营养物质，也是一种重要的化工原料，用油脂可制造肥皂和油漆等。

2. 硬脂酸甘油酯在有 NaOH 存在的条件下，发生水解反应，生成硬脂酸钠和甘油。由于油脂难溶于水，皂化反应进行得很慢，加入一些酒精，使油脂溶于酒精和水形成均一溶液，大大加速了反应的进行。

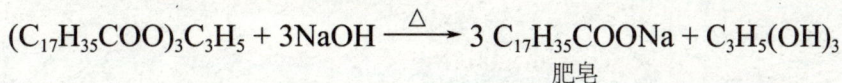

$$(C_{17}H_{35}COO)_3C_3H_5 + 3NaOH \xrightarrow{\triangle} 3\ C_{17}H_{35}COONa + C_3H_5(OH)_3$$

肥皂

生成的高级脂肪酸钠、甘油和水形成混合液。高级脂肪酸钠在水里形成胶体，为使肥皂和甘油充分分离，加入食盐，胶体在食盐作用下被破坏，高级脂肪酸钠从混合液中析出（即盐析），溶液分层后，上层即为高级脂肪酸钠，下层为甘油食盐混合物。

📖 | 思考与讨论

1. 在图 7-36 实验中，40% NaOH 溶液在油脂的水解中起什么作用？油脂完全水解后，将混合液倒入热的饱和食盐水中，饱和食盐水起什么作用？

参考提示

2. 在上述实验中，油脂在碱性条件下发生水解，那它在酸性条件下是否也发生水解？

3. 乙醇在实验中起什么作用？

DIY 大制作

自制透明皂

【器材】30% 的氢氧化钠溶液，95% 的乙醇溶液，动物油（最好还有椰子油和蓖麻油），香精，色料，糖；锥形瓶，水浴，pH 试纸。

【操作】（1）把 30% 的氢氧化钠溶液和 95% 的乙醇溶液以 1：1 体积混合，制成氢氧化钠乙醇溶液备用。

（2）在 150 mL 锥形瓶中放入 10 g 动物油（最好再加等量的椰子油和等量的蓖麻油并相应增加氢氧化钠乙醇溶液的用量），放在水浴或石棉网上小心地加热，待油脂熔化后，加入 20mL 氢氧化钠乙醇溶液，用 <75℃水浴或小火加热、搅拌 30 min 左右，此时锥形瓶内应形成均匀的溶液，pH 为 8 ~ 9（若锥形瓶中还有油滴，应适当添加氢氧化钠酒精溶液；若 pH>9，应适当添加熔化的油脂）。

（3）停止搅拌，塞上橡皮塞，让锥形瓶在水浴中静置 20 min 左右。

（4）将 5 g 糖溶解在 5 mL 80℃的水中，趁热倒入锥形瓶内，摇匀，塞好，取出水浴，静置；皂液冷至 60℃时，可加入香精、色料等，搅匀，倒入模具中，凝固后即得透明皂。

实验活动 8：搭建球棒模型认识有机化合物分子结构的特点

实验仪器与药品

> 橡皮泥，面粉，黏土，发泡胶球，泡沫塑料，牙签，木条，塑料管，一次性筷子等

实验活动与探究

1. 探究的问题

科学实验证明，甲烷分子里，1 个碳原子与 4 个氢原子形成 4 个共价键，构成以碳原子为中心，4 个氢原子位于四个顶点的正四面体立体结构，键角均为 $109.5°$。

请用生活中的物品，如橡皮泥、面粉、黏土、发泡胶球、泡沫塑料、牙签、木条、塑料管、一次性筷子等材料搭甲烷、乙烷、乙烯、丙烯及乙炔的球棒模型（凯库勒模型）。从分子球棒模型认识有机化合物分子结构的特点。

2. 方法导引

搭建有机化合物球棒模型，要用不同颜色的球代表不同的原子，球之间的"棒"表示单键、双键或三键。搭建的分子模型要考虑分子的键长、键角的相互制约关系。

3. 实验方案和操作的设计

_____

_____

4. 与同学交流，修改自己的实验方案

_____

_____

5. 用生活中物品制作球棒模型、完成实验的方案

① 观察甲烷的凯库勒模型，根据"碳四价"原则与共价键的相关知识，搭建甲烷的球棒模型。

化合物	分子式/结构式		结构特点	球棒模型	模型预期效果
甲烷	分子式				
	结构式				

② 在甲烷球棒模型的基础上，保持碳原子的位置不变，通过替换氢原子，搭建含 2～3 个碳原子的只含碳原子和氢原子的有机化合物的球棒模型，并写出相应有机化合物分子的结构式。

化合物	分子式/结构式		结构特点	球棒模型	模型预期效果
乙烷	分子式				
	结构式				
乙烯	分子式				
	结构式				
丙烯	分子式				
	结构式				
乙炔	分子式				
	结构式				

信息在线

1. 凯库勒模型：用不同的颜色的小球代表各种原子，用短棒表示化学键。凯库勒模型使用方便、能清楚地看出原子在空间的相对位置和几何特征，但不能够准确地表示原子的大小比例和键长，如图 7-40 所示。

2. 斯陶特模型：根据分子中各个原子的大小比例和键长按一定的比例放大制成，能准确地表示原子的大小比例，但是价键的空间分布情况不容易看清楚，如图 7-41 所示。

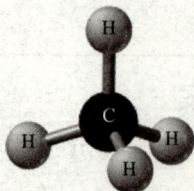

图 7-40　甲烷的凯库勒模型　　　　图 7-41　甲烷的斯陶特模型

1. 观察甲烷、乙烯、乙炔等有机物的球棒模型，思考碳原子的成键方式与分子的空间构型、键角有什么关系？

2. 分子中含有 4 个碳原子的饱和烃可能有多少种结构？尝试用球棒模型进行探究。

3. 根据甲烷球棒模型，试推测二氯甲烷是否有同分异构体？并通过搭建球棒模型进行验证。

参考提示

实验天地 7-15　实验活动 9：乙醇、乙酸的主要性质

实验仪器与药品

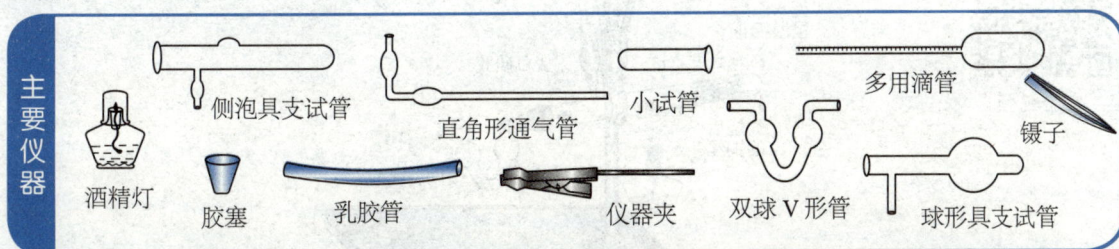

| 主要仪器 | 酒精灯　胶塞　乳胶管　仪器夹　侧泡具支试管　直角形通气管　小试管　多用滴管　镊子　双球 V 形管　球形具支试管 |

| 药品 | 1% 酸性 $KMnO_4$，Na_2CO_3 固体，CuO 固体，锌粒，饱和 Na_2CO_3，95% 乙醇，无水乙醇，冰乙酸，浓硫酸，铜丝，席夫试剂，紫色石蕊溶液，酚酞溶液，变色硅胶，沸石（小瓷片），水，棉花 |

实验活动与探究

1. 实验方法与操作

（1）乙醇的性质

① 在 1 支小试管中加入约 0.5 mL 乙醇，观察其状态，闻其气味。再加入约 0.5 mL 水，加以振荡，观察水和乙醇能否互溶。再取少许该溶液滴在小烧杯中，试验其能否燃烧，如图 7-42 所示。

② 如图 7-43 所示，在 1 支小试管中加入 3 滴乙醇，再加入 1 滴酸性 $KMnO_4$ 溶液，充分振荡，观察现象。

③ 在侧泡具支试管的底部放入一团棉花，然后插入多用滴管慢慢滴加无水乙醇将棉花湿透，再在侧泡具支试管距离棉花约 2cm 处放入经灼烧变黑色的螺旋状的铜丝，在侧泡具支试管口处放入一颗变色硅胶，再连接一个装有少许席夫试剂的

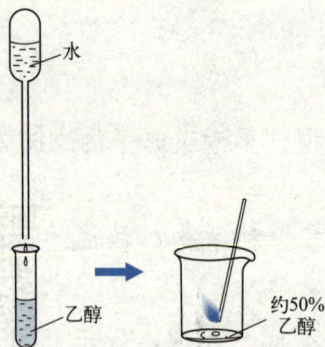

图 7-42　乙醇的物性实验

图 7-43　乙醇与强氧化剂实验

双球 V 形管，实验装置如图 7-44 所示。

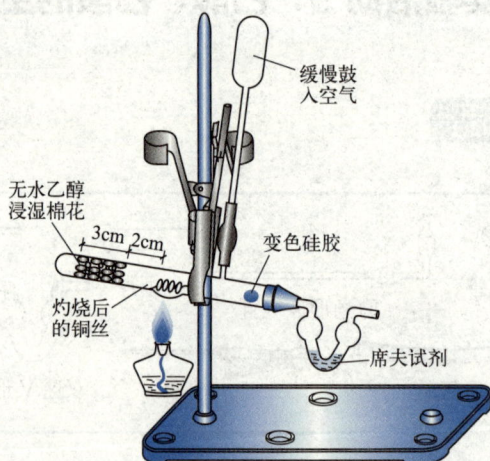

图 7-44　乙醇催化氧化及产物的检验

先对侧泡具支试管预热，然后用酒精灯向盛铜丝部位大火加热，至整段铜丝全部变红。用多用滴管通过具支口缓慢鼓入空气，红热的铜丝遇空气后又会变黑。继续加热使铜丝产生黑、红交替变化现象，鼓入的空气将产物乙醛带入检测体系，观察变色硅胶及席夫试剂的颜色变化。

（2）乙酸的性质

① 向小试管中滴加 3 滴乙酸溶液，观察其状态，再小心地闻其气味。

② 如图 7-45 所示，取 4 支小试管，在 1$^{\#}$ 小试管中加入约 0.5 mL 乙酸溶液，然后滴入 1 滴石蕊试液，观察溶液颜色的变化。在 2$^{\#}$、3$^{\#}$、4$^{\#}$ 小试管中分别加入一小块锌粒、1 小药勺的 Na_2CO_3 粉末和 1 小药勺的 CuO 固体，然后在 2$^{\#}$、3$^{\#}$、4$^{\#}$ 小试管中分别各加入约 0.5 mL 乙酸溶液，观察现象。而 4$^{\#}$ 小试管要边加热边振荡，再观察现象。

（3）乙酸乙酯的制备及水解

① 乙酸乙酯的制备。在球形具支试管中盛约 1.2 mL 95% 乙醇，然后边摇边慢

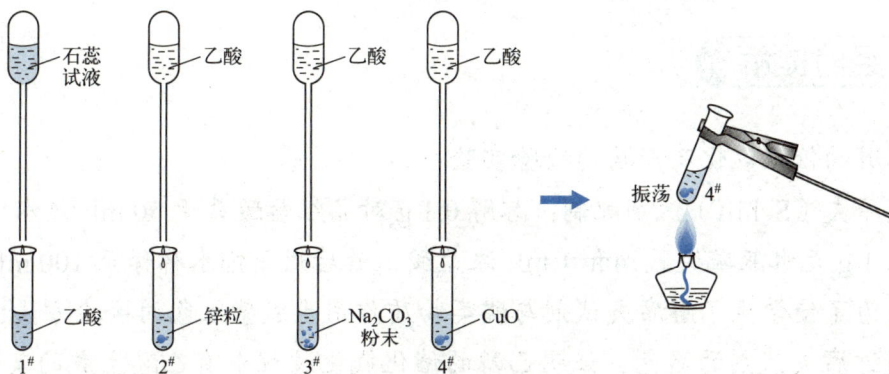

图 7-45　乙酸的性质实验

慢加入约 0.4 mL 浓硫酸和 0.8 mL 冰乙酸，并放进一小块沸石（碎瓷片），按图 7-46 连接好装置。取一支小试管加入约 0.5 mL 饱和 Na_2CO_3 溶液和滴加 1 滴酚酞，将直角形通气管插入小试管中，通气管口在液面之上。用酒精灯小火均匀地加热球形具支试管，让产生的蒸气缓缓经导管通到小试管中。当小试管中看到明显的分层并收集到约 0.5 mL 的乙酸乙酯后，停止加热，观察现象并闻其气味。

② 乙酸乙酯的水解。取下小试管，轻轻振荡，静置，观察现象。如果还有分层现象，可以用酒精灯小心轻微地加热，再观察是否有分层的现象及粉红色是否褪去。

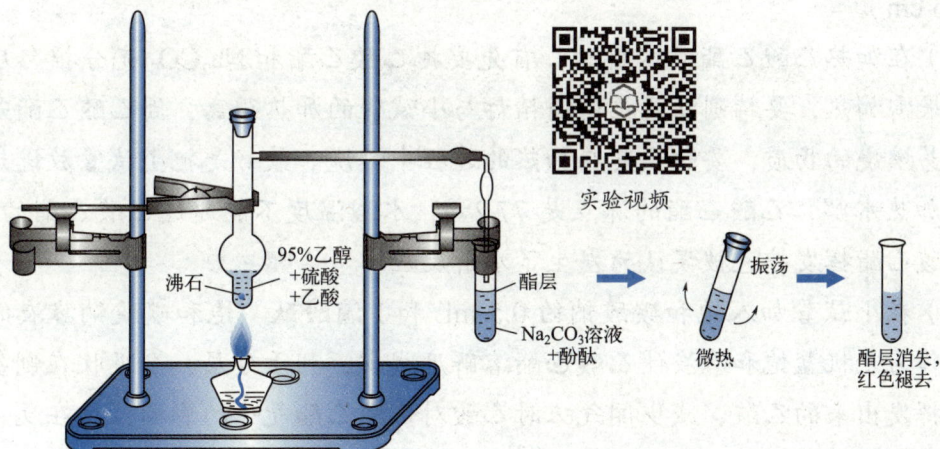

图 7-46　乙酸乙酯的制备及水解实验

🚦 **警示灯**

● 加热时要注意安全，小心不要被烫着。

● 点燃乙醇时，附近不能有纸张等易燃物。

● 硫酸、冰乙酸有强烈的腐蚀性，使用时要注意！

1. 乙醇的催化氧化及产物的检验实验：

（1）席夫（Schiff）试剂配制：溶解 0.1 g 对品红盐酸盐于 50 mL 热水中，冷却后，加入 1 g 无水亚硫酸氢钠和 1 mL 浓盐酸，最后用蒸馏水稀释至 100 mL。

（2）为了使学生了解席夫试剂与醛类物质作用生成紫红色的检验方法，可以补充一个通过席夫试剂的显色，证明乙醇的催化氧化过程中有乙醛生成的实验。取 3 支小试管各加入约 0.2 mL 席夫试剂，然后再分别滴加入 2 滴乙醇溶液、乙醛溶液和乙酸溶液，振荡，观察。只有乙醛溶液能够使席夫试剂变紫红色，而乙醇和乙酸溶液不能使席夫试剂显色。

2. 进行乙酸乙酯的制备及水解一体化实验时：

（1）加入反应试剂时，应先加入乙醇，然后一边摇动，一边慢慢地加入浓硫酸和乙酸。

（2）安装实验装置时，直角形通气管不要伸入小试管的液面下，防止受热不均匀，造成 Na_2CO_3 液体倒吸现象的发生。应置于饱和 Na_2CO_3 溶液的上方处（距液面约 0.5 cm）。

（3）在加热乙酸乙酯的水解时，首先要把乙酸乙酯和 Na_2CO_3 充分摇匀后再观察。如果需加热，要特别注意控制酒精灯与小试管的加热距离，因乙酸乙酯是一种极其容易燃烧的物质，要防止其在加热的过程中燃烧。最好是把小试管放进热水浴中进行加热水解，乙酸乙酯的沸点是 77.2℃，水浴温度不能超过乙酸乙酯的沸点，否则乙酸乙酯挥发掉也被误认为发生了水解反应。

（4）在小试管加入饱和碳酸钠约 0.5 mL 和 1 滴酚酞。饱和碳酸钠溶液的作用为：①作为无机盐饱和溶液使乙酸乙酯溶解度减少，利于分层；②吸收在制备乙酸乙酯时挥发出来的乙酸，减少闻气味时乙酸对乙酸乙酯气味的影响，故在反应完成后，可以轻微振荡一下小试管，使 Na_2CO_3 跟挥发出的乙酸反应，生成没有气味的乙酸钠，更好地感受乙酸乙酯的香味；③溶解混合在乙酸乙酯中挥发出来的乙醇。加酚酞的作用：①酚酞试剂在碱性的碳酸钠溶液中显示红色，使生成的乙酸乙酯与碳酸钠溶液两层液体的界面清楚，便于观察；②在做乙酸乙酯的水解实验时，就不用再额外加碱了，使实验的连贯性更强。

（5）制备乙酸乙酯时反应温度不宜过高，要保持在 60～70℃，温度过高时会产生乙醚和亚硫酸或乙烯等杂质。液体加热至沸腾后，应改用小火加热。事先可在试管中加入 1 小块沸石（碎瓷片），以防止液体暴沸。

2. 实验记录与分析

实验	实验过程	实验现象	实验结论或反应方程式
乙醇的物性			
乙醇的氧化反应			
乙醇的催化氧化			
乙酸的物性			
乙酸的化性			
乙酸乙酯的制备			
乙酸乙酯的水解			

思考与讨论

1. 家里的食醋能否用来浸泡暖瓶或水壶以去除其中的水垢？为什么？

2. 乙酸具有哪些物理性质和化学性质？

3. 乙酸为什么会显酸性？从哪些方面可以说明乙酸的酸性比硫酸弱？

4. 有两瓶无色溶液，可能是乙醇和乙酸中的一种，请用至少三种方法将二者鉴别出来。

5. 设计一个实验，将乙醇和乙酸的混合物分离开，写出实验的步骤和有关的化学方程式。

6. 乙酸乙酯的制备实验，在反应混合液中加入沸石（碎瓷片）的目的是什么？

参考提示

第 8 专题

化学与可持续发展

实验天地 8-1　铝热反应

实验仪器与药品

主要仪器：粉笔　　小刀　　铁钉　　小药匙　　镊子　　多用滴管

药品：Fe_2O_3 粉末，铝粉，氯酸钾，无水乙醇，磁铁，细沙

实验活动与探究

1. 实验方法与操作

① 用小刀在一支粉笔上挖一条如图 8-1 所示的约宽 0.5 cm、深 0.3 cm 的浅槽。

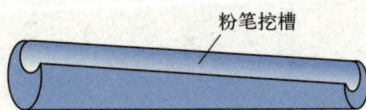

粉笔挖槽

图 8-1　挖槽的粉笔

② 将挖好槽的粉笔浸泡于盛有无水乙醇的烧杯中，待粉笔浸透乙醇后，用镊子取出粉笔。用药匙将约 0.7 g Fe_2O_3 粉末和 0.2 g 铝粉混合均匀的混合物平铺在粉笔槽中，上面再铺少许氯酸钾粉末。

③ 在地板（或水泥台面）放置一堆细沙，将盛药品的粉笔小心放置在倾斜约 15°的沙堆斜面上，在斜面的下方也保留一层细沙，并插上 2 根小铁钉，如图 8-2 所示。

④ 用火柴点燃粉笔，然后迅速远离，观察实验现象。待剧烈反应完成且冷却后，用磁铁检验生成物的磁性。

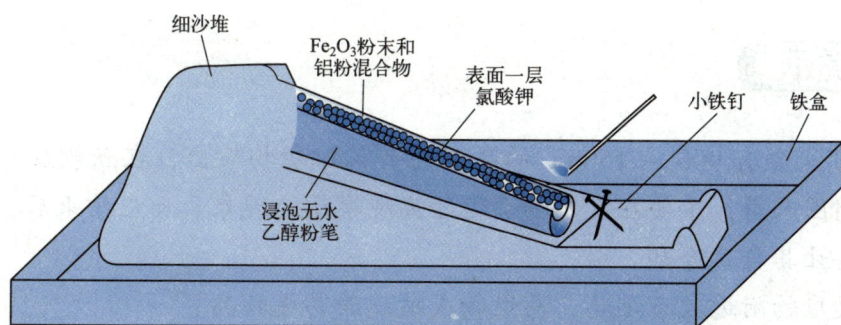

图 8-2　铝热反应装置

细沙堆　　Fe₂O₃粉末和铝粉混合物　　表面一层氯酸钾　　小铁钉　　铁盒

浸泡无水乙醇粉笔

实验视频

警示灯

● 用小刀在干粉笔上挖槽，要小心划伤手。
● 该实验反应剧烈，并发生燃烧，因此实验地点要选择在地板、水泥台、石台等耐烧耐热的地方进行。
● 实验过程中可能会有铁珠迸溅发生，所有人员要远离观察，防止烫伤。
● 用磁铁来检验生成物时，一定要等待生成物完全冷却以后进行，以防烫伤。
● 实验者必须戴墨镜或防强光的设备观察实验现象，以防止被铝热反应发出的耀眼的强光灼伤眼睛。

2. 实验记录与分析

实验	实验过程	实验现象	实验结论或反应方程式
粉笔浸泡乙醇			
点燃粉笔			
生成物检验			

1. 反应时可能会有900～1500℃的高温的金属熔融物喷出，在点燃反应物之前，要先撤离周围人员，不要在反应物旁近距离观察反应现象。反应结束后，切不可用水浇灭，要让其自然冷却。

2. 切忌在反应物附近放可燃物，易燃物或玻璃等易爆物品。

3. 在沙堆斜面下方的细沙中，插上2根互相交叉靠近的小铁钉，并对准粉笔槽。当氧化铁粉末和铝粉发生剧烈反应时，放出大量的热，熔融物落入细沙中，会使红热的铁水将部分插在细沙中的铁钉焊接在一起。

4. 氯酸钾应用研钵研细，作为助燃剂，铺在Fe_2O_3和铝粉混合物的表面，当点燃浸透乙醇的粉笔时，促使氯酸钾分解，释放出氧气，使燃烧更激烈，单位时间内放出更多热量，从而引发铝热剂的反应。切不可加大剂量，否则会引起气体剧烈膨胀引起物理爆炸以及铝粉与氯酸钾剧烈反应产生化学爆炸。

思考与讨论

1. 何种现象说明铝和氧化铁能反应？该反应的条件是什么，如何提供？

2. 该实验体现了铝的何种性质？该反应的热效应如何？该反应有哪些用途？

3. 铝热反应需要高温条件，是否还需要持续加热？

参考提示

实验天地 8-2 　木材 / 煤的干馏

实验仪器与药品

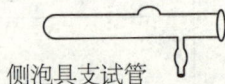

主要仪器			
塑料水杯	胶头　小试管　双球V形管	镊子　侧泡具支试管	火柴　小药匙　尖嘴管　酒精灯
胶塞			

药品　铝箔纸，牙签（或火柴梗），无烟煤，木屑

1. 实验方法与操作

（1）木材的干馏

实验方案一：

在 1 支侧泡具支试管中，装入约 2/3 试管的木屑，并用玻璃棒把木屑压紧，在侧泡具支试管的支管处连接一支小试管，在侧泡具支试管的管口处连接尖嘴管，装置如图 8-3 所示。用酒精灯先预热侧泡具支试管，然后放在装木屑位置的下方强力加热，观察管内木屑的颜色变化及流到小试管内的物质，当尖嘴管口持续喷出烟雾时，用燃着的火柴靠近出烟口，观察燃烧的现象。

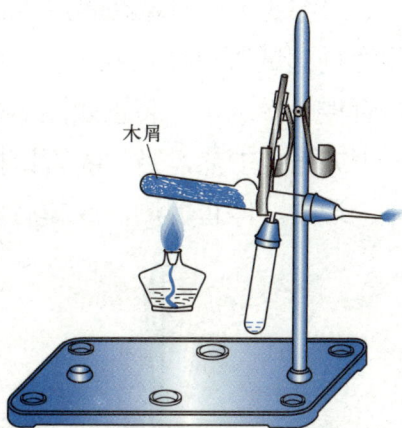

图 8-3　木材干馏实验装置（Ⅰ）

实验方案二：

① 取 3 支牙签（或去掉药头的火柴梗）置于一张 4 cm×5 cm 的铝箔纸中央处，将其中一支牙签的一段长度，在一端铝箔纸的外面露出，用铝箔纸将牙签卷起来，严密地紧紧包裹住牙签，然后把一端露出铝箔纸外面的那支牙签抽出，使其前端形成一个小的出气孔，如图 8-4 所示。

② 将卷好的铝箔纸夹好在操作台上，用酒精灯在铝箔的下方加热（注意先从有出气孔一端慢慢往后加热），观察现象。待冒出的白烟持续约 1 min，用燃着的火柴靠近出烟口，观察燃烧的现象。实验如图 8-5 所示。

③ 加热几分钟后，停止加热。待铝箔冷却后，打开铝箔纸，观察铝箔纸内是否附着少许油状物质。

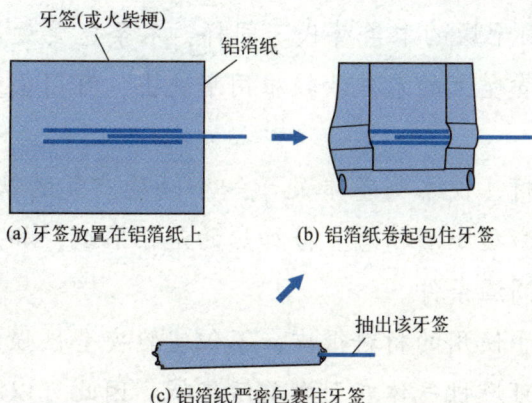

图 8-4　铝箔纸包裹牙签的方法

图 8-5　木材干馏实验装置（Ⅱ）

④ 将铝箔纸内黑色的固体物质用镊子夹起，放在燃着的酒精灯上，观察其燃烧的情况。

（2）煤的干馏

将约 3 g 无烟煤磨碎放入侧泡具支试管底部，具支口处用一个胶头套上封住，侧泡具支试管口连接双球 V 形管，在双球 V 形管的另一端连接尖嘴管，把双球 V 形管浸入冷水中，装置如图 8-6 所示。用酒精灯先预热侧泡具支试管，然后在煤粉的下方强力加热，当尖嘴管口持续喷出烟雾时，用燃着的火柴靠近出烟口，观察燃烧的现象。停止加热，冷却后取出双球 V 形管，观察流出物。

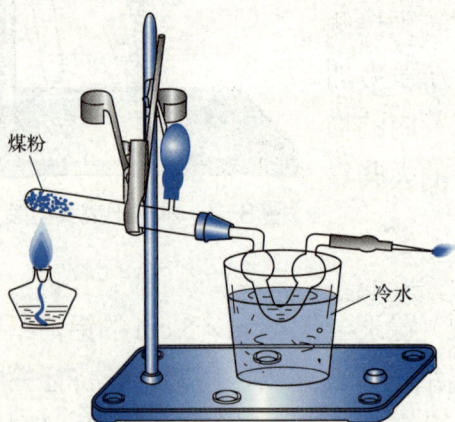

图 8-6 煤干馏实验装置

警示灯

● 加热时要注意安全，束好长发，放好纸张等易燃物。

● 小心不要被热的试管烫着。

经验提示

1. 煤是由有机物和少量无机物组成的复杂混合物，其组成以 C 为主，还含有少量的 H、O、N、S 等元素；木材的成分主要就是纤维素，组成元素为 C、H、O，所以两者的组成元素相似，可以用木材来代替煤做实验。

2. 实验（1）如果没有木屑，可以用干燥的木条替代。同样，木条也要放入多些，且填塞得紧一些。实验后沾附在试管壁上的木焦油较难用水洗去，可用氢氧化钠乙醇溶液浸泡后洗涤。

3. 实验（2）中用铝箔纸包裹着木材，使木材基本处于一个隔绝空气的状态。而煤干馏的条件是高温，本实验中使用微型小酒精灯直接加热的是铝箔纸，加热状态下的铝箔纸为包裹在内的木材提供了高温条件。

4. 该简单化的木材干馏的实验，由于使用的材料很少，不但实验安全性强，且实验中产生的可燃性气体也会比较少，可燃性气体在引燃前污染低。因此可以在实验室、一般教室或家里户外等场所开展木材干馏实验。

2. 实验记录与分析

实验		实验过程	实验现象	实验结论或反应方程式
木材干馏	方案一			
	方案二			
煤干馏				

信息在线

1. 干馏是在隔绝空气的条件下，对煤、木材加热使其分解的过程。干馏的过程是化学过程，在干馏过程中会分解产生三种状态的物质，一为气态物质，如水蒸气（H_2O）、二氧化碳（CO_2）等不可燃性气体及氢气（H_2）、甲烷（CH_4）、一氧化碳（CO）等可燃性气体；二为液态物质，如煤（木）焦油；三为未完全燃烧的固态物质，如木炭。

2. 根据木材或木质原料干馏过程中的温度变化和生成产物的特征，木材干馏过程可以分成如下三个阶段。

（1）干燥阶段。在150℃以内，木材受热时主要发生水分的蒸发干燥，使其含水率降低。得到的馏出液主要是水，气体产物是空气及少量的二氧化碳。在干燥阶段，木材的化学组成基本不变。干燥阶段要吸收外部的热量才能完成。

（2）预碳化阶段。在150～275℃，木材吸收外界热量引起其不稳定的组分开始发生显著的热分解。得到的馏出液中除了反应水以外，还含有少量的乙酸、甲醇等有机物；生成的不凝性气体中除了二氧化碳以外，可燃性成分一氧化碳、甲烷等逐渐增加。木材的化学组成开始发生明显变化，到本阶段结束时，原料木材转变成褐色，但尚未转变成木炭。预碳化阶段和干燥阶段一样，也是吸热反应阶段。

（3）碳化阶段。温度达到275℃以后，木材开始激烈地热分解，生成大量的分解产物并放出反应热，直至450℃为止。木材干馏的主要产物几乎都在该阶段中生成。馏出液中乙酸、甲醇、木焦油及其他有机物的含量大大增加；气体产物中一氧化碳、甲烷、氢气等可燃性成分比例上升，在本阶段结束时，木炭已经生成。本阶段的一个重要特点是热分解过程中伴随着放出热量，因此，又称作放热反应阶段。

📖 **思考与讨论**

1. 在如图 8-3 所示的实验中，可以从哪些实验现象，判断木材干馏产生了气态、液态和固态物质？

2. 干馏和分馏有何区别？

参考提示

实验天地 8-3　综合实验：海带中碘元素的提取

🔬 **实验仪器与药品**

主要仪器

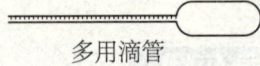

酒精灯　　滤纸　　小试管　　玻璃棒　　小药匙　　多用滴管　　小烧杯

药品

海带，95% 乙醇，5% H_2O_2，1 mol/L H_2SO_4 溶液，淀粉溶液，水，纸巾

实验活动与探究

1. 实验方法与操作

（1）海带的灼烧和碘的浸出

实验如图 8-7 所示。

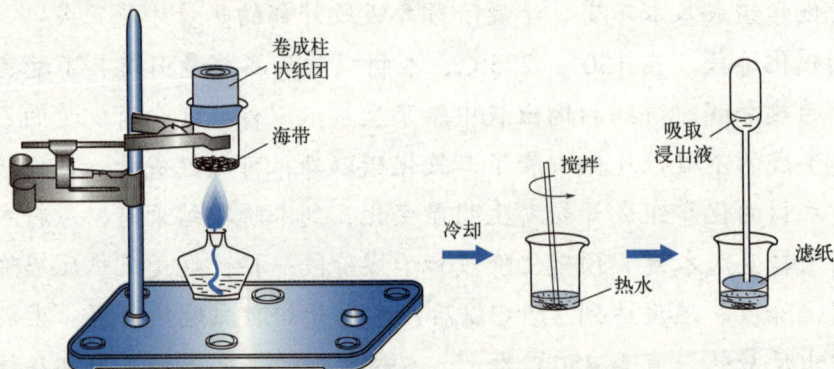

图 8-7　海带的灼烧和碘的浸出

① 刷掉海带表面的附着物，剪碎，取 0.3 g 的海带，加入少许乙醇浸泡一会，将浸泡后的海带移入小烧杯中，取纸巾卷成长 5 cm 的圆柱状纸团，用水将一端润湿，

以干的一端塞紧小烧杯口，用酒精灯大火对小烧杯加热，至海带完全炭化，然后拿去塞在烧杯口的纸团，继续用大火灼烧，边灼烧边轻轻地搅拌翻动炭化物，直到海带完全成灰烬为止，冷却。

② 向烧杯中加入 1.5 mL 热的蒸馏水，搅拌，静置，折叠滤纸成漏斗状放入小烧杯的海带灰浸出液中，然后用塑料滴管从滤纸内吸取澄清液（即滤液），留待作碘的检验实验。

（2）海带灰浸出液中碘的检验

实验如图 8-8 所示，在小试管中加入约 0.3 mL 海带灰浸出液的滤液，然后加入 2 滴 5% H_2O_2 和 1 滴稀硫酸，观察现象。再加入 2 滴淀粉溶液，观察现象。

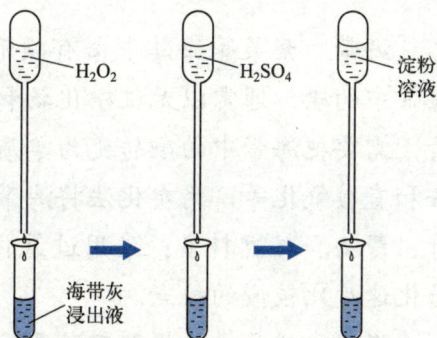

图 8-8　海带灰浸出液中碘的检验

经验提示

1. 加热海带炭化之前用乙醇浸泡一会，目的是使海带色素分子溶解在酒精中，使海带灰的浸出液过滤后得到的滤液基本为无色，避免色素对本实验颜色观察的干扰。且因为海带表面还有少量乙醇，既能使海带充分灼烧成灰，又可缩短灼烧所需要的时间。

2. 实验的关键是一定要把海带完全烧成白色的灰为止。

3. 由于该微型仪器的特点及配置原因，本实验可以把海带直接放在小烧杯里用强热灼烧，操作简单。

4. 微型仪器的小烧杯由于体积小，加热时酒精灯火焰能把小烧杯的整体加热，不存在受热不均匀而把烧杯烧坏的现象。也是由于容器小，火力较集中，而受热温度会更高，故实验的成功率高。

5. 用过氧化氢代替氯水作氧化剂，无毒无污染。

2.实验记录与分析

实验过程	实验现象	实验结论或化学方程式

信息在线

海带、紫菜等海藻中含有碘元素，海带中碘的含量一般在 0.2% ~ 1.0% 之间，海带中的碘，通常以无机碘化物和有机碘化合物两种形态存在。在海带中提取碘元素，需要把海带中的碘转变为单质碘，其方法有：灰化水溶氧化法、研磨水溶氧化法和直接氧化等。用灰化法将海带中碘离子转变为单质碘的转化更完全，但比较耗时、费力、耗燃料多；采用过氧化氢直接氧化法操作简单，但存在着难转化完全、转化速度比较慢的缺点。

海带中碘元素的提取实验要注意选择海带，市售的海带有的含碘极少甚至不含碘，在同一条海带皮上也会出现部分含碘极少甚至不含碘现象。

思考与讨论

1. 在图 8-7 实验中，从海带中提取碘为什么要将海带完全烧成灰？

2. 还有哪些氧化剂可将溶液中的 I^- 氧化成 I_2？本实验中选用 H_2O_2 作氧化剂有哪些好处？写出该反应的离子方程式。

3. 如果要从碘水中提取碘单质，为什么要加入 CCl_4 并振摇、静置？能否用乙醇代替 CCl_4？为什么？

4. 请设计一种检验提取碘后的水溶液中是否还含有单质碘的简单方法。

参考提示

DIY 大制作

海带中碘的简易检验

（1）从刷去表面灰尘的海带上取一条长约 5 cm，宽 3 cm 的海带皮，置于培养皿中，再加入 1 ~ 2 mL 5% ~ 10% H_2O_2 溶液，使海带至少有一面浸入过氧化氢溶液中，盖好盖子，待 3 ~ 5 min 后，将海带皮取出，在被 H_2O_2 浸没过的海带表面上滴加淀粉溶液，观察是否立即呈现蓝色，也可以取溶液来检验。

（2）按照上面的方法，用胶头滴管吸取过氧化氢并滴几滴在海带皮上，待 2 ~ 3 min 后，再滴淀粉溶液于被 H_2O_2 浸湿过的海带表面上，观察是否也会立即呈现蓝色。

（3）在耐火烧的容器中加 1 g 剪碎的海带和 5 mL 75% 乙醇，点火使海带燃烧至灰烬，冷却后加入约 10 mL 的白醋浸泡，并不断搅拌，几分钟后过滤，再加入 10% H_2O_2 溶液氧化，然后加入淀粉溶液，观察是否立即呈现蓝色。

实验天地 8-4　综合实验：石蜡油裂解及其分解产物的性质实验

实验仪器与药品

主要仪器

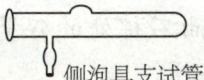

酒精灯　　侧泡具支试管　　胶塞　　乳胶管　　尖嘴管

小药匙　　　多用滴管　　直形侧泡反应管

药品

石蜡油，1% Br_2/CCl_4 溶液，0.1% 酸性 $KMnO_4$ 溶液，碎瓷片，石棉

实验活动与探究

1. 实验方法与操作

① 在侧泡具支试管的底部加入一小团石棉，然后加入石蜡油浸透，在试管的靠近石棉处装入约 2 cm 长度的碎瓷片。装置如图 8-9 所示。在一支直形侧泡反应管的 2 个侧泡中分别加入 2 滴 Br_2/CCl_4 溶液和 2 滴酸性 $KMnO_4$ 溶液。

② 给碎瓷片加强热，使石蜡油蒸气通过炽热的碎瓷片发生反应，

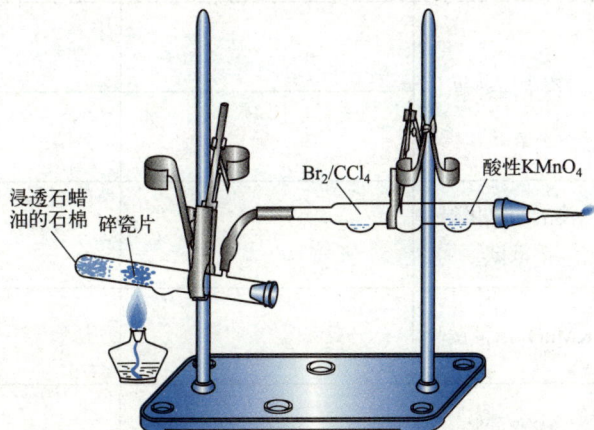

图 8-9　石蜡油的分解及生成物的检验一体化实验

观察直形侧泡反应管内两反应液的颜色变化现象。

③ 从尖嘴管处点燃气体，观察燃烧的现象。

经验提示

1. 石蜡油要浸透石棉，以保证产生足够多的气体供使用。

2. 在放碎瓷片时，碎瓷片要靠近石棉处，并要尽量填满侧泡具支试管的上部，保证石蜡油蒸气和碎瓷片能够充分接触。

3. 在加热时，要用酒精灯温度最高的外焰与内焰交界部分火焰持续不断给碎瓷片加热。可先把酒精灯放在碎瓷片的靠前部位加热，使温度迅速升高到500℃以上，再将酒精灯稍向后移动，加热部位要靠近浸有石蜡油石棉处的碎瓷片，可提高石蜡油的裂化率，防止石蜡油汽化损失。

4. 如果生成的气体较少，可用手按住尖嘴管口，待一段时间后再点火。

5. 采用碎瓷片作催化剂是基于它便于多次循环使用、廉价易得。挑选时最好能够选择没有釉面的碎瓷，尽量敲碎后，再高温灼烧碎瓷片，实验效果会更好。

2.实验记录与分析

实验	实验过程	实验现象	实验结论或反应方程式
石蜡油裂解			
溴的四氯化碳溶液试验			
$KMnO_4$ 溶液试验			
燃烧试验			

1. 石蜡油又名液体石蜡、白油，主要成分为 $C_{16} \sim C_{20}$ 的正构烷烃，其沸点在 300℃左右。工业上在催化剂、加热、加压条件下使石蜡油分解，其过程较复杂。一般情况下，在 500℃左右发生裂化，将重油转化为轻质油；在 600℃左右发生裂解，轻质油继续裂解生成小分子烯烃。以 $C_{16}H_{34}$ 为例，分解制取乙烯的过程可大致表示如下：

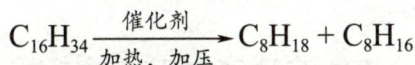

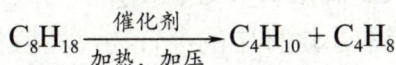

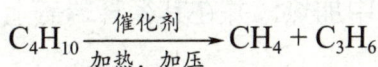

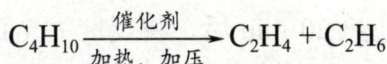

$$C_{16}H_{34} \xrightarrow[\text{加热，加压}]{\text{催化剂}} C_8H_{18} + C_8H_{16}$$

$$C_8H_{18} \xrightarrow[\text{加热，加压}]{\text{催化剂}} C_4H_{10} + C_4H_8$$

$$C_4H_{10} \xrightarrow[\text{加热，加压}]{\text{催化剂}} CH_4 + C_3H_6$$

$$C_4H_{10} \xrightarrow[\text{加热，加压}]{\text{催化剂}} C_2H_4 + C_2H_6$$

2. 石蜡油裂化的催化剂有很多，如：Al_2O_3、$AlCl_3$、SiO_2、Cr_2O_3、MnO_2、$Al_2(SiO)_3$、CuO、还原铁粉、碎瓷片、河沙、碱石灰、碎瓷粉、黏土等。

思考与讨论

1. 石蜡油分解产生的气体全都是烷烃吗？本实验哪些检验说明了石蜡油分解产物中含有不饱和的气态烃？

2. 为验证烯烃与溴水的反应是加成反应而不是取代反应，可采取哪些方法？

3. 碎瓷片的作用是什么？

参考提示

实验天地 8-5　综合实验：阿司匹林的合成和水解

实验仪器与药品

| 主要仪器 | 塑料水杯 | 小试管 | 小药匙 | 玻璃棒 | 多用滴管 | 小烧杯 |

| 药品 | 水杨酸，乙酸酐，95% 乙醇，浓 H_2SO_4，1% $FeCl_3$，85℃热水，冰块 |

1. 实验方法与操作

（1）自制"安全帽"

取一支多用滴管，在吸泡末端的 1/4 处用剪刀剪断，如图 8-10 所示。取用吸泡半球形部分，作为反应器的"安全帽"。

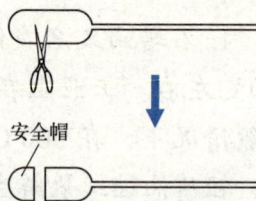

图 8-10　安全帽的制作

（2）合成阿司匹林粗品

① 在小烧杯中先加入 2 mL 乙酸酐，然后加入 5 滴浓 H_2SO_4 和 1 g 水杨酸，用玻璃棒将三种物质混合均匀。用一支多用滴管，吸取小烧杯中的混合物，然后将该多用滴管的吸泡部分放入一个装有约 85℃ 的热水浴中加热，并在其径管端盖上"安全帽"，如图 8-11 所示。

② 保持水的温度在 75 ~ 80℃ 之间，热水浴加热 20 min 后，将反应完全后的多用滴管从热水浴中移出。

③ 另取一个塑料杯，装入冰水混合物，将从热水浴取出来的多用滴管，浸在冰水浴中冷却，使晶体析出。

④ 当观察到有比较多的产物晶体生成时，把多用滴管取出，将径管向下，轻轻地挤压吸泡，小心将吸泡内的液体排出，如图 8-12 所示。

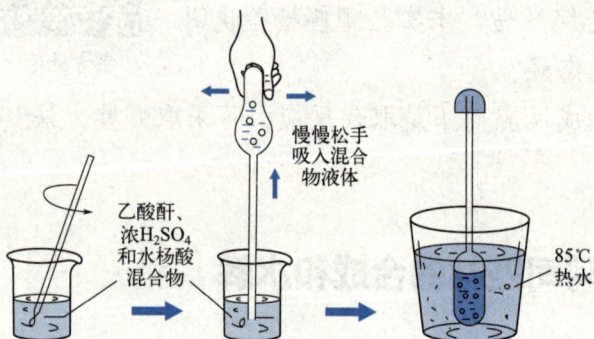

图 8-11　反应液的装载及热水浴中加热

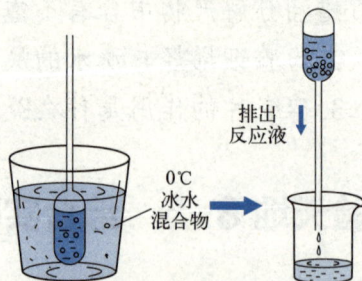

图 8-12　冷却结晶及排出反应液

⑤ 将排出反应液后的多用滴管，插入装有乙醇的小烧杯中吸入少量乙醇，振摇，然后排出乙醇。再次吸入少量乙醇，振摇，排出乙醇，如图 8-13 所示。产物经两次乙醇洗涤后，用剪刀剪开多用滴管的吸泡，小心取出产物晶体，晾干，即获得制备的产物——阿司匹林。

（3）阿司匹林的水解

在 2 支小试管中分别加入几滴阿司匹林液体，一支小试管中滴入 1 滴 $FeCl_3$ 溶液，另一支小试管加热煮沸后再滴入 1 滴 $FeCl_3$ 溶液，观察两支小试管溶液的颜色变化。

吸入乙醇溶液　振摇　排出乙醇洗涤液　乙醇

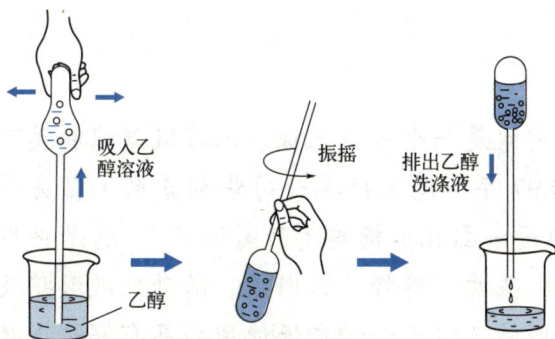

图 8-13　产物的洗涤

警示灯

● 实验中用到的乙酸酐、硫酸等试剂有强腐蚀性，使用时要小心。
● 热水浴加热时要注意安全，小心不要被烫着。

经验提示

1. 实验中要注意控制好温度。水温约 90℃，瓶内反应液温度 70℃，过高会增加副产物的生成。

2. 如果要检验阿司匹林产品的纯度，可取几粒晶体加入盛有 0.5 mL 水的小试管中，加入 1～2 滴 1% 三氯化铁溶液，观察有无颜色的变化，若不呈紫色，则说明水杨酸已被酯化。这是因为水杨酸与三氯化铁反应溶液会出现紫色，而阿司匹林不能与三氯化铁发生反应。

3. 安全指南。

（1）乙酸酐：强烈腐蚀皮肤和刺激眼睛，应避免与热乙酐蒸气接触。发生事故立即用大量水冲洗并立即就医。

（2）水杨酸：该品有毒，口服有害，对眼睛和皮肤有刺激性，万一接触到眼睛应立即用大量水冲洗后就医诊治。

（3）浓硫酸：二级无机酸性腐蚀品，注意不要溅入眼内，不要接触皮肤。

2. 实验记录与分析

实验步骤	实验现象	现象解释或反应方程式

水杨酸化学名称为邻羟基苯甲酸，本身就是一个可以止痛、治疗风湿病和关节炎的药物，不过对肠胃刺激作用较大。1897 年，德国拜耳公司费利克斯·霍夫曼成功地合成了可以替代水杨酸的有效药物——乙酰水杨酸（阿司匹林）。这是世界上第一种真正的人造药物，用于治疗发热、头痛、痛经、肌肉痛、活动性风湿病及类风湿关节炎等。后来经研究表明，阿司匹林不仅是一种广泛使用的具有解热止痛作用和治疗感冒的药物，还能抑制引发心脏病和中风的血液凝块的形成。

水杨酸是个双官能团化合物，既有酚羟基，又有羧基。羟基和羧基都可发生酯化反应，当其与乙酸酐作用时就可以得到乙酰水杨酸。

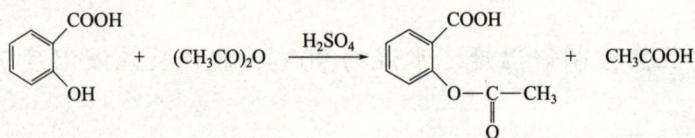

为加快反应的速度，通常加少量浓硫酸或磷酸作催化剂。浓硫酸等能破坏水杨酸分子内羟基和羧基间形成的氢键，从而使酰化反应易于进行。

思考与讨论

1. 在阿司匹林的制备中，加热浓 H_2SO_4 的作用是什么？
2. 为什么在热水浴中加热时，要在多用塑料滴管的径管端盖上"安全帽"？
3. 与常规实验相比，微型实验的好处是什么？

参考提示

附 录

部分酸、碱和盐的溶解性表（室温）

阳离子	阴离子				
	OH⁻	NO₃⁻	Cl⁻	SO₄²⁻	CO₃²⁻
H^+		溶、挥	溶、挥	溶	溶、挥
NH_4^+	溶、挥	溶	溶	溶	溶
K^+	溶	溶	溶	溶	溶
Na^+	溶	溶	溶	溶	溶
Ba^{2+}	溶	溶	溶	不	不
Ca^{2+}	微	溶	溶	微	不
Mg^{2+}	不	溶	溶	溶	微
Al^{3+}	不	溶	溶	溶	—
Mn^{2+}	不	溶	溶	溶	不
Zn^{2+}	不	溶	溶	溶	不
Fe^{2+}	不	溶	溶	溶	不
Fe^{3+}	不	溶	溶	溶	—
Cu^{2+}	不	溶	溶	溶	—
Ag^+	—	溶	不	微	不

注："溶"表示那种物质可溶于水，"不"表示不溶于水，"微"表示微溶于水，"挥"表示挥发性，"—"表示那种物质不存在或遇到水就分解了。

参考文献

[1] 化学课程教材研究开发中心.普通高中教科书 化学 必修 第一册.北京：人民教育出版社，2020.

[2] 化学课程教材研究开发中心.普通高中教科书 化学 必修 第二册.北京：人民教育出版社，2020.

[3] 沈戬，王胜，夏加亮.初中化学微型实验.北京：化学工业出版社，2020.